# 移民政策へのアプローチ

## ライフサイクルと多文化共生

川村千鶴子　近藤 敦　中本博皓 編著

明石書店

# はじめに

　ようこそ、移民の世界へ

　移民という言葉を普段使ったことがなかった私たちも、移民政策とはこんな身近なテーマであったのか、ということをいま、あらためて感じている。人間の歴史とは、まさに移動の歴史であったのだ。
　日本の移民政策は、古くは明治期に遡るが、第二次大戦後から1950年代までは、日本の農村も過剰人口を抱えていたので、ブラジルなどへの移民を送り出していた。とくに戦前は、国内の貧困対策と結びついて生まれた移出民政策だった。移民を送り出す根底には、送り出し側と受け入れ側の間にさまざまな経済格差が存在していた。総じて経済の発展水準の低い国から高い国へと、過剰な人口が移動する構図を描くことができたのである。
　しかし、1960年代以降、日本は高度経済成長を達成し、先進工業国と呼ばれるようになる。人々の生活体系が大きく変化して、出生率が著しく低下し、世界でも有数の少子高齢化社会に変化し、2000年1月に「21世紀日本の構想」懇談会（故小渕首相の私的諮問機関）は、その「報告書」（2000年1月18日）の中で、「外国人が日本に住み、働いてみたいと思うような『移民政策』が求められる」として、「当面、日本社会の発展への寄与を期待できる外国人の移住・永住を促進する明示的な移住・永住制度を設けるべき」だ、と提言している。その後、受け入れ側の立場から移民政策が議論される機会が多くなったのである。
　移民政策という場合、どのような条件の下に外国人の入国を認めるのかという「入管政策」の場面だけが問題なのではない。受け入れた人やその子どもたちが社会に参加するために必要な支援や法整備を行う、「統合政策」の場面も重要である。2006年に、総務省が「多文化共生推進プラン」を策定して以来、自治体における外国人住民施策としての統合政策は、「多文化共生」政策と呼ばれ、多文化共生室などの担当部局が各地につくられるようになってきた。
　2009年に、内閣府の少子化問題担当大臣の下に「定住外国人施策推進室」がつくられた。経済不況にあって日系ブラジル人、その他の定住外国人の雇用や教育における緊急的な支援対応策だけでなく、中長期的な観点からの施策も含め、定住外国人が住みやすい地域社会づくりを総合的に進める施策を検討する

という。日本ではじめての国レベルでの統合政策の担当窓口がつくられたことになる。今後、同じ内閣府にある男女共同参画局のような、恒常的な担当部局としての「多文化共生局」へと発展し、対象範囲を広げ、総合的な多文化共生政策を推進していくかどうかはわからない。もし、そのような展開をみせるのであれば、2009年は変革の年と呼ばれることになるであろう。

本書は移民政策を考える基盤としてマイノリティの日本における多文化共生の実態を丁寧に読者に伝えようとした。移民の生涯、人生に光を当て、移民政策の長期的な展望を可能にし、問題解決への途を拓こうとしている。出生にはじまり、生育をともに見守り、ともに学ぶ、ともに祈る、ともに働く、ともに地域をつくる、ともに住む、ともに老後を支えあう、ともに弔うといったライフステージに丹念に寄り添ってきた多くの実践研究者の分析によって、人間は、一人ひとりが異なる状況の中に生きていることを浮き彫りにしている。

ページをめくるごとに、移民を受け入れるということは、多文化共生の「接触領域」がその数を増し、拡がっていくことを実感するだろう。百年に一度とも言われる景気後退期にあって、格差は拡大している。裕福な移民と貧困層の移民の間でも格差は拡がる。格差が拡大すればするほど、接触領域は、双方に差別と被差別の気づきを与える。気づきはやがて思いやりとなり、コミュニティの崩壊・破滅を防ぐ力をもっている。移民時代に接触領域がより大切なのは、地域コミュニティだけでなく国政レベルの移民政策においても重要な示唆を与えうるからである。

本書は、平易な日本語で留学生をはじめだれもが読めることを心がけた。さらにどこから読んでも移民政策にアプローチできるように編纂されている。学生、研究者、政府関係者、自治体職員、入管職員、ビジネスマン、企業経営者、地域のボランティア、外国に出自を有する人にも、そうでない人にも、あらゆる人に最適な移民政策および多文化共生論の入門書でもある。

たとえばあなたが在日コリアンに関心があれば、第Ⅱ部の第9章から読み始めると、高齢化している在日コリアンに対する理不尽な社会保障や夜間中学に通う高齢者のサイドにたって移民社会のあり方を考察できる。また、第2章では彼らの教育が、第5章では彼らの恋愛が、第8章では彼らの信仰が、第10章では彼らの弔いが掲載されている。そのように概要が見られるのは、在日コリアンばかりでなく、日系南米人や留学生など多岐にわたる。このように移民の豊かさを共有し多くの関心に応え得る構成を本書はとっている。

はじめに

　執筆陣は、研究者、ビジネスマン、NGO・NPO の職員、助産師、介護士など多彩な顔ぶれである。経済学、法学、社会学、教育学、人類学、助産学、看護学、都市工学、言語学、宗教学、など幅広い分野の研究者、NGO 担当者、企業の CSR 担当者、国際機関の担当者、入管行政の専門家など約50名の知見をここに結集することができた。各執筆者にお礼を申し上げたい。

　本書では重要なテーマを限定された字数内で伝えることになった。読者がそれぞれの執筆者から示唆的なメッセージを受け止め、キーワードや参考文献を活用していただけると幸いである。

　用語の使用は、政治的中立性を念頭に置き、編者間で合意のとれた用語に統一した。たとえば、「在日コリアン」「在日韓国人」「在日韓国・朝鮮人」「在日朝鮮人」等々は、原則として「在日コリアン」に統一した。「不法滞在者」「非正規滞在者」は、「非正規滞在者」に統一してある。

　最後に、それぞれの項目における理論や概念のまとめ、制度上の課題や提言、図表・写真、参考文献のコメントなどは、各節の執筆者の判断の下で掲載したもの、もしくは執筆者の意見であることを注記しておきたい。

　編集作業をお手伝いいただいた明石純一氏、小林真生氏と英文論文を翻訳してくださった渡辺幸倫氏に心からの感謝を申し上げたい。おりしも移民政策学会が創設されてちょうど一年目を迎え、また多文化社会研究会 Global Awareness の創立20周年記念に上梓できることになった。ひとりでも多くの方に読んでいただき、移民の人生に共感し、移民政策を身近なテーマととらえていただけると幸いである。

　明石書店代表取締役の石井昭男氏は、2008年にアジアのノーベル賞と言われるラモン・マグサイサイ賞を受賞された。人権擁護のための粘り強い出版活動と社会貢献がきちんと評価された結果である。心からのお祝いの気持ちをお伝えしたい。丁寧な編集をしてくださった法月恵美子氏と手嶋幸一氏にお礼を申し上げます。

　2009年5月1日

編著者

# 目　次

はじめに ――――――――――――――――――― 編著者　3

## 第Ⅰ部　移民政策の地平

### 第1章　移民政策へのアプローチ――なぜライフサイクルなのか
――――――――――――――――――― 川村千鶴子　12
(1) 移民は多文化の種をまく
(2) ライフサイクル論の有効性

### 第2章　移民と移民政策 ――――――――――― 近藤　敦　20
(1) 移民とは
(2) なぜ移民政策なのか？

### 第3章　人口減少社会と移民（外国人労働者）受け入れ ―― 中本博皓　28
(1) 人口減少社会の背景・要因・経済的影響
(2) 移民（外国人労働者）受け入れの影響
(3) 移民（外国人労働者）受け入れの経済効果――その経済学的考え方

## 第Ⅱ部　移民の人生――ライフサイクルにそった多文化共生論

### 第1章　ともに生まれる ―――――――――――――――
(1) 人間の誕生と子どもの権利　　　　　　　　川村千鶴子　42
(2) 多文化な出産とケア　　　　　　　　　　　藤原ゆかり　46
(3) 名前の多様性について　　　　　　　　　　荒井幸康　50
(4) 国籍と戸籍を考える　　　　　　　　　　　早尾貴紀　52
(5) 無国籍者とともに生きる　　　　　　　　　陳　天璽　56
(6) 見えない人々――世界の無国籍者　　　　　滝澤三郎　60
　●COLUMN　難民の子どもたち　　　　　　　石川えり　64

### 第2章　ともに子どもを育てる ―――――――――――――
(1) 協働する保育者と母親と子どもたち　　　　李　玶鉉　66
(2) バイリンガル教育　　　　　　　　　藤田ラウンド幸世　70

- (3) 日本語教育　　　　　　　　　　　　　　　　前田理佳子　74
- (4) 在日コリアンの民族学校――朝鮮学校を中心に　　金　東鶴　78
- (5) 在日ブラジル人学校　　　　　　　　　　　　柴崎敏男　82
  - ● COLUMN 1　さまざまな外国人学校　　　　　大谷　杏　86
  - ● COLUMN 2　日系人子弟の教育――在日ブラジル人子弟を中心に

　　　　　　　　　　　　　　　　　　　　　　　森　和重　88

## 第3章　ともに学ぶ

- (1) 留学生・就学生受け入れ政策の展開　　　　　明石純一　92
- (2) 留学生と大学　増える留学生――経緯と今後の課題　小野正樹　96
- (3) 異文化適応と留学生　　　　　　　　　　　　高本香織　100
- (4) 留学生と地域社会　　　　　　　　　　　　　武田里子　104
- (5) 留学生と就職　　　　　　　　　　　　　　　武田里子　108
- (6) 成人の日本語教育　　　　　　　　　　　　　野山　広　112
  - ● COLUMN　留学生と入管行政　　　　　　　　大西広之　116

## 第4章　ともに働く

- (1) 在留資格と権利保障　　　　　　　　　　　　近藤　敦　118
- (2) 公務員という職業を選択する自由　　　　　　近藤　敦　122
- (3) 外国人はどのように働いているのか　　　　　宣　元錫　126
- (4) 日系南米人の雇用と地域社会　　　　　　　　小林真生　130
- (5) 理念との乖離を見せる外国人研修・技能実習制度　小林真生　132
  - ● COLUMN　外食企業からみた外国人受け入れの現状と課題

　　　　　　　　　　　　　　　　　　　　　高本耕史　134

## 第5章　ともに家庭をつくる

- (1) 国際結婚と二言語使用（バイリンガリズム）　藤田ラウンド幸世　136
- (2) 異文化間恋愛と多文化社会　　　　　　　　　高本香織　140
- (3) 在日コリアン同士のお見合い　　　　　　　　李　仁子　144
- (4) 日本人男性をパートナーとする移住女性と法制度　徐　阿貴　146
- (5) グローバル化の下の国際離婚　　　　　　　　賽漢卓娜　148

## 第6章　ともに住まう

- (1) 外国人の住まいの実情　　　　　　　　　　　稲葉佳子　152
- (2) ニューカマー・コリアンの定住化　　　　　　李　承珉　156
- (3) それでも在日ブラジル人は「定住化」できるのか？

　　　　　　　　　　　　　　　　　　　　アンジェロ　イシ　158

- (4) インド人ITワーカーの定住化　　　　　　　　　　　明石純一　162
- (5) 隣にあるレイシズム　　　　　　　　　　　　　　　小林真生　164
- (6) 難民とともに生きる――難民支援協会の活動を通じて　石川えり　168
  - ●COLUMN 1　愛知県の多文化ソーシャルワーカー養成講座
  　　　　　　　　　　　　　　　　　　　　　　　　　石河久美子　172
  - ●COLUMN 2　東京外国語大学の「多文化社会コーディネーター
  　　　　　　　養成プログラム」　　　　　　　　　　杉澤経子　174

## 第7章　ともに地域をつくる
- (1) 多文化都市と自治体行政　　　　　　　　　　　　　渡戸一郎　176
- (2) 多文化共生推進プラン　　　　　　　　　　　　　　渡戸一郎　180
- (3) 外国人集住都市会議　　　　　　　　　　　　　　　鈴木江理子　184
- (4) CSRと企業の社会貢献活動　　　　　　　　　　　　柴崎敏男　188
- (5) ともにまちをつくるNGO　　　　　　　　　　　　 山本重幸　192
- (6) 防災・やさしい日本語　　　　　　　　　　　　　　前田理佳子　194
- (7) 社会参加としての地方参政権　　　　　　　　　　　近藤敦　196
  - ●COLUMN　JIAM多文化共生関係研修について　　　志渡澤祥宏　200

## 第8章　ともに祈る
- (1) 在日韓国・朝鮮人の信仰と宗教　　　　　　　　　　谷富夫　202
- (2) ニューカマー・コリアンとキリスト教会の機能　　　李承珉　206
- (3) イスラーム教徒の集いとつながり　　　　　　　　　工藤正子　208
- (4) ハラール・フードの展開とイスラーム　　　　　　　渋谷努　210
- (5) 日本の仏教と移民との関係　　　　　　　　　　　　小林真生　214

## 第9章　ともに老後を支えあう
- (1) 在日コリアンの法的地位と年金問題　　　　　　　　近藤敦　216
- (2) 日本で高齢期を迎えた在日コリアン　　　　　　　　李錦純　220
- (3) 中国帰国者の高齢化　　　　　　　　　　　　　　　藤田美佳　224
- (4) 夜間中学で学ぶ外国人　　　　　　　　　　　　　　徐阿貴　228
- (5) 外国人看護師・介護士の受け入れ　　　　　　　　　宣元錫　232
  - ●COLUMN　中国帰国者への公的な学習支援体制の変遷
  　　　　　　――「中国帰国者定着促進センター」を中心に　安場淳　234

## 第10章　ともに弔う
- (1) 在日コリアンの墓と死にまつわる儀礼　　　　　　　　　李　仁子　238
- (2) 日本のイスラーム教徒と死──埋葬問題を中心に　　　　樋口裕二　242
- (3) 中国人墓地──横浜中華義荘と地蔵王廟　　　　　　　　符　順和　246
- (4) アイヌの人々の先祖供養　　　　　　　　　　　　　　　関口由彦　250
- (5) 移民政策につなぐ移民博物館　　　　　　　　　　　　川村千鶴子　252

## 特別寄稿──オーストラリアの場合
- (1) ジェンダーと第二言語学習──移民女性の仕事　　　　　高橋君江　256
- (2) 英語を通した社会的包摂──言語政策と移民計画
　　　　　　　　　　　　　　　　　　　　　　イングリッド・ピラー　259
- (3) 言語計画と社会的包摂──アフリカ諸言語の「白化」
　　　　　　　　　　　　　　　　　　　　　　　　　　ベラ・テテェ　262
- (4) シティズンシップとアイデンティティ　　　　エミリー・ファレル　265

参考文献　268
索　引　282
執筆者紹介　286

# 第 I 部

## 移民政策の地平

# 第1章 移民政策へのアプローチ
## なぜライフサイクルなのか

## (1) 移民は多文化の種をまく

川村千鶴子

### 新たな方法論の模索

「ディアスポラ」(diaspora) という言葉は、古くギリシャ語の動詞スピロ（種をまく、植え付ける、散りばめる）と、前置詞のディア（分散する）に由来する。古代ギリシャ人はディアスポラを「移住」「植民」という意味で使用した。その後、ディアスポラは郷土から遠く離れた土地への「移動」を示し、「離散」という概念としても論じられ、もっぱらユダヤ的離散と放浪という文脈の中で語られつづけてきた。今日では、離散する越境者や移住者を包括的に「ディアスポラの民」と呼ぶことも多く、移民政策を考える上でも示唆的なヒントを与えてくれる言葉となっている。

ディアスポラ空間の土壌には、移民のもつ歴史性・政治性・集団性が培われ、ディアスポラの**接触領域**（contact zone）には、しばしば複数のアイデンティティの狭間に埋め込まれた悲哀、苦悩、孤独、スティグマが包摂されてきた。とりわけ日本における多文化共生論の構築に、戦前・戦後に移住した在日コリアンの人々への抑圧の歴史と「コリアン・ディアスポラ」の故郷の喪失や疎外感などに纏わるライフヒストリーの学びを欠かすことはできない。移民政策に関連する人権擁護の概念は、そうした地道な研究から鋭く浮き彫りにされてきたと言えよう。

ディアスポラ空間が、ハイブリッド性（異種混淆性）を内包しつつも複合化し、流動化・重層化する位相を捉えるとき、そこに住む人々はいつしかナショナルな枠組みを超える関係性を蓄積していることに気づく。国籍や在留資格での分類だけでは、「〇〇人」という固定的な視点に追いやってしまうだけでなく、世代を越える移民の連続性もみえてこない。

本書は、ひとりの人間が、ともに生き、ともに学び、住まい、働き、老後を支えあう等、複数のアイデンティティと関係性を併せもつことに着目した。

なぜならば「国民国家」という枠組みを超えるトランスナショナルな風景と、人々のライフステージでの共生を重ね合わせるとき、多文化意識の形成は移民だけでなく非移住民にも浸透していることがみてとれるからである。移民政策とは、移民の出入国を管理する政策に限定されず、ディアスポラ空間に生きる人々の「人生」に寄り添い、ホスト社会の変容に視座を広げた政策でなければならない。そして移民政策への問題解決は、諸科学の境界を超える柔軟な方法論を必要としている。

このように、人間の生涯と移動の本質に照射する新しい方法論の構築は、筆者の永年の検討課題であった。

## 肥沃な土壌をつくっていくプロセス

越境する人々は、新天地で新しい種をまく。やがて萌芽し、固いつぼみをつけ、接触領域が花びらのようにライフサイクル（人生周期）の進展とともにその数を増し、多文化共生の花として開花する、というポジティブな**メタファー**（比喩）が生まれた。

方法論を考える一つのヒントは、**文化**（culture）がラテン語のcultura（耕作・育成）に由来し、地域に多文化共生の土壌を耕しているイメージをもつことである。新しい文化創造が「**境界人**」（marginal person）や「**周縁人**」（peripheral person）によって創造される傾向は歴史上でも多く見られてきた。その意味で人の移動に伴い新たな課題に直面する地域社会は、移民がまいた種をいかにしてともに耕し、育てることができるかを問われているのである。

多文化を運ぶ種が萌芽し開花するには、人権の概念に支えられた根と、制度的枠組みに脈動する茎とが必要となる。自治体、教育機関・医療機関、市民セクター、商店街や企業、宗教施設や老人施設など、あらゆる多文化空間が制度的にも多文化に拓かれなければならない。そのためには、人権の概念と異文化間教育の理念が葉脈に流れていなければならない。さらに、いつの時代にあっても、心に潜む偏見や差別という「害虫」の存在も見逃せない。差別意識は自己の奥底に潜んでいるのである。異文化間教育が生涯教育として必要とされるのは、人は生きているかぎり、差別意識と無縁ではないからである。つまりそこには生から死へのライフサイクルの視座が浮上するのである。

外国人の法的地位と人権擁護の視点が重視され、花びら（接触領域）は多文化共生社会が成熟するにつれてその数を増す。土壌を豊かにする肥料があれば、

根も茎もゆるやかに強靭になる。肥料とは、多文化教育、異文化間教育学、社会言語学、ソーシャル・インクルージョン、カルチュラル・スタディーズ、オーラル・ヒストリー、多文化間精神医学、ケア学など、ナショナルな枠組みを越境する「知」である。異なるエスニシティを内包する地域コミュニティが、あらゆる人々の福祉に機能するためには、偏見や差別意識への気づきをもたらす教育実践が土壌として必要不可欠である。

## マイノリティの権利保障と多文化共生政策

二つ目のヒントは、二極化する格差社会は、富裕層にとってもけっして好ましい社会ではないという事実への気づきである。米国の金融危機が世界に与えた影響は大きく、未曾有の不景気のなかで、非正規雇用の歪み、DV（家庭内暴力）、麻薬、無差別殺人、自殺など暗いニュースが絶えない。誰もが自尊感情をもち、自己実現を目指して社会に参画し、相互に普遍的人権を確立する制度をもった社会を構築することと、移民の受け入れは密接な関係をもっている。

世界人権宣言（第1条）は「すべての人間は、生まれながらにして自由であり、かつ、尊厳と権利とについて平等である。人間は理性と良心とを授けられており、互いに同胞の精神をもって行動しなければならない」と謳い、日本国憲法は人種・信条・性別・社会的身分・門地などによって差別されないとする法の下での平等をはじめ、思想および良心の自由、信教の自由、学問の自由、生存権、教育を受ける権利、勤労の権利など多くの種類の人権を「基本的人権」として保障している。こうした崇高な理念が、国籍によらず、また国籍の有無によらず、あらゆる人を照らすとき、多文化意識は肯定的に受け止められ、より多くの人々に真の豊かさをもたらすであろう。

たしかに国家は人を国籍により「国民」と「外国人」とに区別し、それぞれを処遇してきた。1951年に施行された出入国管理令と1952年の外国人登録法制定以来、外国人は出入国管理法によって「管理」され、外国人登録法によって登録する「客体」として処遇され続けてきた。しかし日本社会が同質的ではないことや、帰化して日本国籍を取得する人も多くなるなど、多様な文化的背景を併せもっていることが明示的となった現在、マイノリティの人権擁護を念頭においた政策が移民を積極的に受け入れる政策をとらなくても必要とされている。それが多文化共生政策であり、バランスのとれた移民政策に欠かせない視点である。

(1) 移民は多文化の種をまく

　多文化共生政策は、移民や難民、少数文化、少数言語の保持や少数派の人々の権利を守る立場で機能する。それは在日コリアンの人々、在日中国人、アイヌの人々、ニューカマー、障害を持つ人々、同性愛者、女性、子ども、高齢者など、マイノリティの人々の文化や教育、医療など権利保障を見守る役割を果たす。差別用語の禁止や居住差別の禁止、文化相対主義的な教育などを定めた外国籍住民にかかわる基本法も必要である。このように制度として多文化共生政策が進むことは、ひいては日本社会全体の格差社会の弊害の減少につながることに着目したい。

### 次世代につなぐライフサイクル・アプローチ

　多文化共生政策は、いかにして新自由主義的な経済至上主義の弊害をときほぐし、減少させる効力をもちうるのだろうか。本書は移民のライフサイクル（人生周期）という生涯を通して考察し、長期的な展望を可能にした。なぜなら、ライフサイクルは人間発達によりそい、人は、自己への肯定的な評価を高め、より高い社会的アイデンティティを希求して移動し、生きているからである。

　本書の第Ⅱ部は、ライフサイクルに沿った多文化共生の花びらが重なりあいながら、ともに生きるという内実を掘り起こす。ともに子どもを育てる、ともに学ぶ、ともに働く、ともに家庭をつくる、ともに住まう、ともに地域をつくる、ともに祈る、ともに老後を支えあう、ともに弔う……などの風景が家族を主軸として重層化し、連続性をもって多文化にまたがる親密圏を形成している。

　かくして移民は種をまくというメタファーは、「生」と「死」という普遍性を包摂しつつ、そこに文化が濃厚に表出されるスケープ（風景）を描きだしている。**ライフサイクルを主軸におく方法論**（lifecycles approach）の有効性を実証していく可能性が秘められている。移民の受容が、生活体系と生活意識、そして生活構造の回路に多文化意識の形成を学びとることができる。

　越境する人々は新しい共生の種をまき、やがて萌芽する。それを大切に見守り肯定的に受けとめる努力を多文化共生政策に託していきたい。ナショナルな枠組みを超えて、私たちはいま、みな地球という同じ土壌に生きているのだから。

## (2) ライフサイクル論の有効性　　　　　　　　川村千鶴子

### はじめに

　グローバル化のなかで異種混淆性を内在するマルチエスニックな多文化化の流れを、不可逆的な社会変化と受けとめるようになった現在、ライフサイクルという方法論は、トランスナショナルな文化の流動性とともに、人と人とをつなぐ接触領域を細やかに可視化できるうえで有効な方法論である。ライフサイクルのアプローチは、世代間や文化間の葛藤や戸惑いを内包しつつも、そこには日本人と外国人という二項対立を超える交流があることを浮き彫りにする。さらに一世代では終わらない移民二世、三世、四世への連続性が展望できる点でも有効である。移民は次世代に何を継承したいのか。国籍なのか、言語なのか、食文化、あるいは音楽かもしれない。日本人・外国籍住民を問わず、多文化主義は、次世代に継承したいものを継承する権利を保障している。

### トランスカルチュラリズムの流れ

　21世紀、日本の地域社会はグローバルな相互依存関係にあり、国民国家の枠組みでは捉えきれない人の移動と、それに伴う社会現象が起きている。人の多様性・重層性・流動性は、日本の地域社会をトランスナショナルな地域空間に変容させた。国家の枠組みの拘束はあっても、一人ひとりの生活意識のなかに多文化意識が芽生え、事実上、国境の消失が進む現象がトランスナショナリズム（transnationalism）である。人の移動は、文化のダイナミズムと深くかかわっている。トランスナショナリズムの進行は、生活の隅々におよびトランスカルチュラリズムを促進させることになる。異文化接触と人間発達に着目すれば、心の深層は次第に異文化間トレランス（寛容性と耐性）を培っている。そういった多元価値社会への意識変容を、「多文化共生社会」への歩みと捉えることができよう。

### トランスナショナルな文化の流動化

　かつてアメリカの文化人類学者アルジュン・アパデュライが、人の移動の景観を「グローバル・エスノスケープ」と表現し、「グローバルな文化のフロー」の一つの局面であると指摘したことは、日本における多文化社会を考察す

る上でも示唆的であった。人々の移動を中心とする「グローバルな文化のフロー」の5つの次元とは、①エスノスケープ（ethnoscapes）：民族風景、移動・移住によるコミュニティの風景、②メディアスケープ（mediascapes）：マスメディアなどIT技術を介する情報の流動化の状況（メディアの越境と共有）、③テクノスケープ（technoscapes）：多国籍企業の増加がもたらす技術移転・技術情報の流動化状況（技術の移転と収斂）、④フィナンスケープ（finanscapes）：通貨市場・株式相場への多国籍資本の流入、金融市場管理のボーダレス化の状況（国際金融の流れ）、⑤イデオスケープ（ideoscapes）：自由、人権、主権といったイデオロギーの伝播である。

人の移動は、プッシュ要因とプル要因といった単純な視点では語りきれない。また外国人登録者数が、日本人口の何パーセントにあたるかという計量的な把握だけでも克服できない課題が山積している。人の流れには「トランスナショナルな文化の流動化」現象があることを、移民との交流の「風景」のなかで捉え、地域社会に深化する多文化意識の形成をくみ取ることができる。

### 多文化が相乗効果を生み出す環境とは

複数の言語を話し、複数の文化をもっている人はより敏感で異文化にも共感しやすい。そのような多文化で付加的な人格や過程をつくり出す環境は、アパドゥライによる「グローバルな文化のフロー」の5つの次元をバランスよく取り込めるような、比較的恵まれた状況から生まれると筆者は捉えてきた。格差社会において社会の底辺に埋め込まれることの多い移民にとっては、経済至上主義的な社会を生きるということは、並大抵のことではない。同国籍で同じ大学に在籍していても、裕福な留学生と多額の借金を抱え困窮する留学生との格差には愕然とするものがある。日本に着の身着のまま軍事政権下の祖国を逃れてきた難民申請者は、ゼロからの出発の厳しさに直面する。あるビルマ人は5カ国語に精通する有能な人物であるが、工場の片隅で単純労働にしか就くことができない。また15万人といわれる非正規滞在者への視線も厳しく、絶望的な日々を送っている。90年代、筆者が行った都市インナーエリアの調査では、深夜の喧嘩や犯罪は同様の境遇で苦しむ同国人同士の間で起こることが多かった。「無国籍者との共生」「難民との共生」「非正規滞在者との共生」には、違和感をもつ人々も多い。

しかし彼らはさまざまな労働の現場で日本社会の底辺を支え、それぞれが人

間発達をしながらともに生きている。そして大地震などの災害時には、そこに暮らすすべての人がそれぞれの知性や能力を生かして助け合うことになる。多文化社会とは、まさにお互いさまの社会であり、相互依存関係の上に成り立っているのである。

### グローバル・エスノスケープ

　日本が舞台の一部となり、一つの家族が複数の国々に離散して生活するケースも珍しくない。家族の紐帯（ちゅうたい）がグローバルな回路・ネットワークを形成している。また、年間1500万人以上の日本人が海外に渡り、帰国子弟の増加や日本企業の海外赴任者も増加した。日本語が不自由でありながら多言語を操る日本国籍者も、増加している。多文化化は、外的要因と内的要因の双方から加速し、国籍だけを指標に統計資料を作成することが新たなマイノリティを生み出していることを念頭におかねばならない。「外国人」という言葉の使用が、多くの事実を見落とし、実態にそぐわないデータを鵜呑みにしてしまう危険性も孕んでいる。高度人材獲得競争を主眼とする移民政策は、ライフサイクルに生まれる多様性を無視し、その結果として多くの可能性に同化要請を強いる危険性もある。

　一方、多くの多国籍企業は、経営理念に多文化共生を取り込み、外国人雇用の在り方を模索し、CSR（社会貢献）に努めている。大学はその教育理念に多文化共生を重視し、留学生政策やカリキュラム改革を進めている。それらの組織はマイノリティを排除するのではなく、ゆるぎない基本理念の構築とともに、彼らを活力の中心に見据えようとしている。世界の基本的な秩序が国民国家・主権国家体制に依存しているのは確かではある。しかし送出国の移民政策や送り出し事情を配慮し、トランスナショナルな多文化共生社会への実践や地球規模的視野を目指そうとする動きは、いま大きな潮流になりつつある。

### 日本政府に求められる理念の確立

　2009年1月、日本政府は内閣府内に「定住外国人施策推進室」（少子化担当相が担当）を設置した。製造業に代表される派遣・請負労働者の削減が定住外国人の生活を直撃している状況から、省庁横断の取り組みが必要と判断したのである。2009年2月現在、支援プランには次の3つの柱がある。第一に、不安定な雇用や劣悪な労働条件の改善と社会保険への加入を推進すること、第二に、

言葉や文化習慣の違いを超えた地域社会づくり、第三に、子どもへの日本語教育充実や不登校対策など学校の体制強化が挙げられている。その緊急支援策は、日系ブラジル人らに対するものに重点が置かれており、なかでも親の失業などで学費が払えずブラジル人学校に通えなくなった子どもたちへの支援策が目玉になるものと見られる。

このように国が重い腰をあげたことに対する期待は大きい。と同時に、移民政策全体としての理念が確立されておらず、「定住外国人」という範疇には含まれない人々の存在をより阻害する危険性も感じられる。「定住外国人」から生まれた二世・三世は、やはり「定住外国人」とみるべきなのか。そして、なによりも多文化共生政策を担う人材活用の諸制度の不備、多くの移民が不十分な予算から生じる戸惑いや限界に直面している現実を看過するわけにはいかない。ホームレスやDVのシェルターの風景も視野にいれ、理念確立のためには、本書で示しているような人生に寄り添い、さまざまな多文化社会の諸相に視野を広げる必要がある。

さらにグローバルな視野に立つ人材の輩出、多様な人々の共存、永住権の取得者や帰化する人々の増加、国際結婚の増加による異種混淆性（ハイブリディティ）を内在していることを基盤とした理念の確立が必要とされる。

## おわりに

多様な出自をもつ移住者とのトランスナショナルな遭遇は、どのような変化をもたらしたのか。そして異文化接触が多文化意識を形成し、多文化共生社会を支える力となっている状況を受けて、どのような制度的枠組みや法的整備が新たに必要なのか。移民政策の理念を構築・立案していくためには、マイノリティのサイドに立ち、人が移動すること、越境することの本質的な理解が必要である。

労働力が不足したなら門戸を広げ、不景気になったら解雇するという企業体質と同じような自民族中心的な移民政策では、未来を切り拓く多文化共生社会は築けない。人口減少と熾烈な高度人材獲得競争の視点から経済活性化に重点をおく移民政策では、生身の子どもや家族の権利、高齢者や弱者の存在がこぼれおちてしまう。多様な子どもたちが将来を担うという実感、世代を超えていく共生の心強さ、まちづくりへの参加の楽しさ、そして同じ大地に眠る死生観に至るまで、ライフサイクル論は多くの示唆を与えてくれる。

# 第2章 移民と移民政策

(1) 移民とは

近藤　敦

**移民の定義の多様性**

　移民という言葉はさまざまに用いられている。**広義の移民**は、生まれた国以外の国に住んでいる人をさす。したがって、迫害を免れるために自国から逃れてきた人を意味する難民も、広義の移民に含まれる。しかし、**狭義の移民**は、自発的な意思で新たな国に移り住む人をさすので、国外移住を余儀なくされた難民を含まない。**最狭義の移民**は、アメリカなどの伝統的な移民受け入れ国での法律用語のように、永住を目的として入国時に永住許可を認められる外国人だけをさす。日本では、一部にこの意味でのみ移民という言葉を用いる人もいる。しかし、多くの国での一般的な用語法としてはもっと広い意味で用いられ、国ごとに移民を表す用語とその定義はさまざまである（最広義の移民には、国内での人の移動も含めることもあるが、一般には、人の国際移動に対して用いられる）。また、国外に移住した本人を移民と呼び、移民の子を移民二世と呼ぶ。さらに、かつて移民送り出し国であった日本では、国外移住者（emigrants）を移民と呼んだ時代もあったが、出国者よりも入国者のほうが多い今日の日本では、入国移住者（immigrants）を移民と呼ぶ必要性も大きい。入国移住者と国外移住者は、受け入れ国からみるか、送り出し国からみるかの違いにすぎず、両者をあわせて**移民**（migrants）と呼ぶ。

　他方、**狭義の難民**は**条約難民**と呼ばれ、難民条約上の定義に合致する人種・宗教・国籍・特定の社会集団構成員・政治的意見に基づく迫害により国外に逃れてきた人の場合に限られる。**広義の難民**は事実上の難民、（国外）避難民などと呼ばれ、紛争・災害・組織的な人権侵害などにより、本国への送還が生命の危険をもたらすおそれのある人も含まれる。国が**難民**（refugees）を受け入れることを庇護といい、庇護を求める者を**庇護希望者**（asylum seekers）と呼ぶ。庇護希望者の中には、条約難民としては認定されなくても、事実上の難民とし

て人道的配慮により在留特別許可を認められる人もいる。

## 移民の態様と世界の情勢

　2005年の国連の推計によれば、世界にはおよそ2億人（全人口の3％）の移民がいる。これは、主として外国生まれの人の数であり、国によっては外国人の数を用いている。移民の男女比は、ほぼ同じである。21世紀に入っても、移民の増加傾向は続いている。居住地域別にみると、ヨーロッパ（6400万人）、アジア（5300万人）、北米（4400万人）、アフリカ（1700万人）、中南米（700万人）、オセアニア（500万人）である。人口比率でいうと、オセアニア（15％）、北米（13％）、ヨーロッパ（9％）が多く、アフリカ、アジア、中南米は2％に満たない。

　多くの国に共通するのは、労働移民にかぎらず、家族の呼び寄せの占める比率が高くなっていることである。EU市民などの共同体構成員に「自由移動」の特権的な地位を認める国もある。主要な先進諸国の加入するOECD（経済協力開発機構）諸国の2006年の統計では、正規の長期滞在予定者の44％が「**家族移民**」である。15％が「**自由移動**」、14％が「**労働移民**」、9％が「労働移民の家族」、12％が難民などの「**人道移民**」、6％が「その他（血統に基づく移民、年金生活者など）」である。いわゆる専門・技能職の高度人材を呼び寄せるための規制緩和が先進諸国では目立っている。その一方で、未熟練労働に従事する非正規滞在者の数も多い。非正規滞在者の取り締まりと、在留・就労資格の正規化が各国で問題となっている。近年、テロ対策と人身取引対策が、移民政策にも影響を与えている。そこでは入国・在留管理の取り締まり強化と、人身取引の被害者を救済するための在留特別許可の導入をもたらしている。

　21世紀になって、ユーゴ紛争などが収束し、難民の減少傾向がみられる。近年の難民の出身国は、アジアやアフリカの国が多く、その近隣の途上国に滞在している例もある。ヨーロッパや北米に庇護を求める者も多く、EU諸国では人口1000人あたりの庇護希望者数は平均3.2人、米国では1人であり、ヨーロッパでの条約難民は5万1400人、人道上の在留許可者が3万7800人、南北アメリカでは両者を含めて3万5500人である。

## 日本の現状

　2005年の国連の推計では、先進諸国（ヨーロッパ諸国、アメリカ、カナダ、オ

第2章　移民と移民政策

ーストラリア、ニュージーランド、日本）の平均値としては、人口比においておよそ10％が移民である。しかし、日本の外国人登録者数は、全人口の２％に満たない。外国生まれの統計は日本にはないが、韓国・朝鮮人の多くは日本生まれであることもあり、外国生まれの比率も高くはない。政府は、国外移住者（emigrants）を移民と呼んできた伝統があり、immigrantsに相当する用語やその定義をこれまでは必要としなかった。従来、人口過密を理由として、外国人の永住に消極的な立場を日本政府は表明してきた。しかし、生産年齢人口が減少し、総人口の減少もはじまった日本では、外国人の受け入れに関する入管政策の部分的な見直しが続いている。また、すでに200万人を超える外国人住民が日本に住んでいる。外国人の集住する自治体では、各種の生活支援を含む多文化共生政策の必要性が認識されはじめている。しかし、日本政府はその種の支援策をごく一部でしか用意していない。

　日本では正規の長期滞在予定者の39％が「その他」、31％が「家族移民」、30％が「労働移民」であり、「人道移民」「労働移民の家族」および「自由移動」は比率にすると０％である。日系人などの血統に基づく移民としての「その他」が極端に多く、難民などの「人道移民」が極端に少ないのが、日本の特徴である。2000年の『世界難民白書』では、日本の申請受理数が少なく、難民認定率も低い理由として、申請に厳しい時間的制約が設けられ、高水準の立証が求められる点が指摘されていた。また、2000年の難民認定申請受理数、難民数、UNHCRの保護対象者数を、各国の人口、国内総生産、面積と照らし合わせた「難民受入れ国の能力と貢献度の指標」をUNHCRは2002年に発表したが、そこでは、日本の貢献度は143カ国中121位にすぎなかった。2005年から入国後60日以内に難民申請を行う要件は撤廃され、難民認定手続に第三者を関与させる難民審査参与員制度が導入された。これらの改革の結果、2006年には難民申請者が2.5倍に増えた。しかし、難民申請者が少ないより根本的な理由は、「仮滞在許可」だけでは不十分なためであろう。難民申請者への生活支援の乏しさが、日本への難民申請を少なくしている。2008年には難民申請者数が1599人と急増し、難民に認定された者が57人であるものの、難民類似の人道的配慮を有するとして在留特別許可が認められた者が360人と急増した。2009年には予算不足を理由に、難民申請者への生活支援の打ち切りが問題となっている。

(1) 移民とは

## 外国人から移民へ

　外国人や外国生まれの人の割合が増えるにつれ、これらの人々の受け入れ社会への統合が政策課題となり、しだいに「外国人」という表現が排他主義的だとして、包摂主義的な意味をもたせる移民という表現を用いる国が増えている。日本では、国民（または日本生まれ）と外国人（または外国生まれ）の就業率、失業率、進学率など、政策の達成度を評価する指標が未整備である。これらは、男女共同参画分野では、すでに一般的な基本データである。今日、「国籍や民族などの異なる人々が、互いの文化的ちがいを認め合い、対等な関係を築こうとしながら、地域社会の構成員として共に生きていく」社会を**多文化共生社会**という（2006年の総務省の多文化共生推進プランおよび多文化共生推進に関する研究会報告書）。同プランを受けて、多文化共生推進の指針や計画が各自治体で策定されつつある。たんに国民と外国人の共生をうたうものも多い。

　他方、「外国人市民（県民）」という用語で、「外国籍市民（県民）」だけでなく、日本国籍であっても外国文化を背景にもつ人（国際結婚により生まれた人、中国帰国者、後天的な日本国籍取得者など）を含めるものもある。しかし、この用法は二つの点で問題がある。まず、日本国籍を有するのに「外国人」と呼ばれることに抵抗を感じる人もいるであろう。また、本来、「外国籍」という用語は、無国籍者の外国人を含まない。今後、外国人と外国文化を背景にもつ日本国籍の民族的少数者を含む政策対象を表す日本語をどのように呼び、定義し、把握していくかは、多文化共生政策の重要課題である。移民ないし移民類似の用語が、その候補の一つであろう。ただし、日本の場合、移民という用語において、永住型の「移民」をイメージすることが多く、こうした用語法の展開をはばんでいる。また、かつての国外移住者を想起することもあり、他方で、五世も珍しくないコリアンの外国人を移民と呼ぶことへの違和感も予想される。フランスでは、統計上の移民は「外国で生まれ、出生時にフランス国籍をもっていなかった者」をさす。フランス生まれの外国人は、定義から除かれている。しかし、多くの国と同様、日本では、日本で生まれた外国人も移民に含む定義を採用すべきであろう。最も広くは、日本国籍の有無にかかわらず、ネイティブと意識するまでは移民政策上の移民と考えることもできないわけではない。

## (2) なぜ移民政策なのか？　　　　　　　　　　　　　　近藤　敦

### 日本の特殊性の喪失

　移民政策は、入管政策と統合政策の二つの側面がある。教育その他の一定分野の統合政策は、外国人政策から移民の背景をもつ者への政策へと対象を拡大する傾向がある。そこで、外国人にかぎらず、**外国生まれ**、**外国の背景をもつ者**といった移民類似の概念が必要となってくる。日本には外国生まれのデータや移民類似の概念とその人口統計がないことは、国としての統合政策の乏しさに起因する。しかし、こうした日本の特殊性は、人口予測に関する別の特殊要因によって大きく変わる可能性があり、近年、本格的な移民政策の展望が語られはじめた。日本の人口、とりわけ生産年齢人口の減少と高齢化率の増大の予測は、突出している。生産年齢人口を維持するためには、2050年まで、日本は毎年60万人以上の移民を受け入れる必要があるとする国連人口部の補充移民の予測は、非現実的であろう。とはいえ、生産性を高める産業構造の転換により生産年齢人口の減少の克服を可能とする議論も、一面的である。生産人口の問題は克服できたとしても、社会保障費の財源を消費税に求める傾向を強めつつある日本にあって、消費人口の減少は、深刻な問題をもたらすことが予想される。

　高度経済成長期に、大量の労働移民を受け入れた欧米とは異なる日本の特殊要因として、人口過密、単一民族志向、（農村から都市への）大規模な国内の人の移動、オートメーション化、（主婦・学生などの）外部労働市場への依存、長時間労働が指摘されてきた。しかし、現在、国際結婚の比率の増加、農林業就業人口の減少、年間総実労働時間の減少など、日本の社会基盤は大きく変わり、とりわけ外国人の受け入れに消極的な最大の要因として法務省が指摘してきた人口過密の前提が揺らぎ、人口減少が、政策転換の必要性を認識させている。

### 入管政策の課題

　たしかに、専門・技術的分野の外国人労働者は受け入れ、「単純労働者」は受け入れない方針が維持されている。しかし、1990年施行の改正入管法後、「日系人」とその家族に「日本人の配偶者等」に該当しない場合にも、「定住者」という就労可能な在留資格を認めた。表向きの理由は親族訪問等とされた

が、本音の部分では、「不法就労者」の増大を止め、バブル期の労働力不足の解消が期待された。

「研修制度」に加え、1993年に「技能実習制度」がつくられ、最長3年間に拡大した。これらの制度は、途上国への技術移転が表向きの目的とされているが、実態は非熟練労働者のローテーション制度となっている。また、人身取引類似の経済的・性的搾取の事例も問題となっている。初年度から労働者として位置づける制度改革のその先を予測すると、学習を名目とすることで、帰国を担保することができる制度の基本を維持する一方で、将来的には日本語や技術の習得に応じて、定住ないし永住に道を開く方策もありえよう。しかし、これでは制度の趣旨の説明が困難になる。むしろ、非熟練労働の受け入れは、季節労働などが諸外国では一般的であり、こうした受け入れ枠組みを検討する方が自然であろう。

2003年に法務省は、推計25万人の「非正規滞在者」を5年間で半減させる方針を宣言した。半減には及ばなかったものの、大きく数を減らした。数の減少には正規化も必要である。日本では、一定期間に大量の正規化を受けつける「**一般アムネスティ**」は非正規移民の追加流入を招くとして、考慮の外に置かれてきた。他方、「定着性が認められ、かつ国籍国との関係が希薄になり、国籍国において生活することが極めて困難」とある在留特別許可のガイドラインの基準は曖昧である。今後、追加的な流入を抑止し、人道的な正規化を促進する上では、「在留特別許可」のいっそうの弾力的な運用か、一定の申請期間に特別な理由を考慮する「**特別アムネスティ**」も選択肢となろう。従来、一般アムネスティに消極的であったドイツやスウェーデンでも、難民申請が認められなかった者や子どものいる家族の長期の非正規滞在者の在留資格を正規なものにする特別なプログラムが採用されていることも参考になる。

高度な技術・技能をもった労働者の受け入れ拡大が、先進諸国の共通関心事である。ドイツの高度人材のような入国時の永住許可の例もある。日本では「高度人材」の定義はまだ明確ではないが、研究者や情報技術者に5年の在留期間を認め、3年ないし5年の在留で永住許可を認める点に現状はとどまっている。ポイント制などの永住型の受け入れ制度の検討が将来的な課題であろう。

### 多文化共生政策の課題

オーストラリアでは、同化政策から統合政策を経て、多文化主義政策に至る

三類型の歴史が語られる。一方、ヨーロッパ大陸諸国では、統合政策を広くとらえ、多文化主義的なスウェーデンや、同化主義的なフランスの場合もある。オランダの法務省によれば、「統合」とは、社会において社会諸集団が協力し、共生することを意味する。いわば、統合と共生は、一定の互換性を有する概念ともいえる。むしろ、日本の「多文化共生政策」は、「多文化主義政策」とは距離があり、「統合政策」と背景事情において近いものがある。カナダなどの**多文化主義政策**の対象は、国民の中の（言語・文化的）少数者から、外国人に広がってきたが、中心課題は前者の社会参加である。これに対し、ヨーロッパ大陸諸国の**統合政策**の対象は、外国人から外国生まれの国民に広がってきたが、中心課題は外国人の社会参加である。

　本来、統合政策は、移民と受け入れ社会の双方の変容を前提とするが、移民の側の受け入れ社会への適応を強調する場合、**同化政策**に近い意味を帯びる。しかし、多文化共生政策という場合は、同化主義的な統合政策の意味をもたせにくい。他方、日本語において、統合は同化に近いものとして受けとられる場合があり、日本国憲法一条が天皇を日本国民の「統合」の象徴と定めていることなど、複雑な意味合いの問題も予想される。

　2006年に総務省が「**地域における多文化共生推進プラン**」を策定し、「多文化共生政策」が自治体の政策用語として定着しつつある。しかし、総務省の管轄だけで、法改正なしにできることは限られていて、他の省庁や国会が、権利義務関係の見直しや明確化を含む総合的な政策に取り組む必要がある。国レベルの政策としては、同年、外国人労働者問題関係省庁連絡会議が「『生活者としての外国人』に関する総合的対応策」を示したが、そこでは、適当な政策用語を見出すには至っていない。

　他方、参議院の「共生社会に関する調査会」では、外国人との共生も重要な政策課題となっている。今後、内閣府の共生社会政策（統括官）の政策課題に、移民との共生の項目を加えるか、男女の共生は男女共同参画局が担当するので、多文化共生局をつくる展望もありえよう。外国人集住都市会議（第7章(3)）では「権利の尊重と義務の遂行を基本とした多文化共生社会」という**市民権**（共同体のメンバーの権利と義務）の概念を取り入れた定義も採用し、外国人の子どもの「教育を受ける権利を保障するために、教育の義務化」が必要という。外国人の義務教育とは、誰のどのような内容の義務を意味するのか。従来の文部科学省の方針の延長として義務教育に編入した場合、（学校教育法の）一条校

（公立・私立を問わず、公の性質をもち、国庫による助成の対象となり、助成金の乏しい各種学校や無認可の学校と区別される）の多少の拡大はあっても、国の定める一定のカリキュラムに合致しない外国人学校に通う場合を義務違反とする結果になりはしないか。在留期間の更新の際に、子どもの就学状況を判断材料とすることで、「親の就学させる義務」を事実上担保するのであろうか。むしろ、人権諸条約が求める「国の側の受け入れ義務」を明確にし、不就学ゼロの取り組みを徹底させるべきであろう。

　教育政策の分野では、外国人という枠組みでは、対象を的確に把握できない場合があり、「外国につながる子ども」という表現が用いられる。文部科学省は「日本語指導が必要な外国人児童生徒数」を毎年調査しているが、その中で中国帰国者の子どもや国際結婚による「ダブル」といわれる子どもなどの「日本国籍を有する日本語指導が必要な児童生徒数」という項目の統計が存在していることは、あまり知られていない。母語教育も教育政策の内容に取り入れられた場合には、その対象として、外国につながる子どもないしは移民類似の概念の統計が必要になるであろう。

### 外国人政策から移民政策へ

　なぜ外国人政策ではなく、移民政策なのかは、入国時に永住権を認める入国政策を志向するからではない。永住型の入国政策を内容に含むと否とにかかわらず、政策の対象を外国人と規定することは、政策の内容を乏しいままにとどめてしまう。さもなければ外国人という言葉を拡張して用いることになる。移民政策は二つの内容をもち、入管政策の対象は外国人であったとしても、多文化共生政策の対象は広い意味での移民である。排外主義的な意味をもちやすい「外国人」から、包摂の意味をもつ「移民」へと政策用語を転換させること自体が、事実上の移民受け入れ国としての自覚を促し、ヨーロッパ諸国の統合政策を進展させたように、日本において多文化共生社会を実現するための一里塚とみることもできる。日本社会が多様な国籍と文化を背景にもつ人々の共生可能なシステムを取り入れるための政策課題は多い。その場かぎりの対策ではなく、体系的な政策が求められている。政策の体系化が進むにつれ、外国人政策はその一部分であり、より広範な移民政策の用語が必要となる。

# 第3章 人口減少社会と移民（外国人労働者）受け入れ

## (1) 人口減少社会の背景・要因・経済的影響　　　中本博皓

### 人口減少化社会の背景

　国立社会保障・人口問題研究所の人口推計に依拠すると、日本の人口減少は、2005（平成17）年の国勢調査による1億2776万8000人をピークに、その後は年々減少すると予測していたが、実際には、日本の人口減少はそれより1年前の2004（平成16）年の人口（1億2778万7000人）をピークとして始まった。

　人口減少には、二つの背景が存在する。一つは少子化社会の進行であり、二つには急速なテンポで進む高齢化社会の存在である。日本の人口減少問題には、超高齢化時代を迎えて出生率を上回る高い死亡率がその背景にあると考えられている。

### 少子化の背景と要因

　人口減少化社会の要因の一つは少子化にある。その要因は、第一要因と第二要因に分けて考えることができる。

　少子化の第一要因は、2003年、2004年と続けて**合計特殊出生率**が1.29まで低下したことでも理解できるように、日本の出生率は世界的にみても、韓国、イタリアとともに低水準にあり、その背景には結婚に対する価値観の変化が考えられる。もちろん、それだけではない。たとえば、結婚適齢層の一部に所得の不安定な層が増えているなど、少子化には所得要因が重要な要因に挙げられる。また、若い女性の子育てに抱く「不安感」も大きい。その他、育児等にかける養育費や育児にかかる時間などの負担も少子化要因に数えられる。

　少子化の第二要因としては、男女ともに晩婚化の進行が指摘できるし、**生涯未婚（非婚化）率**の上昇も見逃せない。日本の場合は、これまで倫理・社会観から、欧米の一部の諸国と比較して同棲率が低いことも少子化の要因のひとつになっているように思われる。

国立社会保障・人口問題研究所の「少子化情報」によると、日本の年間出生数はオイルショック（1973年）を境に減少を続けていることが分かる。
　1973（昭和48）年、209万2000人、1000人あたり19.4人だった普通出生率が、2007（平成19）年には8.6人に低下し、出生数は109万人に減少した。また、この間に合計特殊出生率は、2.13（1970）から1.32（2006）に低下した。
　周知のことだが、合計特殊出生率の数値が2.08を下回ると「少子化社会」と呼ばれて、現在の人口を維持できなくなる。また一方で、高齢化が急速に進むため、その国の経済成長率が低下し、社会保障、とくに年金支給に影響が出るだけでなく、労働力不足など労働市場にも深刻な打撃を与えることになる。
　ところで、少子化の背景には、前述したように、適齢期にある若い人々の結婚観、結婚に対する価値観に大きな変化が現れてきたことも指摘できる。
　最近の晩婚化傾向に言及して国立社会保障・人口問題研究所は、「1970年代前半以降、平均初婚年齢がほぼ一貫して上昇していること、晩婚化は若い年齢層から順に結婚している人の割合を下げ、未婚化を引き起こし、出生数を大きく減少させている」と指摘しており、人口減少社会の背景と要因を明らかにしている。

### 高齢化の要因とその経済的影響

　人口減少化社会は、少子化の進行とともに急速な高齢化も大きな要因になっている。高齢化の要因には、所得水準の上昇、医療技術の進歩、そして社会保障制度の整備・充実といった事象が存在している。一方、少子化の第一要因と第二要因が高齢化を考える際の第一の要因となっている。高齢化要因には他にも、住環境の質的向上などが考えられる。また、自由な時間的空間を享受できるようになったことなどが、長寿の要因を構成している。
　ここで「人口減少化の経済的影響」に目を転じてみよう。人口の減少が進行している社会では、人口が増加している社会と同じ豊かさを享受することは難しい。少子・高齢化が進み、人口の減少規模がさらに大きくなると、経済成長率にも影響を与えることになる。理由は、人口減少が労働投入量だけではなく、貯蓄率や資本蓄積にも少なからず影響するからである。たとえば、ライフサイクル仮説や恒常所得仮説に立脚すれば、高齢化の進行は今後も家計の貯蓄率の低下をもたらすと考えられる。総務省の『家計調査』で明らかなように、定年でリタイアした高齢者が在職中に蓄えた貯蓄を取り崩したり、**年金依存度**が高

くなることから、高齢化が進行すると「家計の平均貯蓄率」は低下すると推測されている。

したがって、少子・高齢化が進む人口減少化社会にあっては、高齢者の再就職、相当程度の定年延長（たとえば70歳定年制など）が行われないかぎり、経済成長率の低下は避けられないであろう。

確かに、人口減少がイコール経済の減速につながると断定はできない。技術進歩等による**労働生産性上昇率**を引き上げる努力によって、国民の生活水準が高められる可能性は十分考えられる。

### 人口減少社会——状況認識と対応策

状況認識：日本の人口減少は、国立社会保障・人口問題研究所の人口推計に依拠すると、2004（平成16）年の総人口1億2778万7000人をピークに、推計より1年早く、すでに2005年から減少に転じたという。人口減少社会の到来にわれわれはどう対応すべきなのか、関心がもたれている。2006（平成18）年12月を基準時とした同研究所の推計では、2050年の日本の人口規模は、9515万2000人に縮小し、その前年比で529万1000人が減少すると見られている。いまのままなら、人口の年平均増加率はマイナス1.08％で、人口減少社会が急ピッチで進行することになる。

対応策1：人口減少社会へどう対応すべきか。その一つが、**地域共生型社会政策**（子育て支援システムを含む地域連携福祉制度等）的な対応策である。たとえば、1)地域の子育て支援システムの構築、2)地域福祉制度とまちづくり、そして、3)地域重視の就労環境への見直しなど、地域の人々と環境の共生を重視した共生型の社会政策的な対応によって、人々が安全で安心して子育てができるまちづくりが必要である。

二つ目には、出生率を高める社会環境が整備されることが必要である。そのためには、産科医を地域で支える制度や分娩費の全額支給も視野に入れた出産優遇政策、そしてもう一つ大きな問題は、産休後誰もが職場に復帰できる就労環境を「制度」として確立することである。

対応策2：人口減少社会において経済の適正規模を維持し、これまで通りの活力に富む日本社会を国民が選択するのであれば、人口もまた一定水準の規模に維持する必要がある。人口減少社会では、国内労働市場の需給の不均衡によ

る人手不足を補うために、外国人労働者を含めて、相当規模の外国人労働者（人口移入）を受け入れざるを得ないことになる。その場合の外国人労働者の役割は、日本における人口減少を補充し、一定水準の生産力の維持を担うことにあると考えられる。人口減少社会における国としての移民（外国人労働者）の受け入れは、社会的影響等の十分な検討が必要であるものの、最低限度の労働人口確保の対応策のひとつであるといえる。

人口減少社会では、人口減少分を補充する意味での移民（外国人労働者）の受け入れであるから、単に人手不足を解消する労働者の受け入れだけにかかわるのではなく、家族ぐるみでの移住を希望するケースも多い点に、受け入れ側としては難しい問題を抱えることになる。

## 人口減少適応型社会へ向けて

対応策3は、人口減少化に適応的に対応できるような社会の形成を考えようとするものである。

周知のように、急速に進む少子高齢化で、日本は人口減少社会へ大きく舵を切ることになった。しかしながら、人口減少社会は、マクロ経済学的に考えて、少なくとも経済の成長・発展に何らかの影響を及ぼすことになる。というのも、人口が減少すると**総需要（消費需要や投資需要）**が落ち込み、経済成長に負の影響が現れることも避けられないからである。

したがって、人口減少に適応的な社会（「人口減少適応型社会」）への構造的転換を図るのであれば、減少速度を少しでも緩めるための対応策も必要であるから、あわせて、子どもを産みにくい社会から少しでも産みやすい社会へ転換していくための政策対応を考えなくてはならない。

現状のままで、少子化による人口減少が進むと、1000年後には、日本の人口はゼロになると言われている（国立社会保障・人口問題研究所の推計による）。それでは困る。そこで、現行経済を維持しながら、人口減少に対して適応的な開発戦略を用いることであろう。すなわち、一つは**人口の産業別資源再配分**を図ること、二つ目には、過疎化する農村部への人口回帰策を積極的に進めるべく再開発投資策の推進、そして三つ目には、とくに女性、前期高齢者、非正規労働者等の就労環境の抜本的制度改革等によって、国内の労働力化率を高めることなども、人口減少社会に向けて講ずべき一つの処方である。

## (2) 移民（外国人労働者）受け入れの影響　　　　　　　　中本博皓

### 50年後の日本の総人口

　21世紀を迎えて、日本には本格的な**人口減少社会**が到来した。農業および福祉・介護等の若干の産業分野、および限られた職種（いわゆる３Ｋ業種）では、労働力不足が深刻な問題になっている。日本の人口減少はすでに2004年から始まっているため、いままで通りの経済規模を前提にした経済運営を持続することはできない。国立社会保障・人口問題研究所の2008年の推計に依拠するならば、2005年をベースにした50年後の2055年までに、日本の人口は3783万8000人減少する。

　一方、総人口は2004年の１億2778万7000人から2055年の総人口は１億人を大きく切って、約8993万人になると推計されている。いままでの経済規模を維持しようとするならば、3783万8000人の人口減少分を**技術進歩**で補い、生産性を高めるという選択肢はあるものの、それは3783万8000人の人口減少をすべて完全代替することはきわめて至難であると言わざるを得ない。

### 外国人労働者の受け入れの基本認識

　もし、国内労働者の不足分を外国人で代替するのであれば、大雑把な推計値であるが、今後50年間でおよそ3784万人もの人口減少を補うとすると、現在の人口規模を維持するためには、年平均で約60万人もの外国人労働者を労働移民として受け入れざるを得なくなると言われている。これほど大量の外国人を受け入れるなど、どだい無理である。好・不況の景気変動はあるものの、工場の生産現場や土木・建設・建築等の現場に携わる労働者、いわゆる「単純労働に携わる作業員」を含めて、今後、その規模に違いが生じるものの、外国人労働者の受け入れが必要になることは避けられないであろう。

　生産性の上昇も考慮されるから、人口減少分の約3784万人をすべて外国人で賄うことにはならない。しかし、今後の日本社会に毎年何万という大量の外国人労働者の受け入れが、日本社会および国民の生活に及ぼす影響について考えたとき、受け入れ国の立場として無頓着でいられるほど小さな問題であるとは思えないのである。

　国も人口減少社会の経済政策の一環として、外国人労働者の受け入れによっ

(2) 移民（外国人労働者）受け入れの影響

表1　わが国の労働力率の推移——高度成長期〜現在

| 年次 | 労働力（％） |||||||| 
|---|---|---|---|---|---|---|---|---|
| | 15歳以上の割合 || 就業者の割合 || 完全失業者数 || 非労働力率 ||
| | 男性 | 女性 | 男性 | 女性 | 男性 | 女性 | 男性 | 女性 |
| 1960 | 85.0 | 50.9 | 84.3 | 50.6 | 0.7 | 0.3 | 15.0 | 49.1 |
| 1970 | 84.4 | 50.9 | 83.1 | 50.3 | 1.2 | 0.6 | 15.7 | 49.1 |
| 1975 | 83.4 | 46.1 | 81.3 | 45.3 | 2.2 | 0.8 | 16.6 | 53.9 |
| 1980 | 82.1 | 46.9 | 79.8 | 46.0 | 2.3 | 0.9 | 17.8 | 52.9 |
| 1985 | 80.4 | 47.7 | 77.3 | 46.4 | 3.0 | 1.3 | 19.4 | 52.1 |
| 1990 | 78.7 | 48.4 | 76.1 | 47.1 | 2.6 | 1.2 | 20.8 | 51.3 |
| 1995 | 78.8 | 49.1 | 75.2 | 47.3 | 3.6 | 1.9 | 20.5 | 50.5 |
| 2000 | 74.8 | 48.2 | 70.9 | 46.2 | 3.8 | 2.0 | 23.0 | 50.8 |
| 2005 | 72.1 | 47.8 | 67.3 | 45.5 | 4.8 | 2.4 | 23.7 | 50.2 |
| 2006 | 73.1 | 48.5 | 70.0 | 46.6 | 3.2 | 1.9 | 26.8 | 51.5 |

出所：国立社会保障・人口問題研究所『人口統計資料集2009』より作成。

て、その多様性と活力の確保の意義は認識しつつも、いわゆる単純労働者の受け入れは、わが国の経済社会と国民生活にもいろいろな意味で影響を及ぼすことになると考えられている。人口減少を外国人労働者で賄う場合には、国の各層のコンセンサスを踏まえつつ、十分議論を深めて慎重に対応することが求められるという基本認識が必要である。

### 人口減少がもたらす影響

　外国人労働者受け入れの背景：日本で外国人労働者の受け入れが議論される背景には、少なくとも二つの問題が存在する。その一つは、働く条件が不十分な３K業種への**国内労働力の供給不足**の問題である。もう一つは、すでに前述した、日本がまさにいま直面している少子高齢化による人口減少化の問題である。

　外国人労働者を受け入れるかどうかは、深刻化する人口減少化との関わりで考えなくてはならないし、国内の労働力の需給関係も踏まえた検討が必要である。国内の**労働力率**は、ごく一般的には〈就業者数÷15歳以上人口総数×100〉で表すことができる。男子の労働力率は90年代に入って70％の後半で推移したが、2000年代になると70％を切るところまで低下し、逆に非労働力率が高まっている（表1参照）。

アメリカ発のリーマン・ショックは別としても、日本が現在の経済規模以上に「成長する経済社会」を望むのであれば、人口減少化の進行に伴い外国人労働者の受け入れはやむをえないであろうし、外国人労働者の受け入れ政策は、今後、国が経済計画の戦略的方向づけを行う上でも、サプライ・サイドの根幹をなす問題であると思われる。

企業努力で**労働生産性上昇率**を仮に1％引き上げることができても、人口減少社会では働き手も減少することになるから、もし労働人口が1％減少することになれば、技術進歩よる成果が帳消しになる。また、人口減少社会で、いま仮に今年の労働生産性上昇率がゼロのとき、前年に比較して労働人口が減少したならば、明らかにGDPも減少するから、この場合の経済成長率はマイナスになる。そのために、国内人口の減少に見合う人口を外国人労働者なり、広く移民の受け入れによって補充し、成長経済に結び付けられるならば、それも一つの国としての政策の選択に違いない。

## 外国人労働者受け入れ国のプラスとマイナス

人口減少を外国人労働者の受け入れで賄う政策には、プラス面もあればマイナス面もある。外国人労働者を受け入れた場合の影響として、次の3点に絞って考えてみよう。

第1点：安い賃金で働いてくれる外国人労働者に依存することは、その国の国際競争力を低下させ、相対的低賃金コストに支えられると、技術革新投資に遅れが生じて、**産業構造の再編**にも影響が現れる。

第2点：人口減少については、外国人労働者の受け入れで補充できるとしても、外国人労働者の定住化によって生じる社会的コストの増大が、生産性の高い産業分野に従事する受け入れ側の自国労働者の負担をより大きくせざるを得ないという不安は、むしろ高まるのではないか。

第3点：少子高齢化がいままで以上に進むと、著しい労働力不足に見舞われる分野が増える。たとえば、建設産業等の作業現場要員、あるいは専門職であってもIT部門、加えて看護・介護・医療など福祉の分野である。これらの分野では、外国人労働者に広く門戸が開かれることで、外国人労働者が大幅に増えると予想される。受け入れ国にとって**財政的には****マイナス**であっても、社会的に総合余剰ではプラスが期待できると思われる。

(2) 移民（外国人労働者）受け入れの影響

## 受け入れ国の財政負担のいろいろ

　移民（外国人労働者）の受け入れによって、時系列的な視野で見れば家族の呼び寄せに伴い、受け入れ国の社会保障支出等の財政負担に関心が集まる。
　外国人労働者受け入れに伴う社会的コストは、すでに旧労働省時代から検討がなされていた。その社会的コストは、次のように二つに大別されている。
　最近、日本がインドネシアから受け入れた介護研修生のケースでも分かるように、一つは受け入れに伴い必要となる募集費、その職種に向いているかどうかの就労適性検査、受け入れ国の言語教育等のコストである。
　二つには、1)専門職種の教育・訓練費用、住居費等の基礎的社会的コスト、2)休業補償、失業給付、退職一時金等の社会保障的社会コスト、そして3)労働者および家族の医療等福利厚生費、子どもの教育費等福祉サービス的社会コストがある。これらの中には企業が負担するコストもあるが、国や地方公共団体の財政負担になる社会コストも多い。実際にはこれだけではすまないであろう。異文化にとけ込めないために生じるさまざまな軋轢を解決するコストや、社会的外部不経済のようなコストもある。それらは国や地方の財政負担になる。
　人口減少が急速に進むと予測されている日本の場合、これらの財政コストを負担してでも外国人労働者を含めて移民の受け入れが、そう遠くない将来、国のレベルだけでなく国民の間でも、真剣な議論が行われることになるであろう。
　以上のように、外国人労働者の受け入れが本格化すると、国内の女性労働者、高齢者の再就職、非正規労働者の雇用機会の減少や国内一般の求職者との競合も強まり、低生産性産業分野の生産性が停滞する可能性も否定できず、マイナスの影響が生じることは避けられない。しかし、国際的な**人口移動**に風通しを良くすることで、労働力の確保、多様で高度な人材の確保が可能になる点では、外国人労働者受け入れのプラス面として捉えることができる。
　最後に、今後、人口減少化がいっそう進み、政府が重い腰を上げて、長期に日本に在留する移民（外国人労働者）の受け入れが本格化するようになれば、日本が最も苦手としてきた**多民族共存**を推進するための多文化共生システムの構築が必要になる。多文化教育および異文化交流が比較的容易に行えるような環境を、外国人だけにではなく、日本人向けのメニューも必要で、新たな行政機構（移民庁）を設置することを視野に入れておかなくてはならないであろう。

## (3) 移民（外国人労働者）受け入れの経済効果
## ──その経済学的考え方
中本博皓

### 人口減少社会の経済的影響──「小さな日本」の経済学的考え方

労働人口減少のケース：急速に進展する少子高齢化社会では、周知のように、人口減少化を招き、やがては労働力不足をもたらすであろう。その場合に生じる経済的影響について、簡単な図を用いて考えてみよう。

図1は市場の労働供給が賃金に対してまったく反応しないケースを仮定している。**労働供給曲線**は、非弾力的で横軸に対して垂直に描かれている。一方、

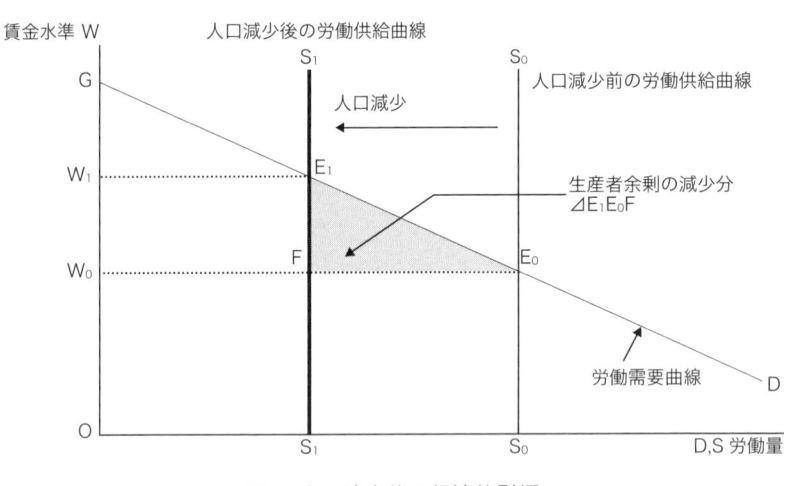

図1 人口減少後の経済的影響

**労働需要曲線**は、賃金に反応し弾力的かつ右下がりに描かれている。

　図には、国内の労働力（人口）に対する需要曲線と供給曲線 $S_0$ が描いてあるとしよう。当該国で総人口が減少し、労働力にもその影響が及ぶと、労働供給曲線は $S_0$ から $S_1$ へと左側に変位する。労働需要環境に影響はないため、労働需要曲線は変位しない。図が示しているように、供給曲線の変位で市場の均衡点は、$E_0$ から $E_1$ へと移動している。その理由は、労働市場のメカニズムが働き、賃金水準（W）が $W_0$ から $W_1$ へと上昇したからである。

　そこで、労働人口が減少する以前の当該国の**国内総生産**（GDP）と、減少後

(3) 移民（外国人労働者）受け入れの経済効果

のそれとを図に示すと、以下のことが分かる。

労働人口が減少する前の国内総生産は、図の台形の面積 $OGE_0S_0$ で示すことができる。ところが、労働人口が減少すると、図の台形の面積は $OGE_1S_1$ に縮小することが分かる。すなわち、国内総生産の減少分を示す台形の大きさは $S_0E_0E_1S_1$ に相当する。$S_0E_0FS_1$ は、労働人口の減少に伴う賃金所得に相当する国内総生産の減少分であり、三角形 $E_1E_0F$ の薄墨色の部分は、労働人口の減少に伴う生産者余剰の減少部分である。

結局、人口減少を政策として容認し「小さな日本」を選択した場合、国内総生産すなわち GDP の減少という**経済的影響**は避けられない。もちろん、このマイナスの影響を技術進歩等の生産性上昇率を高める努力で克服することが可能であるとする考え方もある。

## 移民（外国人労働者）受け入れの経済効果

国内労働市場における労働人口の減少を移民（外国人労働者）の受け入れで補い、生産力の拡大に結びつけるケースを次ページの図2に示した。図2も、図1と同じように、労働供給曲線が賃金に対して非弾力的なケースで、横軸に対して垂直に描かれている。

いま、労働力不足を外国人労働者の受け入れで補うケースを考えてみよう。移民を受け入れた場合、労働供給曲線は $S_0$ から $S_1$ へと右に変位し、賃金水準も $W_0$ から $W_1$ へと低下していることが分かる。

**外国人余剰**：外国人労働者を受け入れることで人口が増加するので、図1の事例とは逆に、経済にプラスの影響をもたらすことが分かる。また、図2では移民の受け入れで、受け入れ国の経済に「外国人労働者余剰」が生まれることも示している。ここでは受け入れる外国人労働者と国内の労働者の労働の質は同質と考え、加えて簡単化のために、労働力は代替的であると仮定しておくことにする。

さて、図2では、外国人労働者が受け入れられる前の当該国の経済全体の生産額（国内総生産）は、$OGE_0S_0$ で表されている。ところが、受け入れ国では、少子高齢化の進展で建設現場をはじめ農林漁業、そして IT 産業部門などで人手不足が深刻化しているとしよう。それを補うために、図2のように外国人労働者 $S_0S_1$ を受け入れることにしたものと考えよう。その結果、人手不足は解消し、移民（外国人労働者）による総人口の増加で、受け入れ国の国内総生産は

第3章 人口減少社会と移民（外国人労働者）受け入れ

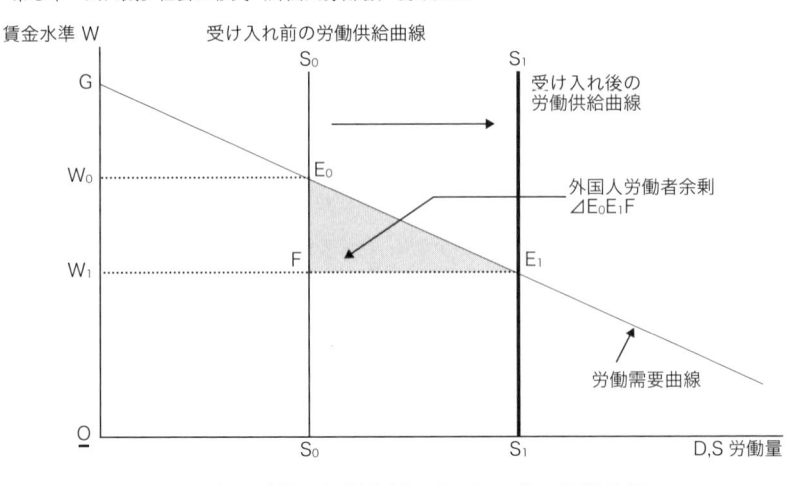

図2 移民（外国人労働者）受け入れ後の経済効果

増加することになる。その増加分は、図中の台形 $S_0E_0E_1S_1$ で示されている。この国内総生産の増加分 $S_0E_0E_1S_1$ から、受け入れた外国人労働者に支払われる賃金額 $S_0FE_1S_1$ を差し引くと、その残余は図2の薄墨色の三角形 $FE_0E_1$ で示される。この三角形の面積は、外国人労働者を雇用することから得られた生産者余剰の増分であり、これを一般に外国人労働者を受け入れた国の「外国人労働者余剰」または単に「**外国人余剰**」と呼んでいる。

「余剰」が生じる理由：ところで、この「外国人労働者余剰」ないしは「外国人余剰」が生じる理由は、外国人労働者を受け入れることで、受け入れ側の労働力の増加によって賃金費用が低下したこと、それと同時に、生産規模が拡大したことにもよるのである。その結果、生産者の余剰が高まる。それが外国人労働者受け入れ側の国内総生産への寄与（貢献）分と理解できる。また、「外国人労働者余剰」（「外国人余剰」）は、移民（外国人労働者）を受け入れた国の**所得**（企業の場合には利益）の**増分**と解釈してもよい。

### 「外国人余剰」再説

「外国人余剰」の「余剰」は、「余剰労働力」などという場合の「余剰」とは異なる。経済学で一般に使う「消費者余剰」「生産者余剰」「総合余剰」あるいは「余剰分析」などという場合の「余剰」の意味と同じである。

本節で用いている「外国人余剰」とは、外国人労働者の受け入れによって、

(3) 移民（外国人労働者）受け入れの経済効果

当該国にプラスの経済効果をもたらしているという意味で使っており、外国人労働者が「余っている」という意味ではない。経済学で言う「余剰」とは、「利益が生じる」とか「黒字になる」といったプラス効果のイメージが強い。それゆえ「外国人余剰」とは、ミクロ経済学の立場からすれば、企業が「外国人労働者を受け入れたことで利益を増やした」ことを意味し、またマクロ経済学の立場から言えば、外国人労働者を雇用したことで、当該国の国内総生産（GDP）に増分（余剰）が生じたケースを考えればよい。

理論的に言えば、最後の１単位（１人）の外国人労働者が雇用されたときの生産性（限界生産性）と等しい賃金（図２の$W_1$の水準）が、受け入れた外国人労働者すべてに支払われる（その大きさは図２の四角形$S_0FE_1S_1$で示されている）ので、図２の三角形$FE_0E_1$のように「外国人余剰」と呼ばれる黒字が生じる。この部分は、当該国の国民（たとえば日本なら日本人）の取り分となる。

## 開発途上国から労働者を受け入れた場合の経済効果

少子高齢化が進むにつれて、人口減少が避けられなくなったいま、日本をはじめ少子高齢化の進んだ諸国では、開発途上国から看護や介護等の労働者の受け入れが本格化する兆しを見せている。

経済学的には、**労働人口の国際移動**が自由であるなら、「**ストルパー＝サミュエルソンの定理**」に従い、送り出し国（流出する国）と受け入れ国（流入する国）の間で労働移動は、両国の賃金率が等しくなるまで続くものと考えられている。その場合、送り出し国である開発途上国の賃金は上昇し、受け入れ国の賃金は低下するが、総じて産出量は増加する。ちなみに、開発途上国から労働者を受け入れた場合、受け入れ国の国内総生産（GDP）が増加し、送り出す側では働き手が減少するため、国内総生産に負の影響が生じると考えられる。

次に、両国の労働者の立場で経済的影響を考えると、開発途上国の労働者は賃金上昇の恩恵を得るが、仮に日本を例にとれば、日本国内で働く労働者は日本人であれ外国人であれ、労働者の賃金は低下するので負の影響を受けるであろう。

一方、経営者についてはどうだろうか。開発途上国から労働者（出稼ぎ型移民）を受け入れている国の経営者は、安い賃金コストで産出量を増大できるメリットがある。送り出し側の開発途上国の経営者は、賃金率の上昇等コスト増で、経営的にマイナスの影響を受けると考えられる。

# 第II部
## 移民の人生
ライフサイクルにそった多文化共生論

# 第1章 ともに生まれる

(1) 人間の誕生と子どもの権利 　　　　　　　　　　　　川村千鶴子

**はじめに**

　異文化接触の磁場である多文化社会では、日々、運命的な出会いがある。2008年の時点で、日本の在留外国人数は非正規滞在者を含めても約220万人に過ぎないが、国際結婚の伸び率は顕著である。2007年の全婚姻件数72万4169件に対して国際結婚数は4万4619件、90年代後半からアジアや南米から来日したニューカマーと日本人との間でベビーブームが起きた。産声をあげた子どもたちは学齢期から成人に達する者もいる。また子どもを伴って来日する外国人も増加し、在留資格の中で「家族滞在」も増えた。

**異国で身ごもるとき**

　筆者は1980年代から東京都新宿区の産院で、アジア太平洋地域出身の妊婦が医師とのコミュニケーションに不安に感じている状況を知り、協力してきた。93年に新宿区の産院および公立保育園30園の子どもたちの多文化化・多民族化・多国籍化を調査した。当時は保育士が休日を返上して、多言語の保育会話集を作成していた。それに加え、自主研究会を開いては、親の出自や在留資格にかかわらず、平等で最良の保育に精いっぱいの努力をしている様子が窺われた。当時の厚生省が多文化保育の実態を調査する以前のことである。

　入管法改正後、90年代に入り、女性とその子どもたちのための緊急一時保護施設である NGO 女性の家「HELP」に寄せられた電話相談509件（92年度）の95％が、外国人女性からであった。内容は、結婚、再婚、妊娠、中絶、出産、認知、離婚、養育費、親権、夫婦問題、子どもの預かり先などに関するもの。背景には「無責任な男性」「日本社会の無関心」の問題が存在していた。

　当時、新宿区のある総合病院では、分娩の2割近くが外国籍女性であった。産科の待合室は、妊娠に伴う喜び、希望、不安、緊張、葛藤、それぞれの人生

観が凝縮して交錯する。初めて体験する異国での妊娠・出産である。やがて馴染みの顔が対面し徐々に打ち解けて、相互に勇気づけが始まる。新しい生命を身ごもる喜びと周囲の祝福に包まれ、全身の力を振り絞って人間の誕生を迎えることになる。

　しかし、身ごもる女性の現実は多様である。駆け込み出産、置き去り出産、男女間がすでに破綻している不本意な妊娠も少なくない。妊婦検診を受けず、不安を抱える女性たちには、産後の育児指導でも意思疎通の点で思うにまかせないという課題がつきまとっている。煩悶(はんもん)の差こそあれ、さまざまな状況におかれる妊娠・出産のライフステージに、日本社会はどれだけの配慮をしているだろう。安心して生活できる住居の有無、在留資格、夫の家族との不和、言葉の不自由、祖国への想い、孤独、費用の心配、育児への不安など、子を身ごもる上に困難があればあるほど、パートナーの誠実さと日本の社会保障を見据える必要に迫られる。

## アイデンティティの揺らぎ

　このような異文化接触の渦中にあって、妊婦は生き方のプライオリティに悩み、人間としての責任、葛藤と孤独の中で自我同一性を模索する。**アイデンティティ**（Identity）とは、「自分が自分であること」「自分の存在証明」「自分なりの生き方や価値観」などと訳されているが、自分を他者から区別する自分らしい独自性のすべてと定義されている。アイデンティティが危機に直面するときにこそ、人はアイデンティティを強く意識する。アイデンティティは社会的な多様な側面を包摂している。国家、文化、民族、社会階層などの集団への帰属意識は、それ自体が問題であるのではない。個人の自己意識や自我の確立との関係性のなかで、その帰属意識に混乱や葛藤が生じたときにアイデンティティとの関連が問われるのである。

## 外国人の非嫡出児をめぐる状況

　2006年の段階で東京都では母親が外国人である出生数が全国で最も多く3944名で、都全体の出生数の3.8％に上っている（国全体では2.4％、本項目のデータは厚生労働省大臣官房統計情報部『平成19年度 日本における人口動態──外国人を含む人口動態統計』2008による）。その他の地域でも、外国人母の出産数の上位には①愛知県（総数；全体比の順、2838名；4.0％、以下同）、②神奈川県（2269

名；2.8%)、③大阪府 (1947名；2.5%)、④埼玉県 (1574名；2.5%) などが続く。1995年の順位は①東京都 (4111名；4.2%)、②大阪府 (2485名；2.8%)、③神奈川県 (2043名；2.5%)、④愛知県 (1837名；2.5%) の順であったことを考えれば、出産をめぐる状況も刻々と変化してきていることが分かる。

　また、外国人の出産において注記したいのが、非嫡出児をめぐる状況である。日本人の全出産に占める非嫡出児の割合は、2006年現在2.3％と少ないが、外国人のそれは22.9％に上る。もちろん、結婚に対する認識の相違という点もあるが、その中には日本人男性の非認知という問題もある。国会では未婚の日本人父と外国人母の間に生まれた子どもが日本国籍を取得する条件から、「両親の婚姻」を外す国籍法改正案を2008年に可決（2009年施行）したが、それが出産における母親の心理的な不安の改善に繋がることも期待されるところである。もちろん、それだけではなく諸々の適切な出産・育児環境が提供されることは、相対的に高い外国人の乳児死亡率の改善にも直結していくであろう。

## 8カ国語の母子健康手帳

　多文化共生社会とは、いかなる妊娠も祝福され、妊婦も胎児もそれぞれの命として尊重される社会である。たとえ在留資格がなくとも堂々と周囲や役所に妊娠の事実を伝え、「母子手帳」を受けとることは当然求められるところである。子どもの養育はまず親に責任があり、国はその手助けをする必要がある。妊娠がわかったとき、在留資格にかかわらず市区町村長に「**妊娠届**」を提出し、「**母子健康手帳**」の交付を受ける権利があり、そのための統計作成も必要性が高いと筆者は考える。多言語の母子健康手帳は日本人女性が海外赴任の際にも活用できる。外国人集住地域の一部では、独自に外国語版の母子健康手帳が作成されてきた（神奈川県川崎市、横浜市、静岡県浜松市など）。そのような活動が広がり、他地域での医療関係者への認知が高まり、地域社会全体ですべての出産を安心して行える体制を作る認識の定着が望まれる。

## 「児童の権利に関する条約（子どもの権利条約）」への批准

　「児童の権利に関する条約（子どもの権利条約）」は、18歳未満を「児童（子ども）」と定義し、国際人権規約（第21回国連総会で採択、1976年発効）が定める基本的人権を、その生存、成長、発達の過程で特別な保護と援助を必要とする子どもの視点から詳説している。同条約は前文と本文54条からなり、子どもの

生存、発達、保護、参加という包括的な権利を実現・確保するために必要となる具体的な事項を規定しており（1989年の第44回国連総会で採択され、1990年に発効）、日本は1994年に批准した。

子どもの権利条約は、生きる権利、守られる権利、育つ権利、参加する権利の四つの柱をもつ。批准した各国政府は、条約の各条項が規定する子どもたちの権利を実現するために、国内法の整備など具体的な施策を整備が進められている。日本においても「子どもの権利条例」を制定する自治体が増えている。

### 多文化共生政策の視点

現場の理念として内外人平等の原則が浸透しても、多民族の出産ケアに伴う異文化間コミュニケーションが長い間、課題となってきた。たとえ当該施設に人権尊重を柱とする「多文化共生」の理念が息づいていても、駆け込み出産、異常分娩、医療費未払い、新生児の置き逃げなどの問題が長期に放置されることによって、助産を拒否せざるを得ない病院もでてくるかもしれない。元々受け入れに対して消極的な施設であれば、その傾向はいっそう強まるであろう。

「子どもの権利条約」の第3条にあるように、「児童に関するすべての措置をとるに当たっては、公的若しくは私的な社会福祉施設、裁判所、行政当局又は立法機関のいずれによって行われるものであっても、児童の最善の利益が主として考慮される」。国籍や在留資格を問わず、誰もが安心して出産できる状況が整備されることは、それらの権利の大前提である。

2009年5月、国会では、在留管理制度を再編するために「在留カード」制度を導入すべく外国人登録法を廃止し、在留管理を法務省に一元化し、外国籍住民も住民基本台帳に包括する住民基本台帳法改正案を審議している。この第39条によれば、非正規滞在者や難民申請中で一時庇護上陸許可や仮滞在許可が受けられず仮放免で在留している者は、住民基本台帳制度の適用を除外されてしまう。つまり地方自治法で「住所」をもって生活している「住民」であっても、母子保健や精神保健、学校教育にかかわる行政サービスから外されてしまう。在留資格がなくても最低限の生活権・生存権を支えることが、多文化共生社会の基盤であることを忘れないで欲しい。

## (2) 多文化な出産とケア　　　　　　　　　　　　　　藤原ゆかり

**出産と文化**

「出産」は、どの文化においても普遍的である。しかし人間の生理的な営みと言える出産も、社会的側面から見ると、特有の文化的通念、信念などが基盤となって大きく影響し、それを根底とした個人の価値観によって多様な方法で行われる出来事でもあると言える。たとえば、妊娠してから分娩に至るまでの常軌、分娩の伝統、産褥（産後）の慣習など、出産にまつわる文化的儀礼や流儀はさまざまである。日本においては、一般的に行われている妊娠中の腹帯の着用、里帰り分娩、へその緒の保管などが伝統的特有の慣習と言え、他の文化とは違いがある。これらのような出産にまつわる儀礼や慣習の多くは、母体と胎児（あるいは新生児）の健康と幸福の祈願と祝事の意味が強く、長い歴史の中で伝承されてきた。そのため、出産にまつわる文化的儀礼や慣習の実行は、文化ごとに独自の深意をもつのである。

さらに出産は、女性にとって新しい命を育む喜びと不安の両極な感情をもつ時期である。身体的にも精神的にも繊細で傷つきやすい不安定な時期であり、文化的な儀礼や慣習が成就することは、出産への支援や補助となりうる。

医療の現場において、出産に関連する儀礼や慣習行為の遂行で論点となるのは、母体と児に悪影響を及ぼす可能性があるか、という点である。多くの場合、健康障害が予測されることは少ないが、まれに現代医学では危惧を抱く慣習も存在する。しかし、女性と家族が「最良」と考える過程をたどり、出産における精神的な満足を得ることは重要である。自文化で培った価値観に基づく「出産」を行うことは、家族的にも文化社会的にもその達成が重要視されるため、満足を得ることにつながる。その満足感や達成感がその後の育児に影響される場合もあり、女性と家族が満足できる医療・助産ケアの要因のひとつとして、出産の文化的儀礼や慣習に配慮し、考慮してケアに取り入れる努力が必要である。

助産師・看護師が対象者の文化的背景を考慮してケアを提供することは、専門職として必須のことであると述べられている。International Confederation of Midwives（ICM）の助産師の国際倫理綱領に「文化的多様性を尊重すること」が、そして、International Council of Nurses（ICN）の看護師の倫理綱領

には「人権や価値観、習慣、精神信念が尊重されるような環境の実現を促す」と明記されている。これらは、異文化をもつ外国人に対しての文化的背景を考慮したケアの提供が、助産師・看護師として必要な責務や能力であることを明示している。出産時期にある女性に対し専門的ケアを提供するためには、ケアの対象者である女性がいかなる背景を持っていても、その人にとっての身体的・精神的な健康の確保や促進と安全な出産の実現のための方略を模索することが必要である。つまり、文化を考慮することは、伝統や伝承という側面から大切ということだけでなく、ケアを提供する医療、看護の専門的な視点からも重要なこととされているのである。

出産と文化とは切り離して考えることができない。文化を考慮して出産に対するケアを提供することは、すべての女性と家族にとって必要なことであり、そのケアによって出産に対する満足を得ることも重要なことであると言える。

## 外国人の出産

2008年の厚生労働省の統計によると、2007年の日本の総出生数は108万9818件である。出生数の減少は1990年ごろから徐々に加速し、さらに近年では出産施設の減少に伴った出産場所の確保が厳しい現状も出生数の減少に拍車をかけている。今日、産科を取りまく状況は困難な局面を迎え、日本人であっても日本で出産することが難しい場合さえある。一方、外国人の出生数は年々増加傾向を示し、父母の一方が外国人の場合の出生数は、1990年から1995年の間に急激に上昇し、1995年に2万件を超えた。特に母が外国人の場合1990年と2007年で比較すると、17年間で出生数が約2倍になっている。これは、出生数の減少傾向を呈する日本人とは対照的である。現在、外国人の出生数は日本の総出生数の約2.1%であるが、今後さらに増加していくものと予想される。

このように、日本全体における外国人人口が増加傾向にあるものの、個々の病院施設においては、未だ**外国人女性**が「マイノリティ」と認識され、注目度が低い。特に言語や文化の違いに関連した障壁から、必要なケアの提供が行われていないのが現状である。さらに産科領域における外国人医療・看護の研究も進んでいない。たとえば外国人医療に関しては、言語問題を根底とした帝王切開率の高さを示している調査や、いわゆる「飛び込み分娩」に注目した報告にとどまっている。また外国人の出産ケアに対する医療スタッフの認識は、嫌悪、困惑や面倒という印象もあり、ケア提供が消極的になる傾向を示している

調査もある。これらの調査では「言語の障壁」や「異文化理解」への課題の解決について取り上げられており、「コミュニケーション方法の工夫」や「異文化教育の充実」という提言はあるものの、実際に具体的な取り組みまで行っている施設は非常に少ない。また、医療、看護教育の中で外国人ケアに対する科目の整備もされていない。

つまり、受け入れ側の準備や体制が整っていない中での**外国人の出産**は、医療スタッフも外国人女性もともに困難を感じている。特に自己の文化的価値観で満足する出産を希望する以前に、医療スタッフとの意思の疎通がままならず、出産における支援もほとんどない。さらに日本の言語や文化を習得するだけでも負担であるのに、出産・育児という身体的にも精神的にも大きな変化を異文化の地で経験しなければならず、外国人女性の負担は増すばかりである。

## 外国人への出産ケアの課題

出産において文化を考慮したケアを提供することは重要なことと先に述べた。

しかし、外国人医療で注目される課題の多くは言語の違いである。言語の違いへの課題を少なくするための対応はさまざまであるが、医療通訳を解決策とする施設が徐々に増えてきている。現在行われている通訳方法は、対面通訳という同行型と電話通訳という遠隔型に大別される。また対面通訳でも、病院雇用、患者自身による雇用、ボランティア、あるいは病院スタッフや家族・知人が行う場合などがある。電話通訳では、通常の受話器を受け渡して行う方法や、携帯電話にスピーカーをつなぐ方法などさまざまであるが、通訳者が介入するという点では共通である。しかし、同行型、遠隔型の両者ともに通訳者の通訳経験や医療通訳に対する知識などの、ヒューマン・リソースに差が出る場合もある。これらのサービスは、公的機関が主要になっている活動は非常に少ない。外国人の集住地区におけるいくつかの病院で独自に通訳者を雇用したり、NPOなどの民間団体が活動を支えたりして、これらのサービスを提供しているのが実状である。

一方、移民の多い国々では、公的機関による多言語パンフレットの無料配布や、インターネットを介した多言語の健康情報の提供などが行われている。また政府の政策として通訳の派遣や電話通訳サービスを提供している国もある。さらに外国人の受診が多い病院施設では、医療スタッフの教育の一環として、ケア提供の指標や、医療以外の専門職との協力体制について、などのプログラ

ムを提供している。それは長い歴史の中で移民を受け入れてきた結果、時間をかけて支援体制が整備され、移民や外国人に対する医療サービスの体制が定着してきたのである。

　しかし、日本は移民を受け入れてきた諸外国とは状況が大きく異なる。外国人の受け入れや支援体制の整備の経験は浅く、未だ体制として整っていない。この現状の中で、外国人が満足できる安心で安全な出産を支援するためには、ひとつの施設やひとつの領域の努力だけでは、その達成は非常に難しい。「出産」といっても、単に医療や看護・助産領域の努力だけでは、支援体制の充実は図れない。つまり、領域を超えた「協働」や「連携」が鍵となる。たとえば病院内においては、職種を超えて医師、看護師、助産師、ソーシャルワーカー、通訳者などの多職種が「協働」をし、地域においては領域を超えて病院と地域の行政機関、ボランティアグループや民間団体などが「連携」していくことで、より継続的に外国人女性と家族が必要とする支援を多方面から提供できる。つまり「それぞれの専門職が解決できること」と「他の領域に依頼する課題を明らかにすること」の能力が必要と言える。

　そのためには、医療、看護・助産の領域における教育の見直しも重要となる。外国人ケアに対する基礎知識がなければ、人材や社会資源があったとしてもケアを充実させるために有効活用ができないし、他の領域との「連携」や「協働」という考えにもたどりつかない。医療、看護・助産領域は、これからの日本の変化を見据え、変わりゆく社会にあわせた教育の変革も必要であり、そのことが外国人への出産ケアの向上につながっていくのではないかと考える。

　外国人の入国は今後ますます増加することが予測される。それに伴って定住する外国人が増え、これまで以上に外国人が日本社会を構成する一員となりうる。多様性を受け入れ、外国人と共生していく準備のひとつとして、医療現場における教育を根底とした外国人の受け入れの改善や協働や連携を基盤とした体制の整備は早期に取り組むべき課題である。そして多様な文化を受け入れた出産ケアが提供され、すべての女性が安心して安全な出産ができる体制が作られることも、多文化共生社会の第一歩と考える。

## (3) 名前の多様性について　　　　　　　　　　　　　　　荒井幸康

### さまざまな名前のかたち

　人は誰しも**名前**をもち、民族あるいは国家によって決められた習慣でお互いを呼び合っている。日本人同士は親しくなれば名で呼びあうが、一般的には相手を姓で呼んでいる。知り合った直後からお互いを名前で呼び合う文化も存在するが、姓がなく、名前でしか呼び合えない文化や、長い名前を告げられた後、出身地名で呼んでほしいといわれる文化も存在する。

　たとえばロシアではミハイル（名前）・セルゲーヴィッチ（父称）・ゴルバチョフ（姓）のように、姓と名のほかに父称（父親の名）で個人の名前が構成されており、人の呼び方も状況や親しさによってさまざまに変化している。また、男性と女性では同じ姓でも違う語尾をとる（たとえば、男性形：チャイコフスキー、女性形：チャイコフスカヤ）ため、国外において同じ姓とみなされず、夫婦がおたがいに保険をかけようとすると拒否されるというケースも生じている。

　2007年末の統計では日本に居住する外国人登録者数は215万2973人、その国籍は190にも及ぶ。日本にやってきた彼らすべての名前が、必ずしも姓と名で構成されているとはかぎらない。逆に姓のない人々も多く存在する。モンゴル国のモンゴル人のように、父親の名を姓の代わりに使う制度を持つ人々にとってパスポート上の「姓」は、名前が同じ人を弁別する機能しかなく、名前とともに用いられることはあっても、単独で用いられることはない。このため、日本での各種手続きに際し、父親の名前を呼ばれて気づかないということもある。

　中国内モンゴルからやってきたモンゴル人の場合はもっと複雑である。姓はなく名前が漢字四文字で書かれる人の場合、諸手続きの際に最初の一文字、あるいは二文字を姓と勘違いされる場合もしばしばで、ある人は名前の途中で分断されたうえに、ローマ字記入の際にはひっくり返して書かれた経験があることを語ってくれた。これは極端な例ではない。1989年、中国の民主化運動で活躍したウイグル人活動家ウルケシ（吾爾開希）も、「ウーアルカイシ」と漢字転写され、さらに「ウーアル」が姓であると解釈されて、日本のマスコミに出回ったことがあることも付記しておく。

## 姓がないことの問題

　日本での外国人登録は、姓なしでも可能である。ただし、漢字圏の国からきた人に、外国人登録は漢字での登録が半ば「強制されて」おり、本来の発音で呼ばれたい人々との間で問題が起こっているようである。また生活上必要な諸手続きで保険契約を除き、困ることはそれほどないが、姓がないことを理解させるのに苦労するとのこと。またインターネット上の手続きにおいて名前に日本語にない漢字がある場合、非常に困難を感じたという話である。

## 転写の問題

　カタカナに転写される名前にも同様に問題が存在する。日本語を知らずに移住した人々が、日本での生活の諸手続きをする際、カタカナで書かれる彼らの名前は、日本人が聞いたままを書くものや、パスポートの表記を英語風に解釈しBatbayar（バットバヤル）をバトバヤー、Baatar（バータル、バートル）をバーターとする例や、同じ人の名前が何通りにも書き写されている場合がある。後になって実際の発音と表記の乖離(かいり)に気づくこともあるが、時間がたっているため修正しようと苦労するか、修正せずに現在に至る例も少なくない。

　転写と原音の乖離のため、企業研修などで中国から来日した人の場合、会ってみてはじめてモンゴル人であると気づくこともある。内モンゴル出身者数人に確認したところ、中国が発行する姓のない人のパスポートは名前が空欄で、姓の欄に名前が記載されているとのこと。名前を表す漢字の下に添えられたローマ字は中国語の漢字音であるため、日本語に転写をしても、もともとのモンゴル語の発音とは似ても似つかなくなることが多い。

　世界にはさまざまな「名前の文化」が存在し、国境を越える際にさまざまな問題に直面する。日本にやってくる移民に関しても同じことが言えるだろう。名前のカタカナへの転写がずれたために、諸手続きに問題が生じた例は聞かないが、まったくないとは言いきれない。また、特に中国からくる少数民族の名前に関して、注意が必要になることなどを喚起しておきたい。

　最後に、本稿執筆に協力いただいた友人たちに感謝の意を表したい。

## (4) 国籍と戸籍を考える　　　　　　　　　　　　　　早尾貴紀

### はじめに

　国籍も戸籍も、誰もが当然のように思っている制度や概念である。しかしよく考えてみると、実は複雑なものだ。「日本人」つまり日本国籍者は、全員日本に戸籍があるとしたら、国籍＝戸籍なのか？　たしかに日本国内における「本籍地」と「親族関係」を示す戸籍をもっているのは日本国籍者だけだが、しかし後述するように、日本国籍者とみなされる人で戸籍がない人もいる。

　他方で、国籍そのものにもグレーゾーンは大きい。日本における現在の国籍原則は「父母両系**血統**主義」と「**重国籍**防止原則」だ。とはいえ、結婚や出産の形態が多様化していることもあり、上記原則を定めた1985年の改正国籍法の施行以降も、日本国籍の認定を求めて司法判断を仰ぐケースが後を絶たず、また政府が把握できないかたちで重国籍はいくらでも保持されているのが現状だ。

### 戸籍とは何なのか？

　まずは戸籍に関して流布している誤解から改めたい。戸籍は住民登録でもなければ、出生地証明でもない。住民登録については別に住民票が存在する。では戸籍がおかれている「本籍地」とは何か？　自分自身の出生地や、祖先の地という誤解は少なくない。自分自身はおろか、すでに祖父母や親族もその地にはいないという場所に、本籍地がそのまま残っているケースもある。しかし、戸籍を引っ越すごとに現住所に一致させて移動させることも、さらには何のゆかりもない国内の場所に「転籍」することも、実は可能である。

　また戸籍は国籍ではない。日本国籍者にしか戸籍はないが、逆に両親ともに日本国籍者で戸籍を有する場合でも、戸籍がない人もいる。2007年頃から大きく社会問題として注目されたが、民法772条の「離婚後300日以内に生まれた子は前夫の子とする」という規定のために出生届を出すことのできなかった子どもたちが、全国に数千人はいると推定されている（登録がない以上は人数さえ調査できない）。こうした無戸籍者に対しても、日本政府は条件付きでパスポートの発給を認めており、日本国籍者であることを認めていないわけではない。

　そして戸籍は、世界で日本にしか存在しない。世界中にあると自明視している人や、東アジア地域には広まっていると思っている人もいるだろう。しかし、

日本が植民地支配時代に導入した台湾と韓国の戸籍制度は、停止ないし廃止されている。また「戸籍」発祥の中国での「戸」とは住居の玄関口のことであり、つまりは住民登録を意味した。したがって、戸籍は日本にしか存在しない。

## 戸籍と天皇制

では日本にしかない戸籍とはいったい何なのか？　戸籍の機能を考えると、三つの制度が深く関わっている。①天皇制、②**家父長制**、③血統主義、である。

日本の近代の戸籍制度は、近代国家成立期である明治時代初期の1872（明治5）年の壬申戸籍に始まる（さらに遡る戸籍制度の歴史はあるが、全土的な登録はこれに始まる）。先に無戸籍者に言及したが、別の理由から戸籍がない日本人として、天皇をはじめとする皇族がいる。天皇を主権者であり頂点とする明治体制のもとで、その臣民は天皇に帰属するものであり、戸籍はその帰属を定めるもの（臣籍）であった。逆に言えば、帰属の対象である天皇と皇族みずからが戸籍登録されることはありえない。

戦後の日本国憲法制定のときに、GHQ草案の検討段階で天皇制の廃止とともに、あるいはそれとは別事項として、戸籍制度の廃止が具体的に検討されたが、日本側の強い抵抗もあり、象徴天皇制とともに戸籍制度も併せて残ってしまった。

## 戸籍と家父長制

戸籍は同時に、身分登録として家族関係を登録することとなったが、これは父母の系譜を辿る家系図的な役割をもつのではなく、家長＝父親を「戸主」（筆頭者）とした家単位の登録となっている。子どもがその戸籍を離れるのは、結婚して別の家単位の戸籍をつくるときしかありえず、戸籍制度は届出婚制度を普及させもした。これによって、日本人はつねにどこかの「家」に属する形（正式な婚姻をした夫婦およびそのあいだに出生した子ども）で登録されることが規範とされ、逆にそうではない存在形式（非婚や事実婚による男女の同居やそのあいだの出産）は不法とまでは言わないものの、非正規なものとして行政の保護を制限され、また不道徳であるとして社会的偏見の対象とされた。

戦後、長男による家督相続が廃止され両性の平等が謳われてからも、相変わらず届出婚の父母間からの出生ではない**非嫡出子**＝私生児への差別は、法制度上も存続している（戸籍上の区別が一部に残り、相続権が制限されている）。

第1章　ともに生まれる

## 戸籍と血統主義

　また、この明治時代の戸籍制度から日本人の排他的血統主義が始まっている。実のところ、この近代戸籍制度の発足時のまさにその瞬間にかぎって言えば、最初の登録対象者は、「その時点で日本に居住する者」であり、朝鮮半島や中国大陸、その他海外から渡来し居住していた人々やその子孫も無差別に登録を迫られた。その意味では、血統主義など最初からフィクションでしかない。

　同時に、この時点で戸籍登録をしない人々に対して明治政府は、「国民ノ外」つまり「非国民／外国人」とみなして「保護を与えない」という脅迫ともとれる布告を出し、「日本人」／「外国人」を区分し、外国人差別を生み出した。これ以降、戸籍制度による血統主義によって、国籍上の血統主義がもたらされた。1984年の国籍法改定による父母両系血統主義への変更を経てもなお、血統主義そのものは確固として存続している。

　なお、父母がともに知れない「捨て子」については、両親ともに外国籍者の可能性があったとしてもそれを知ることができない以上、自治体が戸籍を作成し、すなわち日本国籍者となる（この点は血統主義の例外として、無国籍者防止のために出生地主義を一部に取り入れているかたちになっている）。

## 国際結婚の多様化と国籍

　以上のような特異な戸籍制度（明治期から現在まで通底している）と深い関係におかれている日本の国籍にはどういった特徴があるのか？　それは父母両系血統主義と重国籍の防止の二つを原則としている。

　父系血統主義から父母両系血統主義への変更は、男女平等という観点とともに、主に沖縄に増えていた無戸籍状態を解消するために行われた。たとえば、日本人女性と在日アメリカ軍兵士とのあいだに出生した子どもは日本国籍が得られず、他方でその兵士がアメリカの国籍継承の要件（10年以上のアメリカ居住）を満たしていない場合は、その子は無国籍となっていた。国籍法改定によって、こうした事例の無国籍状態は防止できるようにはなった。

　また、事実婚あるいは非婚による異国籍の父母間での出産が増加するにつれて（その存在が広く認識され、また国籍取得を認める裁判判決が出されたことを受けて）、婚姻関係にない外国籍女性が出産した場合、以前からの「胎児認知」に加えて、2009年からは生後でも、日本国籍の父親が「認知」すれば、日本国

籍取得が認められるようになった（母親が日本国籍者の場合は、非婚でも出生の事実により子どもは日本国籍が認められる）。

## 重国籍の防止から重国籍の容認へ？

　こういった現在の異国籍の父母からの出生は、重国籍を生みだす。つまり、父母それぞれの出身国が両系血統主義である場合や、一方が出生地主義でその地で生まれた場合だ。こうした事情で出生時から二重国籍になっている場合、日本は重国籍を法的に制限しているため、その子どもは22歳になるまでにどちらか一つの国籍を選択しなければならない。また、日本国籍者が何らかの事情（国際結婚や移住）によって外国の国籍を取得した場合は、「日本国籍を自動的に失う」ことになっており、逆に、外国籍者が日本国籍を取得した場合は、やはり元の国籍を放棄しなければならないことになっている。以上が原則だ。

　しかし、例外はいくらでもある。二重国籍の子どもは、22歳で日本国籍を選択したとしても、日本政府が他の国籍を放棄したかどうかを確認するすべはない（選択は宣言でしかない）。また、自分の意思で外国籍を取得した場合も、その国が元の日本国籍の放棄を求めないかぎり（国際結婚で自動的に結婚相手の国籍が与えられることもあるし、一方的な市民権付与のみで排他的国籍という発想がない国もある）日本国籍も維持され、二重国籍状態を日本政府が照会するすべもない。ほとんど自発性にまかされているのが実情であり、法務省でも重国籍状態となった日本人の約9割がそのまま重国籍を維持していると推定している。

　2008年に「日本人」のノーベル賞受賞者が3人なのか4人なのかという議論が起きたことがあった。1人がアメリカ合衆国に移住し市民権を取得、日本国籍を離脱していたためだ。これを人材流出の危機とみなした自民党法務部会が、重国籍容認の法改正の検討に入った。また、日本社会は長期的に少子化による深刻な労働者不足が予想されるため、日本国籍取得のハードルを下げようという議論が、近年、おもに政財界から出されているが、そのなかには重国籍容認が含まれることがあり、流出防止と受入促進の双方から働きかけが見られる。

　これは排他的血統主義からの脱却のようにも見えるが、しかし、「日本人」の定義の曖昧化を嫌う保守的立場からの反発も出ており、また「移民受入」への政策転換を訴える立場からは、「血統」の代わりに「日本文化への馴化」を打ち出す傾向が見られる。血統主義を捨ててもなお同化主義が残存することが懸念されており、これを多文化主義への展開と安易にみなすことはできない。

## (5) 無国籍者とともに生きる　　　　　　　　　　陳　天璽(チェン ティエンシ)

　移民政策や多民族共生など日本社会の現状や今後を語る際、しばしば「日本人対外国人」、もしくは「国民（日本国籍）対外国籍住民」などのように**国籍**を尺度にすることが多い。国籍を持っていない無国籍者はそのはざまにおかれ、議論の対象となることはない。しかも、多くの人は**無国籍者**が存在すること自体知らずにいる。

　無国籍者とは国籍のない人、どの国にも法的に国民として認められていない人を指す。国連難民高等弁務官事務所（UNHCR）の2008年の報告によると、世界には無国籍の人が1200万人から1500万人いると見られている。また、平成20年度版の『在留外国人統計』（財団法人入管協会）によれば、日本には外国人登録証に「国籍：無国籍」と明記されている人が1573人いると報告されている。しかし、こうした統計に反映されていない無国籍者は、実はこの数をはるかに越えるとみられている。

### なぜ無国籍者となるのか？

　人が無国籍となる原因はさまざまである。大まかに整理すると、以下のような理由があげられる。

　まず第一に、国々の国籍法の不備や抵触があげられる。国境を越える人の移動が活発化し、それにともなう国々の法の交錯に法制度が十分整備・対応できていないのが現状である。第二に、領土の所有権や主権、外交関係の変更などにより、国籍が変更・喪失した結果、無国籍となるケース。第三に、行政的な手続きの問題、具体的には婚姻や出生届など行政処理の不備や見落としにより無国籍となるケース。第四に、人種や民族など差別的慣行の結果、恣意的に国籍が剥奪され、無国籍者が発生することがある。第五に、婚姻にともなう国籍の変更に関する法律の不備によって無国籍者が発生することもある。第六に、他の国籍を取得しないまま、元の国籍を放棄したことによって無国籍となるケースもあげられる。

　一口に無国籍者といっても、その原因は千差万別であることが分かる。

### 無国籍児たちをめぐる法の壁

　日本における無国籍者のなかで数的にも多く、しかも深刻な問題を抱えてい

(5) 無国籍者とともに生きる

表1　地域別外国人登録者数の推移　　　　　　　　　　　　（各年末現在）

| 地　域 | 1999 | 2001 | 2003 | 2005 | 2007 |
|---|---|---|---|---|---|
| 総　　　数 | 1,556,113 | 1,778,462 | 1,915,030 | 2,011,555 | 2,152,973 |
| ア ジ ア | 1,160,643 | 1,311,449 | 1,422,979 | 1,483,985 | 1,602,984 |
| 南　　　米 | 278,209 | 329,510 | 343,635 | 376,348 | 393,842 |
| 北　　　米 | 54,882 | 60,492 | 63,271 | 65,029 | 67,195 |
| ヨーロッパ | 41,659 | 51,497 | 57,163 | 58,351 | 60,723 |
| オセアニア | 11,159 | 14,697 | 16,076 | 15,606 | 15,191 |
| アフリカ | 7,458 | 8,876 | 10,060 | 10,471 | 11,465 |
| 無　国　籍 | 2,103 | 1,941 | 1,846 | 1,765 | 1,573 |

出所：『在留外国人統計』財団法人入管協会、各年度の統計より筆者作成。

るのは、無国籍児たちである。

　国籍は人の誕生とともに決定されるのが通例だ。個人の国籍の得失を定める国籍法は国によってさまざまである。大きく分けると、**生地主義**（*jus soli*）と**血統主義**（*jus sanguinis*）がある。前者は生まれた地の国籍を取得し、後者は親の国籍を継承するというものである。それぞれの国が自国の歴史的背景や都合によって国籍法を制定しており、人の国籍が決まるルールは千差万別だ。そのため、国際結婚や国境を越える移動の多い現代社会では**法の抵触**によって、無国籍となるケースが起きている。

　かつて沖縄では、米軍の駐留とともに沖縄の女性と米兵との間に子が多数生まれ「アメラジアン」と呼ばれた。その多くが無国籍だった。生地主義を基本とするアメリカの国籍法では、米国籍の人が米国外で子を生んだ場合、米国籍である親が一定期間以上米国内に住んだ経歴があることを子の国籍取得の要件としている。したがって、米国籍の父親がその要件を満たしていなかったり、証明することができなければ、日本で生まれた子は米国籍を取得できない。一方、日本は、1985年の改正国籍法が施行されるまで**父系血統主義**を採用していた。米国籍の男性と結婚した日本籍女性から生まれた子は、父方の米国籍が付与されるものと考え、日本国籍は付与されなかった。結果、両国の法律のはざまで、子は無国籍となっていった。女性差別撤廃条約など、女性の地位を見直す世界的な風潮のなか、日本は1985年に国籍法を父系血統主義から**父母両系血統主義**に改正し、ようやく外国籍男性と日本籍女性の間に生まれる無国籍児問題の多くは解決に向かった。

しかし、1980年代後半以降、新たに浮上したのは日本籍男性と外国籍女性の間に生まれる婚外子のケースだった。正式な婚姻を経ていない男女から生まれる婚外子の場合、日本籍男性が**胎児認知**（出生前の認知）を行うなどの手続きを経ないと、子は日本国籍を付与されることはなかった。一方、母である外国籍女性は、しばしば、在留資格の問題（非正規滞在など）を抱えていることが多く、公の機関との接触を避け、生まれたわが子の出生届を出さず、法律上「透明人間」にしてしまうこともある。また、病院で出産した後、乳飲み子を置いたまま失踪してしまうという悲惨なケースもあった。

　法的に届けられていない子どもたちは事実上無国籍状態となる。彼らは、生後まもなくさまざまな問題に直面する。予防接種を受けることもできなければ、健康保険もないため、十分な医療を受けることができない。教育の権利も危ぶまれる。成人してからは身分証明がないことから、銀行口座を作る際や就職、結婚など人生のあらゆる場面で不便が生じ、思うように物事を遂行することができなくなってしまう。パスポートを手にして国境を越えることなど、夢のまた夢である。また、幼少期から無国籍を経験した人は「自分はいったいナニジンなのかということが分からず、アイデンティティ確立に苦悩した」ということが多い。無国籍の子どもたちは、法的身分やアイデンティティが定まらないことから、明確な目標や自信が持てず、想像できないほどの精神的ストレスを抱えて暮らしている。

### 新たな法改正と残された課題

　こうした子どもは、日本国内に数万人いると見られている。なかでも特に、日本人男性とフィリピン人女性から生まれた子が多く、「ジャパニーズ・フィリピーノ・チルドレン」（略してジャピーノやJFC）と呼ばれている。

　2008年、JFCに関連したニュースが話題になった。結婚していない日本人の父とフィリピン人の母10組の間に生まれた8歳から14歳の子ども10人が、「両親の婚姻という子どもに左右できない事情で国籍について異なる扱いをするのは不合理な差別で、憲法14条の定める『法の下の平等』に違反する」と主張し、国に日本国籍の確認を求め訴訟を起こした。

　2008年6月4日、最高裁判所大法廷は、父母の婚姻を国籍取得要件とした国籍法の規定を違憲とするという判決を下した。原告の子どもたちは「やっと日本人になれた」と、学校でのいじめや将来の不安など、これまでの辛い思いを

吹き飛ばすかのように喜びをあらわにした。

　この違憲判決を受け、2008年12月12日、国籍法が新たに改正された（2009年1月1日施行）。出生後に日本人に認知されていれば、父母が結婚していない場合でも、届出によって日本国籍を取得することが可能となった。出生後に日本人の親に認知された子の届出による国籍取得（国籍法第3条の国籍取得届）について、改正前の国籍法では、日本人の父から認知されていることに加えて、父母が結婚していることが要件とされていた。しかし、今回の改正により、父母が結婚していることという要件が削除され、認知がされていることのみで国籍を取得することができるようになった。なお、国籍取得の届出に際して、虚偽の届出をした者に対する罰則が新たに設けられた。

　歴史的な違憲判決に導かれた法改正は、日本人の親から生まれ無国籍状態であった子どもたちに明るい希望の光をともしている。しかし、両親とも在留資格を持たない非正規滞在外国人で、子の出生届を出していない無国籍児は日本に多数暮らしており、そうした子の人権は依然として闇のなかにある。

### 無国籍者との共生

　無国籍者の発生は、人の越境、法の抵触、行政処理などいろいろな事情が複雑に絡み合った問題である。多くの人が当然のものとして受け入れてきた国家や国籍は、はたして当然であり正統なのであろうか？　無国籍者は、そんな素朴な疑問をわれわれに投げかけているように思う。

　グローバル化が進み、地球社会はボーダレスになっていると言われるが、一方で、国々の制度の違いから無国籍者が発生しているのも事実である。これまで気にとめられてこなかった無国籍の問題が、いつ自分の子や孫、そして友人の問題として発生するかわからない。そんな時代に私たちは生きている。

　無国籍者が不可視の存在であることや、行政側に無国籍者に対応する専門窓口がない状況を打破しようと「無国籍ネットワーク」が2009年1月に発足した。国籍のある人もない人も国の枠組みを超え、同じ社会で豊かに共生するために何ができるのかを模索している。私たちは社会に無国籍者が共存していることをしっかり認識せねばならない。そして、国や行政は、無国籍者を視野に入れた移民政策や法整備を早急に進めていくべきである。

## (6) 見えない人々——世界の無国籍者  滝澤三郎

　私たちが「国籍」を意識するのは外国旅行のときだろう。日本国旅券には「日本国民である本旅券の所持人を通路故障なく旅行させ、かつ、同人に必要な保護扶助を与えられるよう関係の諸官に要請する」との外務大臣の要請が書いてあるし、最悪の場合には日本政府が助けてくれる、と私たちは信じている。だが、旅先の空港では入国許可スタンプをもらえるだろうかと少し緊張するし、旅券を紛失したりすると自分が何者かを証明できず、パニックを起こす。しかし、日本の領事館に駆け込めば、旅券の再発行もでき帰国もできる。旅券紛失は外国旅行のエピソードとして話の種で終わる。

　ところが、いかなる国の法律によってもその国の国民として認められない「無国籍」の人々は、旅券どころか、帰るべき祖国、自分を守ってくれる国がそもそもない。今日の世界は200近い「国」に分割されていて、大半の人々はどこかの国に属する。国籍・市民権は個人と国家を法的に結びつける絆であって、国籍があることで私たちは国際社会でアイデンティティを持ち、政治的、経済的、社会的権利を享受できる。その意味で、国籍は「権利を持つ権利」と言われるが、無国籍者はそれすら持たない人々だ。

### 世界の無国籍者の数

　長年の間、国際社会は無国籍問題に関心を寄せず、各国は自国内の無国籍者の正確な数字を必ずしも把握していない。UNHCR（国連難民高等弁務官事務所）は2003年に初の無国籍に関する世界的調査を国連加盟国191カ国に対して行い、欧米を中心に74カ国から回答を得た。回答がなかった国の多くは、無国籍者統計がない、などの事情があったようであり、これ自体が問題の深さを示している。かくて世界の無国籍者の正確な数は不明だが、UNHCRは1200万人から1500万人と推定している。これは世界の難民の数1040万人より多い。

　無国籍者はアジア・中東地域に多い。ネパールにはおよそ80万人、タイには山岳民族や移住者を中心として80万人から250万人。バングラデシュには約30万人がいるが、最近は市民権を与える動きがある。ミャンマーには約72万人の無国籍者がいて、その多くがロヒンギャ族である。差別と迫害から彼らの多くが難民として国外に逃げており、日本でも約100人が難民申請をしていると言われるが、日本政府は彼らを難民と認めない。とはいえ彼らを自国民として認

めないミャンマーに強制送還もできず、無国籍ロヒンギャ難民にはこの地上に安住の地がない。中東ではイラク、クウェート、サウジアラビア、アラブ首長国連邦、シリアなどに60万人を超す無国籍者がいる。中央アジアでは1991年にソビエト連邦が解体したのに伴い、旧ソ連国籍・市民権が消滅して2億9千万人近い人々が国籍を失った。その大半が新しく独立した国の国籍を得たが、今もラトヴィア、エストニア、リトアニア、ロシアなどに5万人前後の無国籍者がいる。帝国主義国によって人種・民族にかかわらず国境線が人為的に引かれ、独立後にも紛争の絶えないアフリカ諸国には、コートディボアールだけでも約200万人もの国籍不明者がいるほか、コンゴ民主共和国およびジンバブエには、非常に多くの国籍不明者がいる。しかし国民統計の不備もあって、その数や実態は闇に包まれている。アフリカの無国籍問題の解明は始まったばかりである。

### 無国籍の原因――法律上の無国籍者

　世界的にすべての人が唯一つの国籍を持つ「国籍唯一の原則」の実現が望ましいが、現実には世界に1200万人もの無国籍者が存在する。その原因には大きくいって三つある。第一は技術的・手続き的な理由であって、その典型は出生による国籍取得における「出生地主義」と「血統主義」の抵触である。たとえば血統主義の日本で出生地主義を採る国の国民の親から生まれた子は原則として無国籍となるように、両親の国籍と生まれた場所によっては無国籍が生じうる。その他に国籍取得に出生届が必要なのに、出生届の出し忘れや、出生登録料金を払えない、登録期間が短すぎる、登録の大切さを知らないなどの理由から出生登録をせず、国籍未取得になるというケースも多い。また親ないし配偶者の国籍喪失・変更に伴う国籍の喪失や、女性の場合は結婚に際して自分の国籍を放棄して夫の国籍を得たものの、離婚と同時に無国籍になるケース、さらに徴兵忌避や長期にわたる海外居住のため、国籍を失う場合もある。

　第二の原因は国家の継承である。植民地からの独立、または国家の分裂、分裂国家の再統合、崩壊した国家を新しい国家が継承する際には領土や主権に変更が起きるが、新しい国籍法（市民権法）や行政手続きのなかに無国籍を回避する措置が含まれていないと、数百万人単位で無国籍者が生じうる。旧ソ連の解体に伴い、多数の無国籍者が発生したのがその好例であるし、日本でも敗戦に伴って朝鮮などの植民地を放棄する中で、数十万の無国籍状態が発生し、その一部の人々について根本的解決は今もなされていない。

第三は国家の意図的な行為によるもの、つまり民族・宗教・性別・人種・政治的意見などによる差別による「**国籍の剥奪**」である。また国籍があっても、多くの国では国籍・市民権の「等級」が存在し、民族的・宗教的弱者が差別的待遇を受けている。典型は多数派の黒人を長年にわたって差別した南アフリカである。このような差別は国内紛争、ひいては国内避難民や難民を生じさせうる。

### 事実上の無国籍者と難民

　今まで述べたのは「法律上の無国籍者」であるが、このほかにも国籍を保持しているもののそれが実効的でない「事実上の無国籍者」が多数いる。たとえば国籍国の外に住んでいて外交上・領事的保護や援助を本国から受けることが事実上できない人々、または捨子や人身取引の被害者のように、証拠書類の破棄や紛失ゆえに国籍の証明が困難である場合など、どの国の国民としての権利も行使することができない人々である。

　世界で1040万人を数える難民の中には、迫害の一環として国籍を剥奪されて外国に難民として逃れる人々や、難民として外国に逃げた罰として国籍を剥奪された人々など、「無国籍の難民」が多数いる。難民の大半は外国に庇護を受けながらも国籍を保持しているが、難民には本国による領事保護が与えられないし、難民側も本国には援助を求めないため、大半の難民は事実上の無国籍者である。日本にいる数千人のインドシナ難民も事実上の無国籍者であるといえよう。中東を中心に約700万人に達するパレスチナ難民の多くは、国籍を持たない。1948年の国連のパレスチナ分割決議は実行されておらず、パレスチナという国は現在のところ存在しない。自分を守ってくれる祖国を持たないパレスチナ難民の苦難は、最近のイスラエル軍の攻撃で数千人の死傷者を出したガザ地区の難民の惨状に現れている。パレスチナ問題は難民問題の元凶の一つが無国籍であることを劇的に示している。

### 無国籍を防止・削減するための国際社会の取り組み

　無国籍問題についての国際的取り組みが始まったのは第二次世界大戦後である。1948年の「世界人権宣言」は、すべての人は国籍を持つ権利を有すること、何人も恣意的に国籍を奪われたり、国籍を変更する権利を奪われないことを謳っている。「市民的及び政治的権利にかかる国際規約」や「児童の権利に関す

る条約」も、国籍を持つことが基本的人権であることを確認している。戦後にできた国連の最初の任務の一つが何百万人もの難民と無国籍者への対応であり、「難民条約」が1951年に発効し、「**無国籍者の地位に関する条約**」が1954年に、「**無国籍者の削減に関する条約**」が1961年に次々に発効した。無国籍にかかる二条約は、締約国に合法的に在住する無国籍者に法的地位を与えること、また出生時の無国籍化ないし不注意による無国籍化を防ぐための原則などを定めている。ただ無国籍条約への加入は未だ進んでおらず、現時点で、1954年条約と1961年条約の締約国は、それぞれ59カ国と31カ国に過ぎない。

　難民と無国籍問題が密接に絡んでいることから、国連総会は無国籍条約の制定と同時に、UNHCRに条約への加入国の増加と条約の適切な履行の促進を求めた。以来、UNHCRは各国国籍法についての調査、国籍立法の促進、出生証明書の取得などを通した個人の国籍の決定、行政官やNGO職員の国籍問題にかかる研修を実施する他、各国による無国籍条約の実施状況をモニターしている。最近UNHCRの成果には、ネパールが2007年に国民登録運動を実施して260万人が国籍を取得したことや、スリランカが同様にして2003年に山岳地帯に住む19万人のタミル人に市民権を付与したケースがある。

## 日本における状況

　日本の国籍法は無国籍を予防し削減するための一定の措置を組み込んでおり、2008年12月には国籍法がさらに改正された。しかし今後日本に来る移民が増え、国際結婚も急増する中で、無国籍状態を防止・削減するためには、世界各国の国籍法と日本の国籍法との整合性を確保する必要はますます増えよう。無国籍者が多いアジアにある日本ができることは、まず無国籍に関する二条約に加入する準備をすることだろう。またそのためにも、日本の無国籍問題に関する調査・研究が急がれる。現状では、日本に何人の無国籍者がいるかも定かではないし、彼らがどのような状況に置かれているかも不明であり、市民の意識もしたがって高いとは言えない。事態の打開を図ってUNHCR駐日事務所は日本の無国籍問題の状況と原因の特定のための調査を現在進めているが、国際的にもっとも保護を必要とする「見えない人々――無国籍者」の人権を保障するために、日本がリーダーシップを取ることが強く望まれる。

第1章　ともに生まれる

## COLUMN　難民の子どもたち

石川えり

　難民の子どもに関する公式の統計はない。しかし、特定非営利活動法人難民支援協会がこれまで支援を実施してきた中では、少なくとも50人以上の難民の子どもが日本で暮らしている。子どもと一口に言っても当然ながら年齢にも幅があり、置かれている環境もさまざまである。日本で生まれ育っていく子ども、**難民認定**を受けた親に呼び寄せられる子ども、親が難民申請を待つ間出身国から日本ではない外国に逃れ離れ離れで暮らしていた子どもなど、さまざまなパターンがある。子どもの日本語習得が進むにつれて親と生じるコミュニケーション上のギャップ、**就学**の課題などは、難民以外の家族で滞在する外国籍住民と共通した課題を抱えていると思われる。

　ここでは、難民の子どものみに特徴的な事例を挙げることにより、難民が抱える課題について紹介していきたい。

### 保護者のいない難民の子どもたち

　避難の過程で、または難民とならざるを得なかったその事情のため、保護者と離れてしまった難民の子どもたちは数多く存在している。世界中でこのような子どもたちが増加している状況を受け、子どもの権利委員会では一般的意見6号において「出身国外にあって保護者のいない子どもおよび養育者から分離された子どもの取扱い」を定めている。同意見においては、迫害（あるいは拷問）の待ち受ける国へ難民を引き渡してはならないという「ノン・ルフールマン」（非送還）の原則の尊重に加えて、子どもに回復不可能な危害が及ぶ現実の危険性があると考えるに足る相当の理由がある国に、子どもを帰還させてはならないという、さらに広い子どもの保護が求められている。たとえば、食糧または保健サービスの供給が不十分であることにより子どもにもたらされる、とりわけ深刻な帰結が考慮されるべきとされており、従来の迫害や拷問を受けるおそれよりも広い範囲で保護が考慮されることを示唆している。

### 親とともに在留資格が不安定な子ども

　難民申請をした時点で**在留資格**がない場合、難民認定手続き中は在留資格を得ることはできない。よって、収容されるか仮滞在、もしくは仮放免という「仮」の立場となり、非正規滞在であることには変わりがない。非正規滞在の両親から生まれた子どもは在留資格が与えられることなく、生まれたときから非正規滞在となる。そのため、難民申請の結果を待つ間でも、国民健康保険への加入や生活保護の準用といった最低限の生活セーフ

COLUMN　難民の子どもたち

ティーネットが制度的に保障されていないという課題がある。

　また、両親が収容されてしまう場合がある。2004年12月には1歳、3歳の子どもの両親が入管当局により摘発・収容され、子どもが乳児院と児童相談所に保護されたという出来事があった。それ以降は両親の収容、子どもの児童相談所での保護といった事例は難民支援協会が把握しているかぎり非常に少ないが、父親のみ収容されるというケースはある。とりわけ、退去強制令書が発付された後の収容は期限に定めがないため、通常は1年前後の期間、平日の限られた時間に、原則としてはガラス越しのみでの面会を余儀なくされている（東日本入国管理センター等にて、親子の面会についてはガラス越しではない面会が可能な場合もある）。子どもが小学生以上の場合は、子どもが母親の通訳として入管での警備官等職員との交渉をせざるを得ないこともある。そういった子どもにとって、ガラス越しでの父親との面会、入管での交渉等心身ともに非常に疲れてしまうようである。

　難民の子ども自身の収容については、2006年のアメリカ国務省人権報告書等により、上陸拒否された難民申請者未成年の半年以上の収容が報告されている。国連・子どもの権利条約によると、拘禁は最後の解決手段として最も短い適当な期間のみ用いるべきと書かれており、収容が避けられることが望ましいとされている。

難民の家族（撮影　鹿島美穂子／難民支援協会）

# 第2章 ともに子どもを育てる

## (1) 協働する保育者と母親と子どもたち

李　坪鉉（イ ホヒョン）

### 多文化・多民族化していく子育て空間

　日本社会は1980年代以降、越境する人々の移動とともに多くのニューカマーを迎え、多国籍・多文化・多民族化が加速している。日本における外国人登録者数は約208万5000人（2006年12月）を超え、総人口の1.63％となっている。在住外国人の増加は、日本社会にさまざまな新しい変化をもたらしている。国際結婚の比率も全国平均で約5.8％、東京都内で9.1％で、多様なルーツを持つ子どもが年間3万人以上誕生している（2006年）。地域社会で一緒に暮らしている外国にルーツをもつ子どもや親の増加は、出産、子育て、教育をめぐるさまざまな問題を生み出している。言語・文化の異なりからコミュニティのなかで日々葛藤しつつも、社会の一員として適応に向かって絶え間なく努力している現状から、多文化社会に生きる新たな教育への模索が緊急の課題となっている。

　日本社会は異なる文化・民族への偏見、排除、受け入れなどを議論しているかたわら、多様な背景をもつ人々とともに暮らしている。程度の差はあるものの、もはや異なる文化とのかかわりをもたないで生きることは難しいのが現実である。このようにボーダーレス化した社会で、現実の暮らしをより豊かにするために、互いに異なりから生じる衝突過程を恐れず、相互に不足を補い合い、ともに協力して多文化共生のために**協働的実践**をしていくのは必然的な課題である。

### 多文化子育てをめぐる養育者の葛藤と諸様相

#### 言語、文化に関わる問題

　地域社会で一緒に暮らしている外国にルーツをもつ親子の増加は、出産、子育て、教育をめぐって、さまざまな問題に遭遇している。最も多く報告されているのは、**日本語・日本文化の習得と母語・母文化の維持**の問題である。日本

文化の理解において養育者が教えることの限界と親子の日本語習得の差は、子育てへのあせり、不安、無力感など心理的な負担となっている。そして、子どもが日本語をうまく話せないことから、仲間はずれやいじめにあう可能性への不安と、友人関係作りや発達段階における影響なども心配している。また、日本語と日本文化の習得とアイデンティティの維持の挟間で葛藤しつつ、母語・母文化を教える教育環境にも一苦労している。これらは、外国にルーツをもつ親子の言語・文化の習得への支援がいかに重要であるかを示唆してくれる。

### 保育・教育問題

多文化子育て空間のなかでの子育ての仕方、しつけへの不安、迷い、ひとりで頑張らなければならない心細さなどが生身の現実問題となっている。いじめ問題、外国人に閉鎖的な地域の環境や特にアジア人に対する偏見、個性教育への失望、メディアにおける性・暴力の扱い方、高い教育費など、保育と教育への不安から生じる焦りは、結局自分の子どもへのしつけに迷いを生み、子育ての苛立ちから子どもに対してネガティブな関わりを生み、その反省からまた子育てへの自信を失うという、負の連環の中に落ちることが考えられる。

### 保育者との関わり

子育てにおいて保育者とのかかわりは、養育者にとって重要な部分を占めている。ことばの壁、本音と建前の使い分け、ことばの曖昧さ、年中行事へのかかわり方の難しさ、しつけの問題、多文化に富んだ教材の不足、言語発達の遅れ、学習を中心とした教育への不足感などがあげられる。保育者とのコミュニケーションにおいても、先生が避けているような感じ、ことばの壁ゆえに心の壁に葛藤し、傷つき、疎外感がより多く残ることは無視できない側面である。子どもに対して包括的に関与できる保育施設に対する期待はきわめて大きく、日頃からの保育者との信頼関係の構築は、子育てにおけるさまざまな葛藤に効果的に対応できる可能性を示してくれるのである。

### 養育者同士の関わり

多文化子育て空間での人間関係作りにおいて、外国にルーツをもつ養育者にとって保育者とのかかわりとともに、重要かつ多くのエネルギーを要する部分である。つき合い方への戸惑いや情報交換、行事への参加、つき合いの親和性や養育者の積極さによって多く変わってくる部分でもある。異なる文化をもつ外国にルーツをもつ養育者にとっては、園の行事や、日本人養育者との関わり方など、日本語能力の問題を含め、文化的な疎外となる。それぞれ多様な立場

と受け取り方があることへの保育者のクリティカルに考える感性が、とても重要な役割をはたすのである。

## 社会とつながる場としての子育て空間

外国にルーツをもつ養育者にとって、多文化社会での人間形成はきわめて複雑かつ総合的なプロセスであることは言をまたない。外国にルーツをもつ家庭は地域社会から孤立しているケースが多い。もしくは外国人集住地域と称されるコミュニティのなかに民族によるモザイク型住み分けをし、ホスト社会での偏見、疎外感から逃れ、日常生活において民族同士の協同を実現している。これは、よりホスト社会とのつながりをなくさせ、互いの文化理解、交流を通した共生とはかけ離れるという負の連環を生むのである。

しかし、子育てをきっかけに、就学前の保育・教育施設や親子体験教室、公園デビュー、または、保育者、養育者同士の交流に積極的に参加し、地域社会とつながる場をもつことができる。親子日本語教室などは、養育者にとって言語と文化の学びだけではなく、日本人との交流の場となり、孤立から日本社会とつながる場としての役割を果たしている。このように子育て空間は日本社会とつながる場として、言語・文化をめぐるハードルを乗り越えることを可能にさせてくれるのである。

## 養育者のエンパワーメント

外国にルーツをもつ養育者にとって多文化子育て空間は、葛藤しつづける負の場としてのイメージの反面、ホスト社会と肯定的な関わり方をもつことによって、積極的に社会参加していく側面も無視できない部分である。母親たちは、日本社会での初期には日本語・日本文化への自信なさから自己否定的になり、子育ての不安が多く、人との関わりにもネガティブになる傾向を見せている。しかし、子育てを契機に、日本社会とつながる場を通して、再び自己肯定できる場を見つけ出すと、人との付き合いに対する自信回復とともに、日本社会で積極的に活動していくなど、まさに**女性のエンパワーメント**していく過程を如実に表すのである。

日本語・日本文化に対してマイノリティである外国にルーツをもつ養育者が、逆に自分の母語を教えたり、地域でニューカマーを中心とする外国人への援助、助け合いを始め、国際交流、文化交流などで積極的に自文化を紹介したり、ボ

ランティア活動に参加し、地域活性化のための一員として活動する例は、まさに自己の確立を目指すものとして社会参加していく市民エンパワーメントの様相である。

## 協働的実践の創出のための提言

多文化子育て空間を形成している今日の日本の子育て環境において保育・養育の充実の支えとなる多文化共生への柔軟性をもたせるために、いくつかを提言する。

①多文化共生のための子育て支援システムの構築である。外国にルーツをもつ養育者の子育てをめぐる保育・教育施設、保育者、養育者同士、教育委員会、地域で支援などを行うサポートネットワーク作りをし、それぞれの状況に応じた対応や、継続した支援の実施が必要である。

②多文化子育てを活性化するための養育者の学びの場を提供し、養育者が自信を持って子育てできる力をつける、養育者のエンパワーメントを目指した教育の充実である。

③多文化教育の実践への働きができる保育者、教師およびそれに関わる職員の教育・研修プログラムの実施である。外国にルーツをもつ親子に対する理解と認識を深め、対応に関する知識を習得し、適切な援助を行う知識と実行力を兼ね備えるための研修やケーススタディを行う必要がある。

④子育てをめぐっての養育者、保育者、地域の関係者などの日常的な連携を整えることである。多文化子育てをめぐってともに悩む感性をもち、知恵を出し合って、対応していく、継続した支援を実施することが必要である。

⑤子どもへの母語学習の組織化と養育者の日本語コミュニケーション能力の習得を支援することである。親子の絆の構築の基盤となる母語学習はもちろん、養育者にとっての日本語への識字は、すべての権利実行に最も基礎的な力になりうるのである。

⑥公の場における多文化子育て支援コーディネーターの配置が提案できる。最初の相談窓口となって、さまざまな問題に適切なアドバイスや支援をしてくれるところへと連結、情報提供など総合的な対応をするコーディネーターの存在は切実な課題である。

## (2) バイリンガル教育　　　　　　　　　藤田ラウンド幸世

　**バイリンガル教育**とは、「二言語を使うことができるようになる」ための教育である。しかし、その教育は「誰が」「誰に」「どこで」「どの程度」「どの期間」「なぜ」教育するのかにより異なり、実際のところは世界中に多様なバイリンガル教育が存在する。

　日本社会では、「バイリンガル」ということば自体が、一般に言語話者数のマジョリティ側の日本語話者が中心となっているイメージとして先行しがちである。1970年代以降の**高度成長**を背景に、日本社会にあっては英語の持つ国際社会の影響力を意識し、日本人を**国際化**すること、長じては「バイリンガル」が英語教育の推進であると読み替えられてきた。したがって、日本社会の「バイリンガル」は、日本語と英語の組み合わせで、国際社会で活躍する日本人、といったイメージに限定され、一方で、本来のバイリンガルとなる可能性の高い、多くの外国をルーツに持つ人たちは「バイリンガル」の範疇に入りにくくなっている。

　バイリンガル教育の難しさは、「**言語**」を学ぶ時間の長さと、それが個人や社会の変化に深く結びついていることだろう。言語学上の研究蓄積でも見られるように、「**言語獲得**」や「**言語習得**」といわれる学び・習得する段階、「**言語維持**」といわれる学んだことを保持・発展させる段階、「**言語喪失**」といわれる学んだものの忘却が起きる段階、「**言語消滅**」といわれる**少数言語**の場合は話者がいなくなってしまう段階など、**言語のダイナミズム**（言語の絶え間ない変化）と常に背中合わせであるということである。

　バイリンガル教育は大きく分けると、**母語**として家庭内でバイリンガルを育てる場合と、**第二言語**として学校で教育をする場合に区別することができる。

　家庭内でのバイリンガル教育では、日本語に関わるバイリンガルであれば、国際結婚家庭（第5章(1)「国際結婚と二言語使用（バイリンガリズム）」参照）や南米の日系人社会に住む日系人家庭が例として挙げられる。親が子どもに母語を継承する場合である。母語を継承するということは、「言語」だけではなく、言語の文化を継承し、また、言語話者としてのアイデンティティを継承することでもある。

　学校でのバイリンガル教育は、公用語を持つ国や社会、もしくは二言語以上の共存を表明している社会や集団で行われる場合が多い。つまり、国や社会単

位で、二言語もしくは**多言語併用**（Multilingual）の場合や、**多文化主義**（Multiculturalism）を志向している場合と言えよう。学校でのバイリンガル教育は、したがって、国、社会、もしくはコミュニティとしての集団が、政策の一部としてバイリンガル教育を学校教育に反映させているわけである。英語を志向する場合は、別に「エリート・バイリンガリズム」（Elite Bilingualism）と呼ばれ、日本社会の「バイリンガル」同様、「国際舞台で活躍する」というような付加価値が派生する。

## バイリンガルというヒト

「（生物上の）ヒト」は、自分の生まれついた家族や社会、成長の場としての学校や地域といったさまざまな環境の中で、また、年齢とともに「個」を統合するためのアイデンティティ形成をしながら成長をしていく。これはヒトの**言語化**、つまり環境の中で言語を身につけるプロセスであり、文化化や社会化でもある。

誕生時に、まず、ヒトが初めに身につけることばを第一言語と定義すると、その中でも、初めに獲得するのは「話しことば」であり、「書きことば」は数年後まで待たなければならない。この「第一言語の話しことば」を本稿では「母語」と呼ぶ。言語教育では、言語機能を**四技能**（「聞く」「話す」「読む」「書く」）と区別するが、母語はそのうちの「聞く」「話す」に特に関わる。つまり、第一言語に関しては、後年に学ぶ第二言語とは異なる点として、話しことば（母語）を獲得してから、書きことばを習得するという順序が決まっているわけである。

次に、母語の話しことばを獲得するとはいえ、これにかかる時間の期間は、大体の場合、3、4年である。つまり、第一言語の話しことばである母語でさえ、誕生後、これだけの時間がかかるということであり、時間をかけて母語を十分に身につけた上で、次に第一言語の書きことばに反映させることができるわけである。

バイリンガルの二言語の能力を考える際によく言われることは、結果としてバイリンガルとなる一人のヒトの頭の中に、二人のネイティブ分の言語を押し込めるのではないということである。すべてのバイリンガルが二言語において、話しことばと書きことばの両方において、二言語のネイティブのように、流暢に、完璧にできるということがないように、二言語の話しことば、書きことば

の能力においては、バイリンガルが置かれる状況や環境によって、その幅は一人ひとり異なるわけである。二つの異なる母語や社会言語で育つバイリンガルは、ヒトの中で言語のダイナミズムが起きていると言える。

### バイリンガル教育の方法論

バイリンガル教育の方法としては、1967年に始まったカナダにおける、二言語（英語・フランス語）の「**イマージョン教育**」（Immersion Education）が知られている。英語の immersion（浸す・浸しこむ）の文字通り、カナダの英語母語話者の子どもをプログラムによりフランス語の接触量を増やし、カナダの対の公用語であるフランス語に「浸しこむ」教育のことである。イマージョン教育のバイリンガル教育の理念について、中島（2001）は Stern（スターン）から、「児童・生徒の第一言語や全人格的な発達を犠牲にすることなく、第二言語力を高度に伸ばすために、学校教育の全部、または一部を第二言語を使用して行う学校教育である」と引用している。

具体的なフランス語・英語の**早期トータル・イマージョン**を例に挙げると、英語母語話者の子どもに日本の幼稚園に当たる一年目を母語の英語で、そして二年目、小学校一年、二年をフランス語の100％使用で行い、小学校三年、四年をフランス語70％、小学校五年、六年をフランス語50％というように、幼少の時期に、計画的に集中して第二言語で教育を行うという。ただし、この他に第二言語や外国語使用の割合が50％以下の場合を**パーシャル・イマージョン**、また、年齢により、**早期・中期・後期**など、組み合わせによりさまざまな**イマージョン・プログラム**が可能となるわけである。

カナダのイマージョン教育以降、その方法を意識しつつ各国の状況に合わせて生み出された、アメリカの「**双方向バイリンガル教育**」（Two-Way Bilingual Education）やオーストラリアの「**英語以外の言語**」教育（LOTE Education: Language Other Than English Education）などもある（詳しくは河原、2002参照）。

### 日本語との組み合わせによるバイリンガル教育

バイリンガル教育は、さまざまな国で紆余曲折を経て現在に至る。1990年以降、バイリンガル教育は推進というよりも停滞、もしくは後退している国々もある。予算が削られる中で、しかし、教育現場では学習者のために汗をかいている教師たちは多いだろう。21世紀のグローバリゼーションの中で、バイリン

(2) バイリンガル教育

ガル教育と言語のダイナミズムをどう接合できるかが、今後の課題として立ちはだかる。

日本の場合は、まず、民族学校やインターナショナル・スクールなど、すでに日本で行われているバイリンガル教育現場から、日本語との組み合わせとしてのバイリンガル教育の方法を引き出すことができないだろうか。日本語が学校の**媒介語**（medium of instruction）である現状の学校教育の枠組みの中では、家族とともに日本に移動・移住をした子どもたちにとって、来日後、日本の学校教育の中でカミンズの定義にある目安、「会話的能力」

大泉町日伯学園中学・高校クラスの授業風景
（2009年筆者撮影）

（BICS: Basic Interpersonal Communicative Skills）と「**学力に結びついた言語能力**」（CALP: Cognitive Academic Language Proficiency）の両方を同時に身につける負担が、子どもにも、学校にものしかかっている（藤田ラウンド、2008）。外国語としてではなく、第二言語としての「学習言語」を発展するための手掛かりが望まれよう。

バイリンガルを社会で育てることは、日本の将来の人的資源を育てることにもつながる。日本語話者は、世界中に散らばっているわけではなく、日本国内に集中している。将来、「日本語」が世界で生き残るための、日本語の活性化につながるという点においても、新たな日本語との組み合わせのバイリンガル教育を考える時期にきているのではないだろうか。

公立小学校日本語教室、取り出し授業でのことばゲーム例と授業風景
（2004年筆者撮影）

## (3) 日本語教育

前田理佳子

　複数言語・複数文化の中で育つ子ども、あるいは複数言語・複数文化の間を移動しつつ育つ子どもにとって、日本語との出会いは何をもたらすのか。日本語との出会いがその子どもの世界と可能性を拓くものとなりうるか否かは、周囲の大人たちの社会が子どもに提供する日本語教育の質による。ひとりひとりの子どもの人としての成長を日本語教育はどのように支えうるのか。

### 公教育における「日本語指導が必要な外国人児童生徒」

　国内の年少者に対する日本語教育は、インターナショナル・スクール等に在学する子どもが主な対象だった頃を経て、「海外帰国子女」が増え始めた頃にその必要性が注目されるようになった。80年代にはインドシナ難民や中国帰国者の子どもたちが、また、1990年の「出入国管理及び難民認定法」改正後には日系南米人の子どもたちが増加し、「日本語教育の充実」が必要と言われるようになった。

　文部科学省は1991年から公立小・中・高等学校等における「**日本語指導が必要な外国人児童生徒の受け入れ状況等に関する調査**」を実施している。2007年度の調査結果では、9月現在2万5411人が5877校に在籍しており、調査開始以来最多の人数、在籍校数となった。日本語指導を現に受けている外国人児童生徒数も2万1206人で調査開始以来最多となったが、「日本語指導が必要な」児童生徒数に占める割合は83.5％で、前年度調査より2.1％減少している。

　子どもたちの母語はポルトガル語、中国語、スペイン語の順に多く、この3言語で全体の73.8％を占めている。次いでフィリピノ語、韓国語・朝鮮語、ベトナム語、英語の順となっており、以上7言語で94.1％の割合となっている。学校の所在地は47都道府県すべてに及び、最多は愛知、次いで静岡、神奈川、東京、大阪と大都市圏に多い。外国籍の人々の集住地域を学区とする学校がある一方で、1人在籍校は在籍校全体の約半数を占め、4人までの在籍校で約8割を占めている。30人以上が在籍する学校は前年度比31.8％の増加を見せており、1995年に10校だったのが112校となった。その一因として、日本語教育の蓄積がある学校に学区を越えて通う例の増加が挙げられる。

　ちなみに、国籍国が日本で「日本語指導が必要」とされる国内在住児童生徒は4383人となっており、前年度より515人増えている。

## 子どものための JSL カリキュラム

　日常会話など認知的な負担が小さい場面でのコミュニケーションは滞日1～2年でほとんど問題がなくなっても、抽象的思考を支える言語の習得は5年から7年かかると言われている。抽象的思考に用いる言語の基盤ができていない場合、教科の学習活動への十全な参加は難しい。これは子どもの日本語学習者にほぼ共通する問題となっている。母語が**抽象的思考を支える言語**となる前に日本語主流社会への参入を余儀なくされた場合、母語を喪失し、かつ日本語が抽象的思考を支える言語ともならないまま、青年期の終わりを迎えてしまう事例の報告もなされている。

　日常会話ができても教科の学習活動には参加が困難な子どものために、文部科学省は JSL カリキュラムを開発し、2003年に発表した。子どもの日本語学習者のための国レベルの施策として画期的なものであり、日本語を使って教室での学習活動を体験することによって学習活動に参加する力をつけることが目ざされているが、指導の現場に普及するには指導者の養成の問題等々、未だ課題が多い。また、初期対応や初等教育段階でのものに比べて、中等教育段階でのカリキュラムや教材の開発は遅れており、学力保障・進路保障に結びつけていくためには多くの困難があるのが現状である。

## 「日本語指導が必要」とされる子どもの実数、子どもの「ことばの力」の内実

　先にあげた文部科学省による「日本語教育が必要」な子どもの数は、学校現場での個別の評価によるものであり、その基準は不明である。

　学校現場に日本語教育の専門家はまだ少なく、しかも日本語のパフォーマンスによって評価できる日本語力だけでは、その子どもの言語能力の全体、すなわち母語の状態を含めた状態を知ることはできない。また、日常会話ができるようになるまで以上の指導の見通しを持てない学校現場においては、日常会話が流暢になった時点で、その後の指導が必要ないと判断する例もある。さらに、外国籍児童生徒の就学は義務ではないため、未就学・不就学の子どもたちは、日本語指導が必要か否かの調査の対象になっていない。

　また、現状では日本の公教育において、子どもの母語を保持しつつ日本語も習得できるように配慮された日本語教育体制が確立しているとは言えない。母

語保持は公教育が責任を負うべき範囲の外に位置づけられていると言える。母語保持よりも日本語学習を優先すべきか否かが問われることはなく、何らかの配慮が必要だと判断しうる場合は、すべて「日本語指導が必要」とされている可能性もある。

日本語が母語ではない国内に住む子どもで、**学習権**が十分に尊重されているとは言い難い状態におかれた子どもは、2万5411人の中に含まれていない子どもも含めて考える必要があるのである。「国際人権規約」や「子どもの権利条約」は、国籍や法的地位にかかわらずすべての子どもの学習権を保障することを求めており、日本もこれらの国際規約を批准しているが、制度面での整備が十分とは言い難いのが現状である。

## 子どものための日本語教育が拓く世界

子どものための日本語教育においては、子どもひとりひとりのさまざまな側面での発達を視野に入れて、いつどのような日本語教育が提供されるべきかが判断される必要がある。単にその子どもの日本語運用の現況のみを評価してネイティブライクな日本語運用に近づけるための教育を施すのではなく、子どもの**認知的発達、情緒的発達、社会的発達の状況、母語の発達の状況**などに十分に配慮して、子どもがこれから生涯にわたって学び続けていくための基盤としての「ことばの力」を高める教育が構想され実践される必要がある。子どもたちが社会参加を果たしていくためには、さまざまなライフステージにおける支援を**生涯学習的な視点**で捉えていく必要もあり、子どもが人として成長していく過程全体の中に日本語学習がどう位置づけられるのがよいか、適切に判断することが求められるのである。

また、そのためには、家庭、地域、学校など、子どもを支え育む**人々と機関とのネットワーク**が必要であり、また、ことばの習得・発達とコミュニケーション能力の向上に関わる研究、異文化間教育、多文化教育、教科教育に関わる研究など、**さまざまな研究分野の連携**も必要である。

地域や学校現場ではさまざまな試みがなされ、子ども支援は「**居場所づくり**」に始まって、日本語学習支援以外にも**放課後補習教室**や**母語保持教室**の運営、**多言語による進路ガイダンス**の実施などに広がっている。実質的な支援は支援者の個別の努力に負うところが大きいのが現状であり、インドシナ難民の受け入れ、中国帰国者の受け入れにおいてそうであったと同様、公的支援が開

始される以前から支援を続けてきたボランティアや NGO、NPO が果たしてきた役割は大きい。しかし、こうした試みに牽引されて、子どものための日本語教育は、全体として**教科指導と連動した日本語教育、母語に配慮した日本語教育**へと向かいつつある。また、分野を超えた人々のネットワークは、今まさに進展中である。未来を担う子どもに寄り添い、学習環境の質の向上をめざす人々が築きつつある新たな関係は、正に未来を構築する営みを支えるものであると言えよう。

多言語・多文化の子どもたちとともに育つ環境の整備が進めば、日本語が母語の子どもたちに対しても多くの学びがもたらされることとなり、未来を担う子どもたちどうしの関係づくりを支えることにもなりうるはずである。

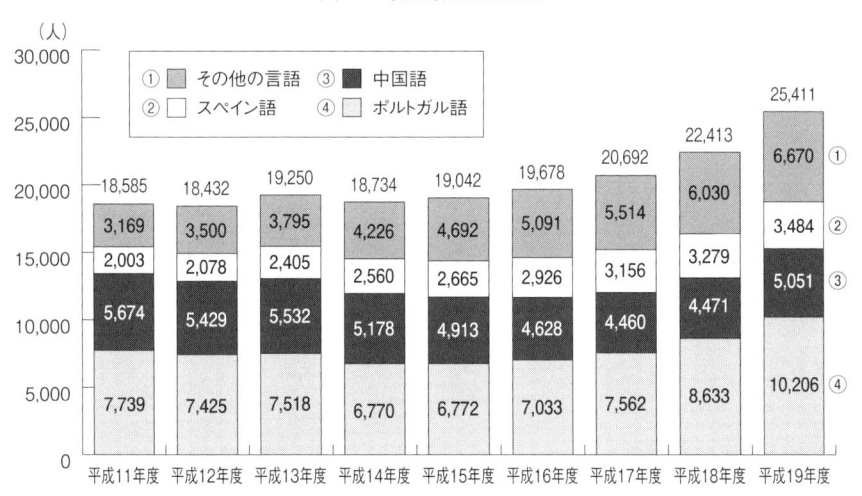

図1　母語別児童生徒数

| 年度 | 合計 | ①その他の言語 | ②スペイン語 | ③中国語 | ④ポルトガル語 |
|---|---|---|---|---|---|
| 平成11年度 | 18,585 | 3,169 | 2,003 | 5,674 | 7,739 |
| 平成12年度 | 18,432 | 3,500 | 2,078 | 5,429 | 7,425 |
| 平成13年度 | 19,250 | 3,795 | 2,405 | 5,532 | 7,518 |
| 平成14年度 | 18,734 | 4,226 | 2,560 | 5,178 | 6,770 |
| 平成15年度 | 19,042 | 4,692 | 2,665 | 4,913 | 6,772 |
| 平成16年度 | 19,678 | 5,091 | 2,926 | 4,628 | 7,033 |
| 平成17年度 | 20,692 | 5,514 | 3,156 | 4,460 | 7,562 |
| 平成18年度 | 22,413 | 6,030 | 3,279 | 4,471 | 8,633 |
| 平成19年度 | 25,411 | 6,670 | 3,484 | 5,051 | 10,206 |

出所：文部科学省「日本語指導が必要な外国人児童生徒の受入れ状況等に関する調査（平成19年度）」

## (4) 在日コリアンの民族学校
### ——朝鮮学校を中心に

金　東鶴（キム　トンハク）

### はじめに

　約100年前の植民地化以降、日本に多く存在することとなった在日コリアンは、現在、外国人登録者数でみて60万人近く存在する（07年末現在）。これに「帰化」した者およびその子どもたち、親の片方が日本人であるという理由で日本国籍を有している者を加えると、その数は100万人を超すと言われている。
　植民地支配下で皇国臣民化という究極の**同化政策**が進められるなか、民族教育を完全に禁止、封殺されていた在日コリアンは、1945年、日本の敗戦による植民地支配からの解放を迎えると、すぐに寺小屋形式の国語講習所を開設した。皇国臣民化の下で育った子どもたちに自分たちの言葉を教えなければならないとの思いからだったが、それはまもなく民族学校という形に発展する。校地・校舎や教員、資金、何もないところからの出発であったが、「力のある人は力を、知識のある人は知識を、お金のある人はお金を」というかけ声のもと、在日コリアンたちは厳しい生活状況にありながらも、力を合わせて日本全国各地に民族学校を開校していったのである。
　そして現在も日本各地に70数校の在日コリアンの民族学校が運営されている。中には韓国のビジネスマンの子どもたちなどが多く通う東京韓国学校や、古くから日本の学校教育法上の「一条校」（後述）として歩んできた大阪の建国学校といったものなどもあるが、その圧倒的多数は朝鮮学校であり、現在も約1万人の生徒が通っている。ここではその朝鮮学校に焦点を当て、その歴史や現状を簡単に紹介したい。

### 受難の歴史

　植民地からの解放後、まさに雨後の筍（たけのこ）が如く日本各地で開校された朝鮮学校の数は、1947年の時点で初等学校541校（生徒数約5万8000人）、中等学校7校（生徒数約2800人）にまで上ったという。
　当初、日本政府はこういった活動に対し、特に口を挟むことはなかった。しかし多くの政治家や官僚たちの頭の中には、「内鮮一体」を掲げてきた戦前の思考方式が根強く残っていた。反共政策に傾斜し、左派が強かった朝鮮人の民族運動に対する警戒を強めていくGHQ（連合国軍最高司令官総司令部）の意向

を受けた文部省（当時）は、1948年1月、「朝鮮人の子弟であっても学齢に該当する者は日本人同様、市町村立又は私立の小学校又は中学校に就学させなければならない」という内容の通達（学校教育局長通達「朝鮮人設立学校の取扱いについて」）を出す。そしてまもなく、これに基づき各都道府県から「**朝鮮人学校閉鎖令**」が出る。これに対し在日コリアンは大きな抵抗運動を起こし、文部省も一定の条件をつけながらもいったんは朝鮮学校の存続を認めることとなった。しかし、翌年の1949年には多くの学校を開校・運営するにあたり大きな役割を担っていた在日本朝鮮人連盟に現在の破壊活動防止法（破防法）の前身である団体等規正令を適用し、これを強制解散させ（9月）、続けざまに朝鮮学校に閉鎖令を出す事態となる。これにより、実際、相当数の朝鮮学校が閉鎖を余儀なくされることとなった。

そうした大打撃を受けながらも、必死の抵抗運動の結果、自主学校として守り抜いたところ、日本の学校の公立校という形で残ったところ（現在はない）、日本の学校での民族学級といった形で民族教育を存続させたところと、形態はさまざまながら民族教育の命脈は何とか保たれる。そしてその後、1955年に結成された在日本朝鮮人総聯合会が民族学校建設運動を精力的に進め、1957年より始まった朝鮮民主主義人民共和国からの教育援助費・奨学金も大きな支えとなり、朝鮮学校は各地に再整備されていくこととなる。

## 進む処遇改善と拡がる交流

日本政府は学校閉鎖令以後も「わが国に永住する異民族が、いつまでも異民族としてとどまることは、一種の少数民族として将来困難深刻な社会問題となることは明らか」（内閣調査室「調査月報」1965年7月号）という考えのもと、1965年12月には「朝鮮人として民族性または国民性を涵養することを目的とする朝鮮人学校は、わが国の社会にとって、各種学校の地位を与える積極的意義を有するものとは認められないので、これを各種学校として認可すべきでない」とする文部事務次官通達（「朝鮮人のみを収容する教育施設の取り扱いについて」文管振第210号）を各種学校の認可権を持つ各都道府県の知事らに対して出す。しかし、同化政策を露わにしたこの通達に対しては、知事もさすがに素直に従うわけにはいかなかったのであろう、通達が出た時点でまだ朝鮮学校に対する各種学校認可をしていなかった都道府県でも認可の動きは進み、10年後の1975年までに朝鮮学校があるすべての都道府県が各種学校の認可をするに至っ

た。
　ここで前述の学校教育法上の「**一条校**」と「**各種学校**」について少し説明すると、「一条校」とは、同法第1条で「学校とは」として定める「幼稚園、小学校、中学校……」といったもので、一方、同法第134条に定める「各種学校」とは、自動車教習所やそろばん学校などがこれに該当する。朝鮮学校や中華学校、またインターナショナル・スクールの多くや、南米系の学校の一部はこの「各種学校」となっている（南米系の学校の多くはこの「各種学校」としての認可すらない状態）。「一条校」の場合、日本の一般の私立学校と同様に私学助成等を受けられる反面、検定教科書を使わなければならない、学習指導要領に従わなければならない（その学習指導要領にはその教育目的として「日本人を育成する」といったことが謳われている）といった現行法の規定により、民族教育をすることが大きく制約されてしまうことになっている。したがって朝鮮学校はもちろん、圧倒的多数の民族学校・外国人学校が、このような条件付きではとうてい「一条校」にはなれないという立場に立っている。
　このように日本の法制度や文部行政のあり方は、決して民族教育に理解のあるものとはなっていない。しかし、その一方で日本社会全体としては、徐々にではあるが朝鮮学校はじめ外国人学校・民族学校への理解が進んできている。また、そうした中で当事者はもちろん、心ある日本の市民たちの運動により、とりわけ1990年代以降、朝鮮学校の処遇は、JRの定期券割引率差別の是正、高野連や高体連、中体連の主催するスポーツ競技大会、さらに国体への参加の道が開け、大学受験はじめ進学面における一連の弾力化措置等も行われるなど改善が進んできた。
　処遇改善の動きに併行するように、最近ではどこの朝鮮学校も公開授業やバザーといった、多くの日本の市民にも知ってもらおう、ふれあってもらおうという活動が盛んに行われている。最近では2007年に上映された井筒和幸監督の「パッチギ2」で東京の枝川にある朝鮮学校が舞台の一部に使われ、同校の子どもたちがエキストラ出演するということもあった。
　韓国との関係でも、2000年6月の南北首脳会談以降、南北和解の動きが進む中、朝鮮学校の生徒らが韓国を訪問、ソウル等で文化講演を行ったり（2002年）、平和絵画展に参画するためソウルを訪問し、同市内の小学校を訪問する（2004年）などの交流が生まれている。また韓国の映画監督が寮生活をする北海道朝鮮初中高級学校の生徒らの日常と、その成長する姿を描いたドキュメン

タリー映画「ウリハッキョ」（「私たちの学校」の朝鮮語。朝鮮学校関係者は朝鮮学校のことをそう呼ぶ）を製作、韓国でドキュメンタリー映画史上最高の観客動員数を記録、大韓民国映像大賞の最優秀賞を受賞する（2008年）など、大きな話題となった。それに伴い、韓国の人が来日時に朝鮮学校を訪れるということも、もはや珍しいことではなくなっている。

　一方、朝鮮学校のカリキュラム等においても民族的素養と自覚、そして、日本、朝鮮半島、また国際社会で活躍できる資質と能力を備えるための教育を基本にしながらも、世代交代や社会の変化に伴う在日コリアンのニーズを考えながら、改編が重ねられてきている。紙幅の関係もあり、その具体的内容には言及できないが、その点については「百聞は一見にしかず」、是非、朝鮮学校に見学に行ってみられることをお勧めしたい。

### 今後の課題

　このように市民社会のレベルにおいては、交流、およびそれに伴う相互理解が確実に進展し、処遇改善においても一定の前進があった。しかし、朝鮮学校等が未だ基本的には「各種学校」としての扱いしか受けられていないことに変わりはなく、教育助成や学校への寄付金に対する優遇税制等でも、未だ一条校とはその扱いに**大きな格差**があるなど、問題は数多く残っており、その負担を教職員や保護者が負わされている。日本がすでに批准している子どもの権利条約や国際人権規約などの条約委員会からも、これはマイノリティの子どもたちの教育を受ける権利を侵害しており条約違反であるとして、その**是正勧告**が出されている。朝鮮学校はじめ民族学校・外国人学校に対して、教育内容の独自性を認めた上で、一条校と同等の処遇を制度的に保障することが早急に求められているのである。

### さいごに

　移民政策を考える上でも、子どもの教育問題は非常に重要である。ブラジル人やペルー人の集住地域の市町村からも、昨今、外国人学校の支援を含む積極的な教育施策の必要性が声高に叫ばれていることはその証左である。同じ人間でも国や民族ごとに違いがある。その違いを違いとして尊重できるかどうか――多民族・多文化共生を前提とした移民政策を進めるにあたり、このことを避けてはならないし、また、避けては通れないであろう。

## (5) 在日ブラジル人学校　　　　　　　　　　　　　　　　　柴崎敏男

### 在日ブラジル人児童

　1990年の入管法改正後、ブラジルからの来日者数は増え続け、2007年末に在日ブラジル人の総数は、これまで最高の31万6967人になった。これは在日外国人登録者総数の約15％に当たり、自動車産業が集中している東海地方に多く在住している。そのうち義務教育年齢にあたる5～14歳の子どもは約3万3000人に上り、ブラジル人学校に通学する児童生徒、日本の公立校に通学する児童生徒、その他に不就学の子どもたちも多く問題となっている。公立学校では、いじめ、日本語力不足、学力不足などの問題があり、ブラジル人学校では教員の数・質および教材不足など、さまざまな問題を抱えている。このような環境から学校教育不適応となり、不就学や非行の低年齢化にもつながっている場合もあり、両国にとって深刻な社会問題になっている。

### ブラジルの教育制度

　同国の教育システムは徐々に整備されつつあるが、依然として非識字率も、退学率も高い。1996年に一部改正されたが、現行の教育制度が確立したのは1971年で、初等・中等・高等教育は9・3・4制となり新しい方針と基準が定められた。初等教育（Ensino Fundamental、義務教育期間は6歳～14歳、1学年～9学年）は当初8年間だったが、2006年に9年間に改正された。公立校の学費は無料で、1日に2部、3部制で回っている。働きながら学ぶ人のために夜間コースもある。中等教育（Ensino Medio）は15歳～17歳までの3年間で、普通科と専門科がある。一般に私立学校の場合、専門科の教育レベルが高く、大学進学率も高いと言われている。一般大学は18歳から21歳までの4年間（医科系は6年、工学・法学系は5年）である。公立の初等中等学校の教育環境は劣っており、教育レベルも低いと、余裕のある家庭の子どもたちは私立学校に通っており、そこから無償の国公立大学に入っている。一方、公立学校で学んだ生徒は授業料の高い私立大学に入らねばならないという矛盾が起こっている。

　なお、順調に学校を卒業できずに、何年か後に卒業資格試験を受けて資格を取るケースも約10％ある。この試験は日本でも毎年行われているが、初等教育終了試験には30～40歳代と思われる在日ブラジル人も受験している。

(5) 在日ブラジル人学校

## 在日ブラジル人学校の現状と問題点

　一部には「日本に滞在するのであれば在日外国人学校ではなく、日本の公立学校に通うべきである」との意見も見受けられる。しかし、母語によるアイデンティティの確立は人間形成に重要であり、帰国する意思のある家族にとっても母国文化での教育は必須であるし、その意味でブラジル人学校は必要であり、さらに、日本の学校でいじめにあったり、なじめなかったりする子どもの受け皿としての機能も在日外国人学校の無視できない存在意義のひとつである。

　2008年12月現在、在日ブラジル人学校は集住地区を中心に約100校あり、そのうち52校がブラジル教育省からブラジル人学校として正式に認められている。中等教育までカバーしている学校はそのうち32校あり、日本の文部科学省はそれらを「外国において学校教育における12年の課程を終了したものに準ずる」と指定している。しかし、書類審査であったため、実際には中等教育を行っていない学校もある。

　一部を除いてブラジル人学校は**学校法人化**しておらず小規模の**私塾**であり、その経営基盤が脆弱で、教材・実験道具なども不足していて、満足な教育環境とは言えない。また、運動場も体育館もなく、近所の公園を使用している学校が大半である。日伯両国からの公的支援がないため、すべて月謝で経費をカバーしなければならず、平均4万円と高額になっているが、これでも赤字の学校が多く、経営者の本業（たとえば派遣業）からの持ち出しか、貯蓄の取り崩しなどでやりくりしている。なお、遠方通学している児童の中には送迎バスに往復5時間も乗っている場合もあり、本人のみならず送迎をしている教員の負担も大きい。

　一歩学校に足を踏み入れるとブラジルの雰囲気で、子どもたちは明るく、伸び伸び育っている。一方では規律を重んじる教育もなされている。しかし、問題もある。基礎教育の絶好の場であるはずの就学前の幼児へのケアはほとんどなされず、幼児教育の専門家がいないため、単に預かっているだけの施設（託児所）が多い。一日中ポルトガル語のビデオを見せられただけでは知的刺激も少なく、せっかくの語彙獲得の機会を使うことなく無為に過ごしている。初等中等学級でも大学で教育学を学んだ教員は少なく、特に中等学級（日本の高校クラス）に適した教員が不足しており、指導が適切でないためにブラジルに帰国した際に学力不足で学年を下げられる生徒が多い。この状況を改善すべく、

ブラジル教育省は2009年度からインターネットを使った遠隔教育を無償で行うことを決定。これにより、4年後には初等学級の正式な資格を持った教員が生まれる。日本語教育に関しては、例外的に日本語の授業を毎日やっている学校もあるが、ほとんどは週に1回程度、その授業も経験の少ない非常勤講師がやっている場合が大半で、充実しているとは言えない。

　もう一つ挙げなければならない点は、保護者の意識の問題である。両親がブラジルで満足に教育を受けていない家庭では、自分の子どもの教育に関心を持たず、また、将来の計画も明確でないため、子どもをどのように育成して行くか考えていないまま長期滞留し、結果として日本語ができない若者を作ってしまうケースも多い。保護者の日本語習得も重要であるが、子どもをどのように育てていくのか、しっかりとした考えを持つことが親としての責任であることを十分に認識させる必要があると考える。

### 外国人児童生徒教育の問題点

　日本は1994年に「こどもの権利条約」を批准しながら、**憲法26条**で「全ての国民は……」と日本国民のみが対象となっていることを理由に、外国籍児童を義務教育の対象としていないが、この対応が根本的な解決を遅らせていると言える。また、政府・自治体が施策を実行するにも、「不就学児童」の数など外国籍児童に関しては実情がほとんど把握されていないことも問題である。

　教育システムの問題としては、**年少者日本語教育**の研究の遅れがあるのではないか。現場には優れた方々がおられ、それなりの実績も上がっている。また、多くの教材、指導方法がセミナーなどで紹介されているが、しかし、多くの現場では3K（勘、経験、記憶）での指導が多く見られ、経験の学問的な分析結果が反映されているとは思えない。日本語レベルの判定基準も一様でなく、現場任せになっているが、判定の基準の確立および判定者の育成も急務である。これまでの研究をさらに進め、現場での経験を他の分野、たとえば認知言語学、発達心理学、テスティング、さらにはアメリカのESLの専門家などの研究者の協力を得て分析的に研究を進め、その結果を現場に反映する必要があるのではないか。自国の言葉について、われわれも真剣に考える良い機会と思う。

### 在日ブラジル人学校の今後

　2008年後半に始まった世界規模の不況の影響で、日本でも自動車・家電工業

をはじめとする製造業ではその下請け、部品メーカー、流通その他の裾野まで雇用調整が広がっている。そこで働く在日ブラジル人も解雇が進んでいる。保護者の経済的環境が著しく悪化したため、帰国する子、日本の公立学校に移る子もいるが、不就学になる子も増え、ブラジル人学校の生徒数も激減している。そのため、学校経営の採算ラインといわれている一校あたりの生徒数100～120名を大きく下回り、存続の不安のある学校が出始めている。しかし、在日ブラジル人学校へ通う生徒数がある程度数が少なくなったとしても、その必要性から今後も存続させなければならないと考える。ただし、その場合は一地域で複数の学校が乱立する現在の形ではなく、行政や企業がサポートし易いようにまとまって大きな組織にすることが理想である。また、保護者の負担を軽くするために、ブラジル教育省が無償配布を考えている公立学校用の教科書を使用するなど、これまでの方針変更も考えていくべきではないかと考える。

さらに、ブラジル人学校はバカロレアなど世界に通用するカリキュラムに従った学校ではないが、ブラジル政府が認めた学校として通学定期適用、消費税の課税免除などが適用されるように、両国間の話し合いが進むことが望ましい。そのためには、それに耐えるだけの学校および教員の質の充実が必要であり、学校の統合をはじめとしたブラジル政府の適正な指導が望まれる。

## 受け入れる国、日本として

ここでは子どもの問題を中心に取り上げたが、根本は保護者をどのようなシステムで迎え入れるかである。1990年の入管法改正の時は準備不足であったし、その後の対策も不十分である。一方、将来の少子高齢化時代を見据えて移民を積極的に受入れるべきだ、との声も聞こえ始めたが、それには、受け入れシステムの確立のみならず、外国人を受け入れる気持ちの醸成なども大切である。だがしかし、その前に真に魅力のある国づくりが先決なのではないか。たとえば、"Small is beautiful"という人口700万人の国スイスや、人口900万人の国スウェーデンなどの生き方も参考にして、人口減少を迎える日本をどのような国にしてゆくのか。今が、国民的議論の必要な時期ではないか。

## COLUMN 1　さまざまな外国人学校

大谷　杏

### どんな学校か？

　日本には外国籍、もしくは外国にルーツを持つ子どもを対象とした学校が存在しており、それらは総称して**外国人学校**と呼ばれている。現在、このような学校は国内に約220校あると言われている。19世紀末に建てられた欧米系や中華系の学校に始まり、戦後は朝鮮半島の出身者たちが、自らの言語・文化を回復するために多くの学校を設立した。最近では、90年代以降に急増した南米からの移民や、IT技術者として来日する人数が著しく増えたインド人の子どもたちのための学校も建てられている。特に南米系の学校は、数の上でもそれまで大部分を占めていた朝鮮系の学校を上回る勢いである。

### 言語とカリキュラム

　外国人学校を詳しく見てみると、国際学校（インターナショナル・スクール）や、特定のルーツを持つ子ども（アメラジアンなど）を対象とした学校、特定の国名を付した学校（朝鮮、韓国、ブラジル、ペルー、フィンランド、ロシア、インド、インドネシア、ドイツ、フランス、イギリス、アメリカ、カナダなど）がある。特定の国名を付した学校の中には、その国や民族のルーツを持った子どものみ、もしくは彼らを優先的に受け入れている学校と、子どものルーツに関係なく児童生徒の入学を許可している学校がある。これらの学校の中には、本国政府から認定や財政支援を受けているところもある。いずれにしても、学校では本国の言語や文化を学ぶだけでなく、本国の言語を用いて教科学習を行っている。また、本国で実施されているカリキュラムや、国際バカロレアなど世界的に認知度の高いカリキュラムを採用している学校もある。朝鮮学校や中華学校などでは、日本の学校のカリキュラムを母語で教え、日本語の授業を多く採り入れている学校もある。これらは、児童生徒たちが今後も日本の社会で生活し、進学することを想定したものであるが、その他の学校でも、第二、第三外国語として日本語や日本文化に関する授業や催しが設けられており、地域の祭りへの参加、清掃活動、公立学校との交流などを行っている学校もある。

### 日本での位置づけ

　このような学校の日本での地位は、次の三つの種類に分類することができる。ひとつが、学校教育法第1条に基づく「一条校」である。現在、3校の外国人学校がその資格を得ている。一条校出身者は日本の上級学校への受験資格を持つ。

COLUMN 1　さまざまな外国人学校

すなわち、日本の私立学校と同様の権利を享受できるのだが、そのためには文科省の定めた学習指導要領に則ったカリキュラムを組まなくてはならない。外国人学校の多くは一条校になってしまうと、基本的に日本語での教育が義務付けられ、学校本来の目的を達成することができないとして、第二の**各種学校**というカテゴリーに属している。各種学校は、同じ学校教育法でも第134条に規定された学校である。珠算学校、大学受験予備校、料理や服飾学校などの中に、外国人学校の名前が所々見受けられる。しかし、この「各種学校」という地位が、外国人学校を語る上でしばしば問題となってきた。つまり、各種学校である外国人学校を卒業しても、日本国内では正式な義務教育を受けた、もしくは高校を卒業したとはみなされないのである。そのため、高校や大学を受験する時に受験が認められないケースが多々存在した。特に国立大学の進学のためには、生徒は日本の通信制高校と外国人学校を掛け持ちで通学の上、大検を受験するなどの負担を負うことになっていた。この他にも、中体連・高体連への加盟が認められない、JRの通学定期券の割引適用外となるなど、これまで多くの困難にぶつかってきた。朝鮮学校生の大学受験時の個別審査など、まだ課題は残されているものの、こうした障害はさまざまな人々による働きかけの結果、少しずつではあるが、改善の方向へと向かっている。

　しかし、90年代に入り、各地に南米系の学校ができ始めると、外国人学校は新たな問題に直面した。それらの多くが、校地、校舎の自己所有などの基準を満たしておらず、第三のカテゴリーである私塾扱いとなり、これまでその扱いが問題視されてきた各種学校の認可を目指し始めたのである。このような状況の中、権利拡大のために、より緊密な外国人学校同士の連携が必要となり、各地で**外国人学校協議会**が作られ始めている。また近年では、古くからあった外国人学校の内部にも新たな動きが生じている。以前は、海外にルーツを持つ子どもが中心であったが、海外で育った日本人帰国子女、異なる文化を体験させたいと願う両親とともに日本人家庭の子どもや、国際結婚カップルの子ども、朝鮮学校で学ぶ韓国人の子ども、短期滞在者と永住者など、子どもの背景や言語能力にもさまざまな違いが生じている。日本側の対応とともに、学校側にも何らかの変革が迫られる時が来ている。

第2章　ともに子どもを育てる

**COLUMN 2**
## 日系人子弟の教育
### 在日ブラジル人子弟を中心に

森　和重

### 日系ブラジル人子弟の抱える問題点

　日本のブラジル移民は1908年に始まり、第二次世界大戦を挟み、戦前戦後を通じて27万人がブラジルに渡った。その間幾多の苦難や逆境に遭いながらも日本人固有の勤勉さと努力、創意工夫をもって乗り越えて、日本人の評価を高め、ブラジル社会にしっかりと根をおろしている。2008年の日本移民百周年を祝い、皇太子殿下の訪伯を頂点として、日本とブラジルで多数のイベントがとりおこなわれた。現在、ブラジルの三～五世を含め日系人は150万人と言われている。1980年代に始まった日本への出稼ぎは家族を含め、2008年初めにはその1/5に相当する約32万人に達しており、日本からの移住者より多い逆移民が日本に在住していることになる。

　しかし、08年から始まった急激な景気悪化により、多数のブラジル人労働者は「派遣切り」の影響をもろに受け、失業残留か帰国の選択を迫られており、残留ブラジル人の人数の予想がつかず、09年に入ってからの見通しがついていない。

　したがって、その家族のブラジル人子弟の教育問題を取り上げるのは非常に難しい状況にあるが、08年12月までの資料をベースに考察したい。

　就学期にあるブラジル人子弟約3万人のうち1万人はブラジル人学校、1万人が日本の公立学校に就学しているが、残り1万人は不就学・不登校と推定されている。特に、最後の不就学・不登校生の人数は正確に把握できていないが（外人登録制度の不備のため）、青少年犯罪や非行の温床になっている（集住地域の少年犯罪の6～7割がブラジル人と言われている）。不登校・不就学生への教育対策も重要な課題ではあるが、就学している子弟の教育環境も決して好ましい条件ではないので、本稿ではブラジル人学校・日本公立学校に絞り、教育という視点から問題点を探ってみる。

### ブラジル人学校

　2008年末現在、大小約100校が集住都市を中心に存在するが、うち52校がブラジル政府（教育省）の認可を受け、ブラジルのカリキュラムに従い教育をしている（20校が追加申請中）。もともと大半の学校は、共稼ぎ両親の要請で個人がその幼児を預かる託児所的な形で自然発生的に生まれ、その延長線上で幼稚園・初等学校（6歳～14歳、9学年義務教育）・中等学校（15歳～17歳、3年）に発展したものである。したがって、ブラジル側から見れば、私立学校であり政府援助の対

COLUMN 2　日系人子弟の教育

ブラジル人学校の授業風景（仕切りも不十分な混合学級3年生と4年生）（茨城県、2008年筆者撮影）

象にならない。一方、日本では経営母体がブラジル私立校の分校、ブラジル人・日本人、派遣会社などによる個人事業や有限会社の形態をとるため私塾扱いであり、日本の公的な教育支援（文科省・地方自治体）は受けられない。したがって、月謝が唯一の収入源であるため、授業料3万円、教科書代・送迎バス代・給食費などをいれると月謝が5～6万円と高額なため、通学可能な生徒数は限定される。学校も教育施設には投資はできず、民家や工場・倉庫空屋・跡地を借用し設備も不備で、劣悪な環境での教育にならざるを得ない。教師も本国の有資格者は少なく、教科内容にも問題が多い。ほとんどの学校が低学年子弟を親の終業時間夜8時頃まで預かるという保育所的な機能を有している。

　日本語教育はバイリンガルを目指している数校を除き、カリキュラム上の外国語扱いで、しかも有能な日本語教師を雇えないので（高額のため）ほとんどがおざなりで、初等・中等校卒業生は日本語能力不足のため、日本での上級校への進学の可能性は低い。本国に帰国する一部の生徒を除き、将来への夢や希望を持てずに学業半ばで働きに出るものが多い。文科省は公的教育支援の対象になる**各種学校・準学校法人への移行**を薦めており（都道府県認可）、各県でも緩和策を打ち出してはいるが、その基準も異なりハードルも高いので移行が進んでいない。現在、各種学校・準学校法人の認可を受けているは5校のみで、経営者はすべて日本人である。経営上も生徒数100人が採算分岐点と推測されるが、08年末から不況の影響による生徒数の激減もあり、小規模校は厳しい経営を迫られ、閉校や移転をする学校も出てきている。

第2章　ともに子どもを育てる

**日本の公立学校**

　日本の公立学校は、入学を希望すれば認めるという方針を取っており、ブラジル人学校に行けない子弟が通学している。しかし、日本の教育制度には年少者日本語教育という科目がないため、まず入学時に日本語をインテンシブに教えるシステムが出来上がっていない。7～8歳未満の生徒の場合には日本語能力と学習内容が近いので順応はできるが、高学年の場合には日本語能力が学習内容についていけず、脱落し不登校になる例が多い。それでも集住都市の場合には通学人数が多いため、国際学級、取出し学級、プレスクールなど地方行政や地域社会が応急措置で対応しているが、大半の公立学校は外国人子弟が5名以下であり（約5000校）その対応策もなされぬまま放置されているのが実態である。

　一方、当初は出稼ぎ目的でいつかは帰国することを念頭に描きながらも、現実には6割近くが長期化・定住化をしている。日本の公立学校の場合、両親が相当に関心を持ち家庭で指導しないかぎり、子どもが日本語学校に溶け込める例は少ない。むしろ学校では、日本語を使い、家庭ではポルトガル語を話すという中途半端な語学教育となり、いわゆる「ダブル・リミテッド」（ポルトガル語も日本語も不十分）が増えている。さらに、滞在が十年以上になると、日本生まれの四世・五世が出てきており、十分な教育機会を得ないブラジル人子弟の地域社会への参入は、将来的には日本の大きな社会負担になる可能性高く、早急に対策が求められている。

**ブラジルへの帰国子弟の問題**

　日本から帰国した子弟が直面する問題にも若干触れたい。一つは帰国してすぐに編入学が難しいという問題がある。確かに法的には公立学校への受け入れ体制があることになっているが、公立学校にも格差があり、全員が同じレベルの教育を受けられる環境にはない。首都圏サンパウロ州でも同様であり、まして地方に行けば格差がますます大きくなることが予測される。公立学校といえどもそれぞれ定員があり、現地でも評判の良い学校に入学するためには、夜中から並ぶ（先着順）ほどであり、通常前年の10月に予約する必要がある。このような優秀な学校に帰国子弟が編入学するのはきわめて難しい。したがって、すぐに編入学を申し込めば、希望や通学環境に関係なく空席のある学校（希望者が少ない学校）に回される。結果として不就学になる。もちろん、日系7校も含め私立学校があるが、学費が高く試験もあるので、帰国子弟にとっては制約が多い。

　さらに重要な問題は、母国語（ポルトガル語）の能力が不十分かできない場合が多いことである。日本でブラジル人学

校に通学していた子弟はそれなりに順応できるが（もちろんブラジル人学校間にも格差が大きい）、日本公立学校へ通学した子弟はことばのほかにカリキュラムの違いで、各教科内容を理解していない子どもが多いという。特に高学年（5・6年生以上）にその傾向が強く、課外で日本語とポルトガル語による補習授業が必要とされる。精神的負担から不登校やMD（知的障害）・LD（学習障害）になる子どもも多く、帰国後の学校へのスムースな順応のためのカウンセリングや、学習支援が必要である（サンパウロ州政府と進めている日系NPO "ISEC＝教育文化連帯学会" の「かえるプロジェクト」などあり）。したがって、日本学校における母国語（ポルトガル語）教育も今後の重要な課題である。

**今後の課題——母語と日本語教育**

前述の通り、ブラジル人学校・日本公立学校のいずれに学ぶにせよ、日本社会に参入する以上は、ブラジル人子弟への日本語教育の成否が重要課題となる。一方、帰国するしないにかかわらず、人格形成の基礎となる母国語の習得も必要である。それは当然親の責任ではあるが、その認識の不足が「ダブル・リミテッド」を産み出す原因となっている。ブラジル人学校で学ぶ子弟はまだしも、日本公立学校に行く子弟はポルトガル語（ブラジル文化）を知らないブラジル人になる可能性が高い。優秀な人材を必要とする日本にとり、ポルトガル語と日本語のバイリンガルの国際人となりうる日系人子弟は、貴重な人的資源である。豊富な天然資源と巨大なマーケットを有するブラジルは、日本にとり重要なパートナーになる。両国の架け橋となり得る日系ブラジル人子弟の教育は貴重な人材育成であり、ブラジル人学校・日本公立学校を問わず日本語と母国語（ポルトガル語）の教育についてブラジル政府も交え、日本の政治・行政・企業・地域社会が一体となり連携して取り組む緊急課題と考える。

日本公立学校国際学級（取出し日本語授業）静岡県の小学校（2008年筆者撮影）

# 第3章 ともに学ぶ

(1) 留学生・就学生受け入れ政策の展開　　　　　　明石純一

**はじめに**

　日本政府は、留学生の受け入れの意義と理念を、これまで繰り返し表明してきた。それは、国際交流による相互理解および国家間の友好関係の促進、そして主に発展途上国の人材育成を通じた知的国際貢献といった内容であり、こうした目的を達するために、受け入れ体制の整備、拡充に努めてきた。日本における留学生の受け入れは、途上国に対する援助という側面での意味づけが強かったがゆえに、経済・産業政策的な戦略の弱さが指摘されることが度々あったが、諸外国から日本へと学びに来る彼（女）らを迎え入れることが政府によって幾度も再確認されてきた政策アジェンダのひとつであり続けたことは間違いない。

　文部省の奨学金による「国費外国人留学生制度」が発足したのは、第二次世界大戦の敗戦を経て、独立後の1954年のことである。もちろんそれ以前、たとえば明治時代においても、朝鮮半島や中国大陸から学びに来日したものの記録は残っている。「留学」の定義にもよろうが、日本における「留学生」受け入れの歴史は、さらに遡ることができるであろう。しかしここでは、現代、特に留学生受け入れ「10万人計画」が始まった1983年以降に限定して、その政策の展開と受け入れの推移について説明したい。

**日本の留学生政策の展開――「10万人計画」の始動と達成**

　留学生受け入れ政策の歴史を俯瞰するならば、便宜上、「発展期」（1983～1993年）、「停滞期」（1994～1998年）、「第二次発展期」（1999～2003年）、「第二次停滞期」（2004～2006年）、そして現在（2007年～）と、五つの期間に分けることができるかもしれない（表1　留学生の受け入れ状況を参照）。「発展期」とは、言うまでもなく「10万人計画」の始動した年に始まる。1983年5月、中曽根首

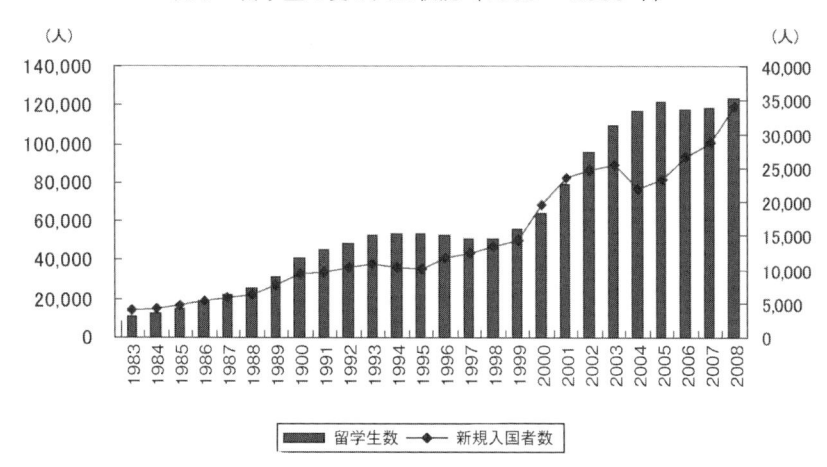

表1　留学生の受け入れ状況（1983〜2008年）

注：左軸目盛りは留学生数（棒グラフ）を、右軸目盛りは新規入国者数（折れ線グラフ）を示す。
出所：独立行政法人日本学生支援機構（JASSO）「外国人留学生在籍状況調査結果」および法務大臣官房司法法制調査部編『出入国管理統計年報』の各号、法務省報道発表資料（「平成20年における外国人入国者数及び日本人出国者数について」2009年3月16日）に基づき作成。

相の ASEAN 諸国歴訪が大きな契機となった。ASEAN 各国で元日本留学生と面会した首相は、欧米に比して低い日本への留学の動機を知ることとなり、留学生政策の見直しを（当時の）文部省に伝えたのである。具体的には、日本が受け入れる留学生を、1990年頃にはイギリスや西ドイツなみの5万人台、21世紀初頭にはフランス並みの10万人台に届かせるという目標が設定された。「留学生10万人計画」とは、1983年の提言と1984年の「二十一世紀への留学生政策懇談会」の報告書が記した数値目標に基づいている。この数値目標に向かって、1983年を初年度とし、最初の10年で年平均16.1％ずつ増やし、1992年には4万人の留学生受け入れが目指された。実際には、日本における留学生の受け入れ数は平均18％強の増加率で伸びており、目標達成は楽観視されていた。

　しかしその後、日本の留学生受け入れは「停滞期」を迎える。すでに目標数値10万人の半分をわずかに超えていた1994年から1998年までの5年間は、減少を記録する年などもあり、その間の平均増加率はわずか1％にまで落ち込んでいた。留学生数の停滞に関して、当時の政策当事者の認識は次のようなものである。①生活コストの高さ、宿舎の確保の困難さ、②留学先としての日本の情報不足、③研究者や学生の国際交流に関する教育体制の不備、④異文化受容の

意識の低さ、⑤送出国における大学制度の整備による留学ニーズの低下（大学院への移行）、⑥英語の国際化、英語圏への留学志向の高まり、⑦日本の長引く経済不況（以上、1997年に提出された「留学生政策懇談会」の第一次報告「今後の留学生政策の基本的方向について」）。ただし、上にあげた事情がどれほど決定的であったのかについては、断言できないところがある。たとえば、留学生の受け入れ規模を規定する別の要因として、日本国内の主に日本語学校に通う就学生の受け入れの増減に留意する必要があるだろう。

　事実、就学生数は1990年代前半から1990年代半ばまで伸び悩んでいる。そしてその背景は、1980年代後半に遡る。日本側では実態のない日本語学校による入学許可証の乱発や、定員をはるかに越える入学許可の発行、あるいは日本語学校による就労の斡旋業務といった問題が生じ、中国側では実在しない学校の卒業証明書や偽造卒業証書を用意した日本への就学希望者が殺到していたのである。こうした問題の発覚により、入国管理局は就学生への窓口を突如として狭め、上海事件（1988年）が起こった。不適正な受け入れを阻止すべく、入管当局は条件を突如、厳格化したのであった。また1990年代前半には、在留資格「就学」で入国し、資格を有さずに就労に従事している外国人が増加している状況を受け、1993年に「就学生受入れ問題懇談会」が設置されている。この懇談会は、翌年「入国・在留の問題点と課題」と題する報告書をまとめ、「就学の在留資格で入国した外国人は10年で11倍になっており、外国人登録している者の約3分の1が不法残留しており、しかも増加の一途をたどっている」との懸念を示した。これを受けて同年には、受け入れ母体である日本語教育施設とともに、就学希望者に対する在留資格審査（**経費支弁能力要件**など）が厳格化された。こうした一連の措置の結果とも言える具体的な数値の推移をあげれば、1992年に2万7千人を超えていた在留資格「就学」による新規入国者の数は、翌年から減少し、1995年と1996年においては、1万人を割り込んでいる。就学生から留学生へと移行する数が減っていたことは想像に難くない。

　いずれにせよ、1990年代後半における留学生政策の不振は明らかであり、「10万人計画」が挫折する可能性が高まっていく。そのなかで、大学院に進学する場合の期間延長要件の緩和や、在留期間の延長、書類手続きの簡素化などが実施された。就学生についても**身元保証人制度**を廃止にするなど、受け入れが容易になった。その影響もあり、「就学」の新規入国者は1997年より次第に回復し、2003年までは増加の一途を辿る。留学生の受け入れ規模も、それに応

じて回復をみせた。それが1999年から2003年の「第二次発展期」であり、その間、約16.5%の平均増加率を示していた。これにより「10万人計画」が一気に達成されるのである。数値目標を一義的に追求してきた日本における留学生政策の性格の一端がここによく現れている。

## 21世紀の留学生政策

「10万人計画」の達成は、ただし問題を引き起こさずにはいられなかった。10万人に届いた21世紀の初めに至って、留学生の受け入れのあり方を問題視する指摘が相次ぐことになるのである。この時期には、留学生や就学生が学校から「逃亡」するケースも続発し、メディアが留学生や就学生らの「不法」就労や犯罪を報じることも増え、社会不安を熟成させていた。このような背景もあり、受け入れの要件は2003年に再び厳格化され、その直後の2004年から2006年の「第二次停滞期」には、それぞれ7%、3.8%、-3.2%と留学生の受け入れ数は再び停滞することになるのである。

現在の日本政府は、留学生を歓迎するというこれまでの基本姿勢を取り戻している。たとえば「教育再生会議」においては、留学生政策を「国家戦略」として捉えなおしている。予算配分に大きな影響力をもつ「経済財政諮問会議」も、留学生をさらに多く呼び込むことの重要性を述べている。このような動きに加え、「総合科学技術会議」「イノベーション25」「アジア・ゲートウェイ構想」といったなかにも、受け入れ拡大の要請がみられる。福田政権下では「**30万人計画**」が打ち出された。2008年7月に公になった「アジア版エラスムス計画」や「**グローバル30**」（国際化拠点整備事業）といったアイデアからも、留学生の受け入れを促進すべく、国が積極的に動き始めた現状がうかがい知れる。なお2009年3月に国会に提出された入管法改正案には、在留資格「留学」と「就学」を一本化するという内容が盛り込まれている。受け入れ拡大の働きかけが、日本社会にいかなる帰結をもたらすのか、政策のパフォーマンスはどの程度発揮されうるのか、それを論じるには早計であるが、日本の留学生政策は新たな段階に突入したと言えるのかもしれない。

## (2) 留学生と大学　増える留学生 　　　　　　　　　　小野正樹
　　── 経緯と今後の課題

　日本国内の大学では、確実に留学生が増えている。留学制度が整ってきたのは、世界的な流れであるが、本稿ではどのようにして留学生が増えてきたのか、日本に来た留学生に必要な日本語教育は何かについて考えたい。

### 留学の種類

　留学は**長期留学**と**短期留学**に分かれる。長期留学とは、正規学生として入学試験に合格し、学部や大学院を修了することを目標とする。日本人学生と同様に講義や演習に参加し、レポート等も書く必要もあることから、高い日本語力が求められる。しかし、最近では日本語を必要とせず、英語で単位を履修できる授業カリキュラムを用意している大学も増えている。特に理系を中心に、大学院レベルでは英語を**アカデミック母語**とするところも増え、留学の目的や専門によって必要な日本語力は異なってきている。

　一方、短期留学とは、1年未満の留学期間の学生を指すことが多いが、語学留学を始め、専門の勉強・経験を広げるものである。短期プログラムでは、協定が結ばれている場合には自国の大学の単位となる。また、大学間協定が結ばれている留学先の大学の大学間協定を利用して、別の国に留学するという現象も珍しくない。大学間交流はヨーロッパでは「**エラスムス計画**」(ERASMUS: The European Community Action Scheme for the Mobility of University Students) が進み、大学間ネットワークが強化されている。日本を含んだアジア太平洋地域では「アジア太平洋大学交流機構」(UMAP: University Mobility in Asia and the Pacific) があり、2001年に学生交流を推進するなどの UMAP 憲章が採択されている。

### 国策としての留学生増加政策

　自国の言語や文化をいかに外国で理解させるかは、その国の魅力に関わる問題である。日本語は世界でどの規模で学ばれているのか。外国語としてみると、英語のように国際的に必要とされる言語と、特定地域でのみ話される言語がある。日本語は後者に属するが、1万3639機関で4万4321人の教師がいて、297万9820人の学習者という報告がされている（国際交流基金、2008）。

　海外での日本語学習者数は年々増加しており、また海外から日本への留学者

数も確実に増えている。時代的に見ると、1983年に当時の中曽根康弘首相が提案した「**留学生10万人計画**」は、1990年代中頃から受け入れ数が伸び悩み、1999年には5万5000人程度だったが、2003年に10万人という目標を達成した。10万人計画では、以下の4点が強調されている（文部科学省ホームページ http://www.mext.go.jp/b_menu/shingi/chukyo4/007/gijiroku/030101/2-1.htm）。

表1　高等教育機関での日本語学習者数上位10カ国（国際交流基金、2008年）

| 高等教育機関 |||
|---|---|---|
| 順位 | 国〈地域〉 | 学習者数（人） |
| 1 | 中国 | 407,603 |
| 2 | 〈台湾〉 | 118,541 |
| 3 | 韓国 | 58,727 |
| 4 | 米国 | 45,263 |
| 5 | タイ | 21,634 |
| 6 | インドネシア | 17,777 |
| 7 | ベトナム | 10,446 |
| 8 | フィリピン | 9,398 |
| 9 | オーストラリア | 9,395 |
| 10 | カナダ | 8,508 |
| 高等教育機関全体 || 791,273 |

①21世紀初頭において、10万人の学生（当時のフランス並み）を受け入れる。
②我が国の18歳人口が減少傾向に転ずる1993年までに、受け入れ態勢や、基盤整備を整える。
③国費留学生と私費留学生の割合は、10万人受け入れ時においては、フランスの状況を参考にし、1：9程度とする。
④国費留学生を増やし、私費留学生受け入れの牽引力として期待する。

歴史的に植民地を持つフランスのフランス語教育に対し、学習数では及ばない日本が目標としたのはフランスであった。

　2008年7月に福田康夫首相が、2020年を目標に**留学生30万人計画**を打ち上げている。30万人計画では、日本留学への動機づけを図ることと、留学システムの**ワンストップ・サービス**の展開を目指している。ワンストップ・サービスとは、一度の手続きで、必要とする関連作業をすべて完了させられるように設計されたサービスで、現在は日本に来て、日本語学校などに入学し、その後大学に入学するなど当初の目標を達するまでに手続きが複数あるが、入学にあたっては、**日本留学試験**など渡日前に日本語力を測定・保証し、直接日本の大学に入るシステムの確立を目指すものである。すでに大学院入試では、日本国内ではなく、現地やオンラインでの入試を行っているところもある。卒業後には日本企業への就職を支援していることも特徴的で、今後、労働者数が不足すると言われる産業界とも一体となって、進めようとしている計画である。

表2 日本語学習者数の推移（文化庁ホームページ）

|  | 平成10年 | 平成15年 | 平成16年 | 平成17年 | 平成18年 | 平成19年 |
|---|---|---|---|---|---|---|
| 大学院・大学 | 18,387 | 35,816 | 36,417 | 42,718 | 39,605 | 39,465 |
| 短期大学 | 988 | 2,660 | 2,033 | 1,842 | 1,480 | 1,381 |
| 高等専門学校 | 342 | 234 | 274 | 298 | 281 | 283 |
| 一般の施設・団体 | 63,369 | 96,436 | 89,776 | 90,656 | 111,328 | 122,541 |
| 合　計 | 83,086 | 135,146 | 128,500 | 135,514 | 152,694 | 163,670 |

## 日本語教育の目的

留学生が増えることにより、留学の目的はさまざまとなっている。そのため、求められる日本語も多様となっている。以下に、大学でなされている**日本語教育のジャンル**を紹介する。

1　サバイバル日本語

日本語ゼロ初級者を対象として、発音、ひらがな・カタカナ・漢字の文字、文法構造を学び、日本で生活できることを目標とする。自己紹介、買い物、約束する、場所を聞くことなど、**生活上必要な日本語**が教えられている。特に、初級段階では必要な情報を質問し、聞き取れ、確認できることが目標となる。また、言語だけではなく、日本社会の習慣理解も含まれる。

2　アカデミック日本語

日本の大学で、**勉強・研究上必要な日本語**である。講義を理解するための日本語、レポートを書くための日本語、ゼミでプレゼンテーションするための日本語などが考えられる。論文やレポートが書けるためには、専門用語などの日本語だけではなく、クリティカル・シンキングなどの思考方法のトレーニングや、出典は明記しなければならないといった**アカデミック・マナー**などの教育もなされている。

3　キャンパス日本語

大学内で学生どうし交友を深めるための**学生ことば**、あるいは、事務的な書類の理解に必要な日本語である。指導する教員とは英語などでコミュニケーションがとれても、学生間では日本語でのコミュニケーションとなることが多い。

また、アカデミック母語は英語の理系実験室でも、ボードに書かれている情報など、日本語の理解が必要な場合もある。

4　ビジネス日本語

卒業後に日系企業で就職を希望する学生には、企業内で使われる非言語面と言語面の自覚、規則、コミュニケーションの方法、あるいは日本語を使用して理解する必要がある。さらに、実践的な日本語として、会議の進め方や電話での交渉方法などを学び、習得する必要がある。

## 日本語教育の課題

1　国内外の日本語教育連携

外国語学習における、初級、中級、上級という**語学レベル**は何であろうか。大学では語学に対し単位を与え評価を出しているが、ある国ではこの学習項目は中級であっても、日本では初級項目の場合がある。この場合、自国では「中級日本語」の単位を取得していても、留学先では「初級日本語」の単位となってしまい、留学のメリットが認められないことになる。現在では国内外を含めて一教育機関のみで日本語学習を終えることは少なく、国内外の連携の必要性が高まっている。こうした問題を解決するためには、ヨーロッパの「**言語共通参照枠組み**」（吉島・大橋他訳・編、2004）のような、どの国でも通用する**日本語教育スタンダーズ**の策定が課題となっている。

2　必要な技能別日本語

一般に、外国語学習というと「読む、書く、話す、聞く」の**四技能**が必要と思われるが、個人により求める日本語も異なっている。話す技能は必要でも、漢字などのテキストを読む必要がない学習者もいる。反対に、日本への興味のきっかけとなっているものにアニメがあるが、アニメを読んで理解したり、翻訳したりする力のみを必要とする学習者もいる。アニメを理解し、翻訳するための日本語能力は何か。アニメに見られる表現を理解するための語彙力や文法力は、レポートを書くために必要な日本語とは異なっており、学習者が求める日本語に応えていくことが課題である。

## (3) 異文化適応と留学生

高本香織

　日本学生支援機構（JASSO）によれば、平成20年度の日本の留学生数は12万3829人と過去最高を記録した。留学生はますます身近な存在となりつつあるが、外国から来た学生たちがこの日本という異国の地でどのような経験をしているか考えてみたことはあるだろうか。もし現在自分が日本に留学中であるならば、これまでどのような経験をしてきただろうか。また、将来自分が海外留学をするとしたら、どんな海外生活になるか想像できるだろうか。このセクションを留学生を取り巻く異文化適応の諸相を読み解くヒントとしてほしい。

### 異文化適応とは

　文化の境界線を越えて生活する人々にはどんな変化が起こるのだろうか──異文化適応（Cross-cultural/Intercultural Adaptation）は心理学、社会学、コミュニケーション学などさまざまな学問分野で研究されているテーマである。たとえば心理学では、カルチャー・ショックなどの適応によるストレスの影響、アイデンティティの変容など個人の心の問題に焦点を当てた研究がなされてきた。また、社会学では、移民やエスニック・マイノリティのグループがどのように社会構造に取り込まれていくのか、集団レベルでの現象に着目してきた。そしてコミュニケーション学の分野においては、これらミクロとマクロの視点をつなぐ人間のコミュニケーションを核とした研究アプローチが展開されている。

### カルチャー・ショック

　自分と異なる新しい文化に身を置くという経験にはさまざまな感情が伴う。初めて訪れた憧れの異国の地は何もかもが新鮮で興味深く、ワクワクと高揚した気分を抑えきれないかもしれない。と同時に、「当たり前」と思っていたことが「当たり前」でなくなるという経験に、戸惑いと不安を感じるかもしれない。慣れ親しんだ土地を離れ、親しい人々がいない土地での生活は、孤独感との戦いになるかもしれない。実際、留学生が外国語で授業を受け、課題をこなし、良い成績を保つことは容易なことではない。学校の授業についていけず、クラスメートにも馴染めず、自分に自信をなくしてしまうこともあるかもしれない。このように、異文化に滞在すると、程度の差はあれ誰でも心理的な浮き沈みを経験する。

オバーグ（Oberg）はこれを「**カルチャー・ショック**」と名付けた。当初、カルチャー・ショックは異文化に滞在中に現れる心理的・身体的症状であり、誰でもかかる風邪のようなものだと考えられていた。また、リスガード（Lysgaard）は異文化適応の過程は**U型カーブ**を描くという仮説を立て、気分的な高揚感（ハネムーン期）に始まり、被拒絶感や孤独感に陥る危機的な状態を乗り越えて適応していくと説明した。さらにグラホーン（Gullahorn）らはこの仮説を発展させ、帰国後に経験する**リエントリー・ショック**（新しい文化に適応してしまったため、元々の自分の文化に再度適応をしなくてはならない状態）を、Uカーブにもう一つUを足して**W型カーブ**と呼んだ。その後の研究によってさまざまな修正が行われているが、異文化適応は複雑な現象であり、このように単純化して説明できるものではないという批判もある。

図1　W型カーブ曲線（Revised by Ting-Toomey and Chung）

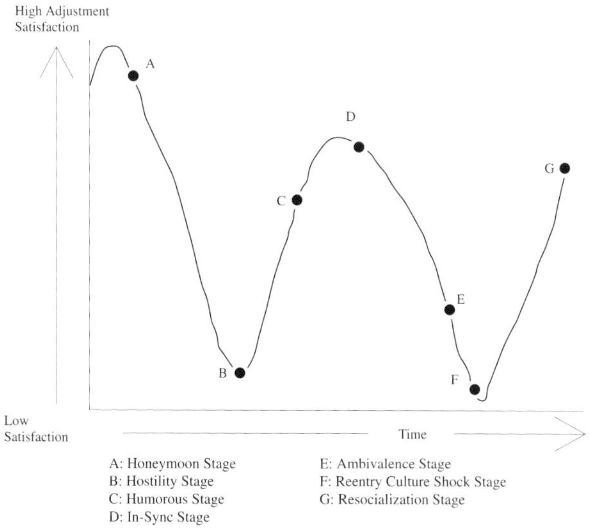
High Adjustment
Satisfaction
A
D
G
C
E
B
F
Low
Satisfaction
Time
A: Honeymoon Stage
B: Hostility Stage
C: Humorous Stage
D: In-Sync Stage
E: Ambivalence Stage
F: Reentry Culture Shock Stage
G: Resocialization Stage

出所："Revised W-shaped Adjustment Model" Ting-Toomey, S., & Chung, L. C. (2005). *Understanding Intercultural Communication.* (p.127)

## 異文化適応過程におけるコミュニケーション

それでは実際に異文化適応に至る過程で何が起きているのだろうか。初めて経験する社会的状況において、通常我々は多少の緊張を感じるものである。こ

の時感じる**ストレス**（Stress）を乗り越え、その場面場面での適切な行動やコミュニケーションの方法を学びその状況に**適応**（Adaptation）する。こうして次々と新しい社会的状況に遭遇し、「ストレス→適応」のプロセスを常に繰り返すことで**成長**（Growth）してゆく。アメリカのコミュニケーション学者のキム（Kim）によれば、これが異文化適応の過程である。ということは、新しい状況（ストレスフルな状況）に遭遇することを恐れ、新しい文化との接触を拒絶していては、いつまでたっても適応はできないということだ。新しい文化に適応するためには、恐れずに他者とのコミュニケーションをとる必要がある。

　キムはコミュニケーションに着目した異文化適応論を展開しているが、その中で彼女は、さまざまなコミュニケーション活動を通して新しい文化を学び、その文化特有のコミュニケーションの方法を自ら実践できるようになることが異文化適応である、と定義している。つまり、コミュニケーションは異文化適応の手段であると同時に、目的そのものなのである（図2）。

　図2の中央にあるのは Host Communication Competence であるが、これは現地のやり方でコミュニケーションがとれる能力のことである。その土地の文化特有のコミュニケーション方法を習得するためには、Personal（個人的）と Social（社会的）の異なるレベルにおけるコミュニケーション活動が必要とな

図2　コミュニケーションを中心とした異文化適応モデル

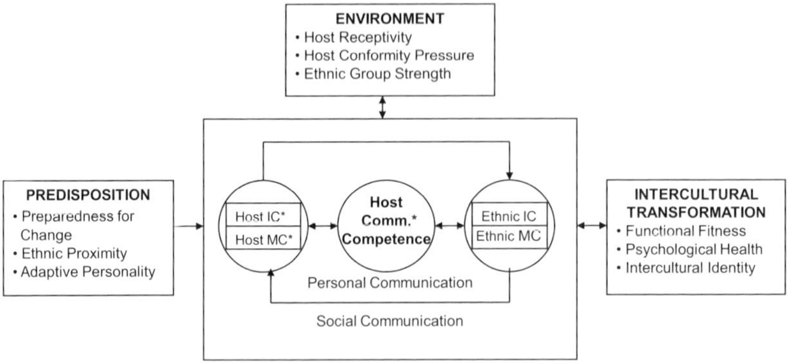

**ENVIRONMENT**
・Host Receptivity
・Host Conformity Pressure
・Ethnic Group Strength

**PREDISPOSITION**
・Preparedness for Change
・Ethnic Proximity
・Adaptive Personality

Host IC*
Host MC*

**Host Comm.* Competence**

Ethnic IC
Ethnic MC

Personal Communication
Social Communication

**INTERCULTURAL TRANSFORMATION**
・Functional Fitness
・Psychological Health
・Intercultural Identity

*IC：Interpersonal Communication, MC：Mass Communication, Comm：Communication

出所：Kim, Y. Y. (2001) *Becoming intercultural : An integrative theory of communication and cross-cultural adaptation.* (p.87)

る。具体的には、現地の人々との交流（Host IC）や現地メディアの利用（Host MC）、現地にいる自分と同じ文化出身の人々との交流（Ethnic IC）や自文化発信のメディアの利用（Ethnic MC）などにより、現地情報を得ながら文化特有のコミュニケーション方法を観察し実践することである。

たとえば日本に留学中の中国人学生のある一日を想像してみよう。朝起きて満員電車に揺られながら大学に向かう。日本人クラスメートとともに授業を受けた後、壊れた携帯電話を修理に出すため某携帯ショップへ出向く。日本人店員の複雑な説明に戸惑いながらも、携帯電話を預けて用紙にサインをして店を出る。その後サークルの友人とサッカーを楽しんでから帰宅。日本の TV 番組を観ていると、留学生仲間から夕食に誘われる。夕食を食べながら、日本人はああだこうだ、と日中文化の比較が話題にのぼる。友人の一人に中国語で書かれた東京の情報誌を手渡され再び帰宅した彼は、ベッドに入り、その雑誌のページをめくりながら週末の予定を考え、眠りにつく。このように日常の多種多様なコミュニケーション活動を通して、彼は少しずつ日本文化に適応していくのである。

このほか、キムは適応過程に影響を与える要因として、Predisposition（自文化との違いの大きさや性格などの個人的要因）と Environment（現地での受容度、同化へのプレッシャーなどの環境的要因）をあげている。また、異文化適応過程においては、心理的・行動的側面のみならず、アイデンティティにおいても変容（Intercultural Transformation）がみられると説明している。

### 問題点と今後の課題

異文化適応を考える際の一番の問題点は、多くの場合「適応」の終着点が「同化」とされる傾向にあることだ。たとえばキムのモデルにしても、中心にあるのは新しい文化特有のコミュニケーション・スタイルを習得することであり、現地の人々（host nationals）と現地のやり方で交流できることが異文化適応であると考えられている。しかし、完全なる同化は自文化の否定につながる恐れがある。同化が目的となれば、受け入れ側も留学生が「日本人ぽく」なれるようにと間違った方向で支援をするかもしれない。文化の多様性を否定する意識が根底にあっては、真の多文化共生社会を実現することはできないであろう。異文化適応においては、新しい文化への同化と自文化保持のバランスをどう保っていくか考えることが大切なのではないだろうか。

## (4) 留学生と地域社会　　　　　　　　　　　　　　武田里子

### はじめに

　留学生に留学の目的を尋ねれば、学位の取得やより良いポストに就くため、日本語の習得や母国の発展に貢献するためなど、さまざまな答えが返ってくる。しかし、日本を留学先に選んだ理由については、半数が「日本社会への関心」をあげる（「平成19年度私費外国人留学生生活実態調査結果」）。では、「日本社会への関心」はどのようにしたら満たせるのだろうか。留学生が求めるものは、日本での生活体験や日本人との直接的な交流を通じて、知識として習得した「日本」を自分なりに再解釈し、より深く理解することである。

　ところが留学生の4人に1人は、学内で日本人学生と交流できないことに悩んでいる。同じキャンパス、同じ教室で授業を受けていても、日本人学生と留学生との交流が進まないのであれば、地域社会で留学生が日本人との個人的関係を築くことなどはきわめて難しいこと、もしくは偶発的とすら言えることなのかもしれない。留学生の「日本社会への関心」に応えるには、留学生と地域を結び合わせる何らかの仲介機能が求められていることを意味する。普通に考えれば、それは、大学に期待される役割だが、「留学生」も「地域」も大学業務の中では特殊な周辺領域とされてきたため、この問題に正面から取り組んでいる大学は少ない（横田・白土、2004）。

　本稿では、今日の留学生交流の原点とも言える**ユネスコ憲章**にさかのぼり、大学と地域社会との関係、そして留学生の「日本社会への関心」に応えることの今日的な意味について考えてみたい。

### 国際理解教育から国際教育へ

　戦後、日本が国際社会に復帰を果たしたのは、1951年のユネスコ（国連教育科学文化機関）加盟からである。戦後の日本の留学生政策は、1954年の「国費外国人留学生制度」の創設に始まるが、それはユネスコ日本委員会からの建議に基づくものであった。では、ユネスコの留学生交流の理念はどのようなものなのだろうか。

　1945年に採択されたユネスコ憲章は、「戦争は人の心の中で生まれるものであるから、人の心に平和のとりでを築かなければならない」という有名な前文

で始まる。ここには平和のとりでを築くためには、人々との他国・他文化理解が欠かせないという思いが込められている。そのための有効な手段の一つが、留学生交流である。1974年のユネスコ総会では、「国際理解、国際教育及び国際平和のための教育並びに人権及び基本的自由についての教育に関する勧告」を採択した。このとき、この勧告の表題に示されたいくつかの用語の異なる意味をまとめて、「国際教育」という簡潔な表現を用いることも決めた。

日本では、「国際理解教育」の内容は、長く「異文化理解・多文化理解」の段階に留まっていた。「国際教育」の推進を明確にしたのは、2005年の「初等中等教育における国際教育推進検討会報告」（初等中等教育局長の私的諮問機関による報告）である。そこで定義されている国際教育とは、「国際社会において、地球的視野に立って、主体的に行動するために必要と考えられる態度・能力の基礎を育成するための教育」というものである。

1996年に「**国際理解教育**」の推進を提言した中央教育審議会第一次答申は、「国際教育」を推進するために、学外の人材や組織のもつ多種多様な教育的資産を活用する必要性に言及した。留学生はこの学外の教育的資産の一つとされる。この答申を受けた翌1997年の留学生政策懇談会第一次答申には、大学等教育機関に留学生と日本人学生、そして地域との交流を促すよう求める画期的な文言が盛り込まれた。これは大学と地域との連携による留学生支援と交流活動に対する公的な奨励を意味するものであった。

### 大学と地域社会

先に「留学生」も「地域」も、歴史的に日本では大学業務の周辺領域に置かれてきたことにふれた。留学生の周辺性については、留学生が定員外の「別枠」で受け入れられていたことに端的に現れている。「別枠」で受け入れられた留学生は、関係する教職員の個人的対応に委ねられ、また、在籍大学の関知しないところで、「地域」の人々や市民組織から物質的・精神的にさまざまな支援を受けてきた。東京YWCAの「留学生の母親」運動は、1961年という早い時期に活動を開始している。また、組織的な受け入れ体制のない大学で留学生に向き合う教職員は、留学生交流に必要な情報やノウハウの交換を目的に組織を超えて連携し、1968年に「留学生問題研究会」（現NPO法人JASFA（国際教育交流協議会））を立ち上げた。

1983年に始まった「**留学生10万人計画**」によって、留学生の受け入れ数が増

加した私立大学では、学内に留学生担当部署を設置するようになり、また、1990年以降は国立大学にも「留学生センター」が設置されるようになった。しかし、その対応には二面性がある。一つは、留学生固有の課題に対して組織的に対応しようとする積極的な面と、「面倒な留学生」に関わる業務を特定部署内に押しとどめ、大学全体への影響を最小限に抑えようとする消極的な面である。特定部署で留学生に対応する方式を「出島的対応」という。出島的対応では、多様な留学生を受け入れることによってもたらされるダイナミズムは、構造的に大学全体に波及しにくい。

　こうした「留学生」と「地域」に対する大学の姿勢が二つの方向から変革を迫られるようになった。一つは「国際理解教育」の推進により、留学生が地域社会の外部資源として新たな注目を浴びるようになったこと、もう一つは大学自体に地域社会との連携を強化しなければならない事情が生じたことである。具体的には、2000年以降、大学改革の一環として導入が始まった「サービス・ラーニング」の影響がある。サービス・ラーニングは地域ニーズの解決や地域貢献活動と教育を結びつける教育方法で、1980年代にアメリカの大学で導入された教授法である。サービス・ラーニングでは、地域は生きた学びの場として重要な教育資源となる。しかし、地域からみれば、地域は学生の教育フィールドとして利用されるために存在しているわけではない。つまり、地域にもそのメリットが感じられなければ、このプログラムは成立しない。大学が本務とする教育分野で地域との関係を見直す必要に迫られたことによって、これまで周辺化してきた「地域」が新たな意味を持ち始めているのである。また、このプログラムでは、学生の自立的学びへの誘導や、問題解決のプロセスに、教員が状況に応じて教育的関与をする必要がある。この新たな動きは、留学生の地域交流への教育的関与の必要性についても、大学側の認識を変化させる可能性を示唆する。

### アメリカの事例

　とはいえ現状では、留学生と地域社会との交流に対する大学側のコミットメントは消極的な段階に留まっている。ここで世界の留学生の3分の1を受け入れているアメリカの状況に触れておきたい。アメリカには1948年に国際教育交流を促進する目的で設立されたNAFSA（国際教育者協会）という非営利団体がある。NAFSAは地域交流部会を設置して、ホストファミリーによる交流や小

中学校での交流プログラム、地域でのボランティア活動や交流行事への留学生の参加など、さまざまな交流プログラムの促進に努め、留学生と地域住民の双方がより多くのことを学び合えるプログラム作りに取り組んでいる。また、地域交流プログラムを通じて地域の人々との異文化理解を促進し、反外国人感情や排斥運動を減じることは、留学生担当者の使命の一つとされる。もちろん地域交流プログラムは、専門職として大学に採用されている留学生アドバイザーの正式な業務である（アルセン、1995＝1999）。

アメリカが留学生を受け入れる第一の理由は、「自国の学生の国際理解を深めるため」である。つまり、世界の相互依存が深まる中で、アメリカ国民が他国を理解し尊重する態度を培うことが大学教育の重要な課題であり、そのために留学生を活用すべきだと考えられているのである。したがって、キャンパスや地域でアメリカ人学生や地域住民と留学生との交流を促進することは、重要な教育活動として位置づけられている。

### 現状と課題

では、日本の現状はどうか。日本の大学では、地域交流に教育的位置づけを与えているところは少なく、また、留学生と日本人学生や地域との交流をコーディネートする仕事を留学生担当者の「業務」として位置づけているところも少ない。

2008年に「留学生30万人計画」が打ち出されたが、この実現には、留学生の住居一つとっても地域社会の協力なくしては達成できないことは明らかであろう。留学生の4人に3人は民間のアパートなどで暮らしているのである。先のサービス・ラーニング・プログラムの議論に引き付ければ、大学の都合だけで地域に協力を求めることは難しい。留学生と地域の交流活動は、片手間に行われるものから、大学にとって、留学生受け入れに対する地域社会の協力を得るための戦略的な取り組みに位置づけを変更することが必要になる。留学生の「日本社会への関心」を受け止められるような、大学システムや留学生政策の見直しが、大学の国際化を進めることになり、また地域社会における多文化共生の秩序づくりとの関わりを生みだす。留学生の地域交流にはそうした可能性が含まれているのである。

## (5) 留学生と就職

武田里子

### 留学生モデル

　留学生交流は留学する当事者だけでなく、留学生の受入国と送出国、留学生を受け入れる教育機関の理念や政策によっていくつかのパターンに分類される。日本の留学生政策は、1983年に策定された「21世紀の留学政策に関する提言」、いわゆる「留学生10万人計画」を基本的枠組みとしてきたが、留学生交流予算の9割以上がODA予算であったことを反映し、途上国支援の性格が色濃いものであった。これが、最近まで「留学生は卒業・修了後は母国へ帰国するもの」という留学生モデルに結びついてきた。

　しかし、一人ひとりの留学生の声に耳を傾けると、さまざまな動機とさまざまな将来構想のもとに日本留学を選択していることが分かる。「自国の発展に貢献するため」と答える留学生もいるが、それは建前であることが多い。本音は「専門分野でより有利なポストに就くため」「学位を取得するため」「異文化での生活体験をするため」「日本語を習得するため」「両親の期待に応えるため」など、どちらかといえば自己実現のために留学を選択している。

### 途上国支援から高度人材活用へ

　「留学生10万人計画」は、当時の留学生問題を分析する中で、「現地日系企業への留学生の就職問題」にも言及している。しかし、そこで問題にされていたのは、日系企業に現地採用される留学生と、日本の本社で採用されて派遣されてくる同等学歴の日本人との待遇格差の問題であり、留学生が卒業・修了した後に日本で就職することは想定されていなかった。

　「留学生は卒業・修了後は母国へ帰国するもの」という留学生モデルを制度的に見直す動きは、1990年の改正入管法にさかのぼることができる。この改正で、留学生は卒業・修了後に在日したまま、「留学」から「技術」や「人文知識・国際業務」などに在留資格を変更できるようになった。1990年はバブル経済の真っ最中であり、日系南米人を就労制限のない「日本人の配偶者等」や「定住者」で受け入れる制度改革も同時に行われた。この法改正で留学生が就職する件数は確かに増加したが、大きな変化ではない。90年代を通じて3000件前後で推移した。留学生の就職件数が急増するのは2000年以降である（図1）。

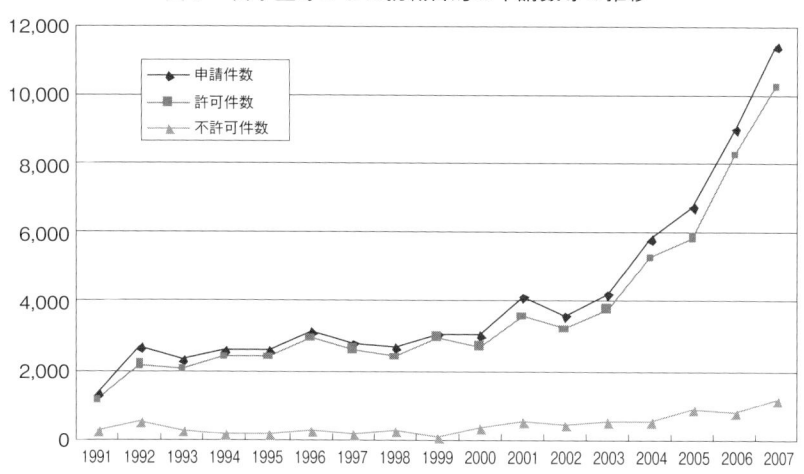

(5) 留学生と就職

図1　留学生等からの就職目的の申請数等の推移

出所：法務省入国管理局「留学生等の日本企業等への就職について」

　2005年に日本は人口減少に転じた。これに先立つ2002年、国立社会保障・人口問題研究所が発表した日本の将来人口推計によって、人口減少への社会的な関心が高まった。人口減少とは、労働力人口の減少を意味する。不足する労働人口をどのように補充するのか。この問題にいち早く動いたのが経済界だった。
　日本経団連は2004年、「外国人受入れ問題に関する提言」を発表し、その中で高度人材として留学生の活用を包括的に打ち出した。この提言では、「国際的な高度人材獲得競争の激化」と「少子化・高齢化などの経済社会構造の変化」を基本認識として、「人口減少の"埋め合わせ"としてではなく、多様性のダイナミズムを活かし、国民一人ひとりの"付加価値創造力"を高めていく、そのプロセスに外国人がもつ力を活かすために、総合的な受け入れ施策を提案」するとし、具体的な提案項目の一つに「留学生の質的向上と日本国内における就職の促進」を明記した。海外から新たに高度人材を迎え入れることも大事だが、その前に、国内にいる留学生を貴重なリソースとして活用すべきだというものである。ここでは、従来の留学生モデルの見直しが日本社会の側の必要から生じたことを確認しておく。2007年には「アジア人財資金構想」による事業が4年間のプロジェクトでスタートした。この事業は、日本企業のアジアを中心とした海外事業展開を人材面で支援するために、日本の企業に就職する意思を持ち、能力と意欲のあるアジアからの留学生に対して、専門教育から就

職支援までの一連の事業を通じて、産業界で活躍しうる専門人材の育成を目的としている。経済産業省と文部科学省が協働し、20を超える日本国内の大学等とアジア各国等の主要大学とも連携して、プロジェクトを推進する体制をとった点も注目される。

### 留学生の就職の実情

留学生等の就職の実情を2007年の法務省入国管理局のデータから確認してみよう。2007年度に卒業・修了した3万3634人(「平成19年度外国人留学生進路状況調査結果」)のうち就職のために在留資格変更の許可を受けた留学生は1万262人である。日本での就職希望者は6～7割、ある調査では8割というデータもあるので、就職者とほぼ同数、多く見積もればその1.5倍の留学生が、就職先を見つけることができなかったことになる。

図2 変更許可後の在留資格構成比率(2007年)

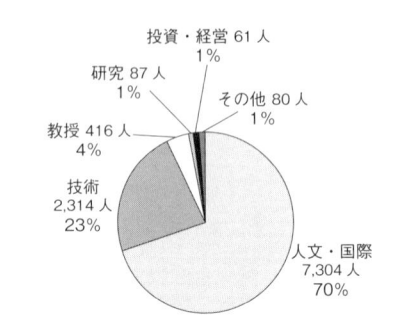

投資・経営 61人 1%
研究 87人 1%
その他 80人 1%
教授 416人 4%
技術 2,314人 23%
人文・国際 7,304人 70%

出所:法務省入国管理局「留学生等の日本企業等への就職について」

2007年に就職のための在留資格変更許可を受けた留学生の最終学歴別構成は、大学生48.1%、大学院生30.9%(修士24%・博士6.9%)、その他21%である。図2は変更許可後の在留資格構成である。「人文知識・国際業務」が全体の7割を占めている。また、人数にすればわずか61人だが、「投資・経営」を取得し、卒業・修了後に日本国内で起業している留学生もいる。「人文知識・国際業務」の資格で実際に行っている業務は、「翻訳・通訳」(33.4%)、「販売・営業」(15.3%)、「情報処理」(12.1%)、「海外業務」(6.4%)、「教育」(5.3%)などである。許可を受けた留学生の国籍別割合は、中国(台湾含む)と韓国で87%となる。

次に就職先を製造業と非製造業で分類すると、前者が3018人(29%)、後者が7244人(71%)、就職先企業の従業員数をみると、50人未満の企業が最も多く40.5%、300人未満の企業で全体の65%を占める。給与は75%が25万円未満である。また、就職先企業の所在地は都道府県別で、東京49.3%、大阪10.1%、愛知7.7%、神奈川4.6%、福岡3.0%、埼玉2.7%、兵庫2.5%、千葉2.1%、その他18.2%である。

(5) 留学生と就職

## 留学生の就職に伴う課題

　留学生を採用する企業の目的は、「**高度技術人材の確保**」「ビジネスのグローバル展開のための人材確保」「企業内の**ダイバーシティ指向**」などである。一方、企業が求める留学生の資質として重視されているのは、技術者として採用する場合は「技術力」、「**人文知識・国際業務**」で採用する場合は、業務に必要な専門知識とともに「**日本語力**」と「**適応力**」（協調性や日本文化に対する柔軟性）などである。しかし、この目的と求める人材には若干の矛盾がみられる。留学生に多様性を期待する一方で、日本語力をはじめ、日本人の考え方を理解し、日本人社員との協調を求めている点である。

　年間売上げ1.7兆円、35カ国・地域に海外拠点をもつ国内大手製造業A社で働く外国人社員の聞き取り調査の結果をみると、「数人の外国人社員を入れたところで何も変わらない」「外国人が1人だけだと、結局日本人の中に同化していく結果になる」というように、外国人社員は必ずしもその多様性を発揮できる環境にいるわけではない。A社の外国人採用担当者は、本社の外国人社員は25人で全体の0.2％に過ぎず、ダイバーシティへの取り組みといっても、社内では「もっと先にやることがあるだろう」という雰囲気で、社員の意識も含めればまだまだドメスティック企業だという。グローバル企業A社にしてこの状況であれば、留学生の多くが採用されている中小企業では、外国人社員の採用経験の蓄積が少ないだけに、さまざまな課題を抱えていると推察される。

　採用した外国人社員の多様性を活かすには、受け入れた企業も従来の制度や考え方を見直す柔軟性が求められる。多様性マネジメントには、個人主義と集団主義の文化パターンの違いなど異文化理解が求められ、コミュニケーション・スキルなども必要になる。もちろん留学生も、日本の企業の仕事の進め方や仕事上の日本語の使い方、上司や同僚との連携の仕方などを学ぶ必要がある。

　「留学生はすぐ辞める」。企業担当者からよく耳にする言葉だが、留学生はキャリア形成の一部として日本の企業で数年働くことを考えている場合が少なくない。もちろん「2〜3年のつもり」でも、仕事の満足感などによってその期間は変わる。日本人の働き方自体も大きく変わっている。留学生の採用を通じて、多様な働き方に対応できるような雇用制度や評価制度、人材養成制度などを見直していくことが、多様性ダイナミズムを引き出す上で不可欠である。

## (6) 成人の日本語教育 　　　　　　　　　　　　野山　広

　ここで述べる成人の日本語教育とは、官民どちらが主催するかは別にして、日本に在住する日本語を母語としない住民（18歳以上の勤労者か学生等、あるいは20歳以上の成人）に対する**日本語学習支援の現場**で展開されている日本語教育のことと定義しておきたい。

　この成人の日本語教育を、年齢的に分けて「18歳以上の勤労者か学生、あるいは20歳以上の成人」としたのには理由がある。日本語教育を大きく分ける場合、成人の日本語教育と年少者＝子どもの日本語教育という分け方がある。年少者の日本語教育の場合、通常、0歳児から高校の学齢までを指している場合が多い。そこで高校卒業時の18歳を一つの区切りとした。また、日本の成人は20歳なので、これを二つ目の区切りとした。

　内容や方法という観点からみた場合、学習者の大半は、その言語を使って社会人としてさまざまな言語活動ができるレベルの、いわゆる第一言語を持っている。一方、子どもの学習者の場合、来日時の年齢や母国での学校体験、日本での育った環境次第では、自分の第一言語を持っていない、あるいは十分に習得していない場合がある。それで、教育内容や方法が違ってくることとなる。留学生等を除いた成人学習者の大半は、学習内容として、主に生活に必要な日本語を学んでいるが、子どもの場合は、生活に必要な日本語以外に教科学習に必要な日本語も習得する必要がある。この習得が不十分だと、場合によっては、日本語でも母語でも抽象的な思考がほとんどできない成人となってしまう可能性が高くなる。そこで、子どもの日本語教育は、その学習者の大半はまだ第一言語を持っていないことを前提として、その子どもの来日時期や言語背景、家族・地域の言語環境等を考慮しながら、子どもの母語（第一言語）を活用した日本語教育を行う場合がある一方、成人の日本語教育の大半は、その学習者の大半が第一言語を持っていることを前提として、抽象的な内容のことも含めて、日本語で直接教える、いわゆる直接教授法で行われている。

### 日本語の位置付け

　成人の日本語教育の場合、その日本語の位置付けが、その学習者の動機・意識や学習環境、言語背景等によって変わってくる。この場合の位置付けとは、学習者にとって日本語が第一言語、第二言語、継承語、外国語、母語、それと

も国語なのか等ということである（図1参照）。

　たとえば、留学生にとっての日本語は基本的に外国語か第二言語という位置付けになるが、中国帰国者で国籍が日本の成人学習者にとっては、これまでの国籍中心主義による言語の位置付けから考えれば、国語という位置付けになってしまう。しかしながら、帰国者に対する学習支援の現場の実態から考えれば、第二言語という位置付けのほうが適切であると思われる。実際に、1970年代以降、中国帰国者に対する日本語教育は、日本における第二言語として日本語教育の現場や在り方に多大な影響を与え続けてきたものと考えられる。一方、日本で生まれ、日本語母語話者でない両親のもと、家庭内言語は日本語以外の言語、外では日本語というような言語環境の中で育って（日本国籍をとらないまま）成人を迎えたものにとって、日本語は第二言語というよりも第一言語に近い位置付けになるであろう。

図1　文化的深さおよび言語的知識の絶対値に関する相関図（筆者作成）

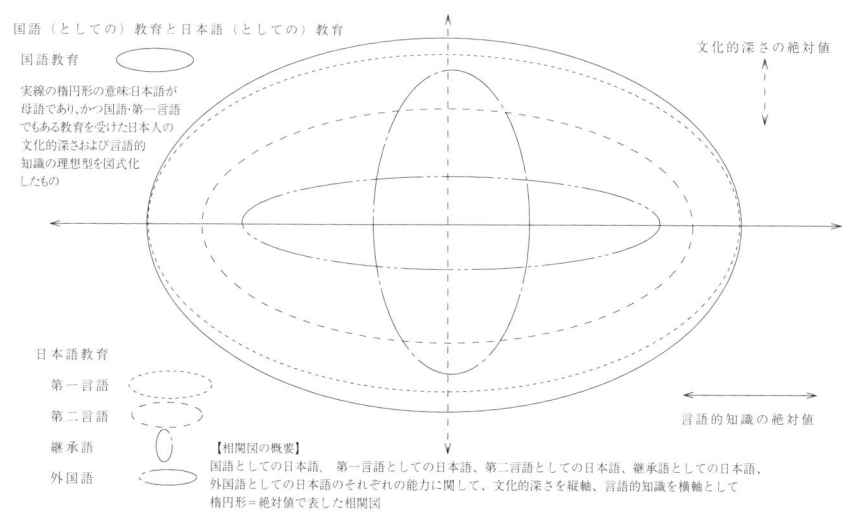

国語（としての）教育と日本語（としての）教育

国語教育
実線の楕円形の意味:日本語が母語であり、かつ国語・第一言語でもある教育を受けた日本人の文化的深さおよび言語的知識の理想型を図式化したもの

文化的深さの絶対値

日本語教育
　第一言語
　第二言語
　継承語
　外国語

言語的知識の絶対値

【相関図の概要】
国語としての日本語、第一言語としての日本語、第二言語としての日本語、継承語としての日本語、外国語としての日本語のそれぞれの能力に関して、文化的深さを縦軸、言語的知識を横軸として楕円形＝絶対値で表した相関図

## 対象者別の日本語教育

　1945年以降、日本語教育の分野で先行して実施され、発展してきたのが、留学生に対する日本語教育である。また、1970年代以降実施されてきたのが、中国帰国者や難民に対する日本語教育である。そして、1990年代以降急激に増え

てきた日系南米人や国際結婚の配偶者等の定住者・永住者に対して行ってきたのが、いわゆる「ニューカマー」に対する日本語教育である。これら以外に、識字教育を必要とする人々を対象とした日本語教育や、日本研究者や宗教布教者、ビジネスパースン等に対する特殊目的の日本語教育なども行われてきた。今後は、いよいよ、日本においても**「移民に対する日本語教育」**が必要な時代が到来するものと思われる。この移民に対する日本語教育における日本語の位置付けは、その対象者が成人の場合には、ほとんどの場合、第二言語という位置付けになってくるものと思われる。

### 成人の日本語教育の充実へ向けた政策・施策の展開

　成人の日本語教育は、1989〜1990年の出入国管理及び難民認定法（以下、入管法）の改正・施行の前後から、国・地域（自治体）を問わず、少しずつ展開され発展してきた。この状況は入管法の改正により、職業活動に従事する外国人等の在留資格が整備され、その資格者数が増え、就労活動に制限のない「定住者」という在留資格が日系三世にも付与されることになったことで、長期滞在する外国人登録者が増加したことに起因している。入管法以降の地域における日本語教育の施策の展開をみていると、こうした日本語を母語（第一言語）としない人々に対して、日本語・日本文化の理解促進や日本語を通した相互交流の場を可能なかぎり提供することの重要性について、国も自治体も徐々に認識や理解を深めてきているものと思われる。たとえば、2001年12月に「文化芸術振興基本法」（2001年法律第148号）が施行され、第19条に「外国人に対する日本語教育の充実」に関する記述がなされたことや、2007年7月に文化審議会の国語分科会に、戦後初めて日本語教育小委員会が設けられたことは、特筆に価する。この委員会の2008年2月の報告の中では、「地域における日本語教育の専門性と内容の明確化」と「コーディネーターの養成」を今後検討すべき課題として掲げている。さらに、2009年2月の報告書（案）の中では、「生活者としての外国人」に対する日本語教育の目的・目標と内容（案）として、日本語を使って「健康かつ安全に生活を送ること」「自立した生活を送ること」「相互理解を図り、社会の一員として生活を送ること」「文化的な生活を送ること」などを挙げている。そして、この目標を達成すべく、日本語教育のカリキュラム（教育・学習計画の時間割）やシラバス（教育・学習計画の指導項目）の大枠として、「健康・安全に暮らす」「住居を確保・維持する」「消費活動を行

う」「目的地に移動する」「子育て・教育を行う」「働く」「人とかかわる」「社会の一員となる」「自身を豊かにする」「情報を収集・発信する」などを掲げ、今後検討していくこととなっている。

こうした動きや、関連した施策は展開されてきたものの、残念ながら、日本ではまだ外国人に対する言語政策・施策の基盤となる理念が国のレベルでは構築されておらず、これまでの対応は、どちらかといえば、対症療法的な施策が中心であったと考えられる。

## 今後の課題と展望
―― 成人の日本語教育の充実へ向けた政策立案の必要性

多くの移民を受け入れてきた先進工業国の一つスウェーデンでは、①平等、②選択の自由、③協調という三大基本方針を1975年に打ち出し、成人移民の場合、第二言語としての（移民のための）スウェーデン語の授業を525時間受ける権利を法令に規定しており、カリキュラムは国会の承認が必要となっている。また、ドイツでは2001年の新移民法の作成以来、政府が移民のドイツ社会への社会統合に積極的に動いており、移民に対する自国語（ドイツ語）の教育のために、400億円以上の政府補助金を提供しつつ、年間900時間の移民対象の語学訓練や数十時間の生活・文化適応訓練など、多様なプログラムを提供している。

今後の課題としては、対症療法的な施策だけでなく、こうした国レベルの基本理念も含めた政策の立案はもちろん、移民社会、共生社会の構築に向けた、理念や考え方の共有化が不可欠となってこよう。また「学習者の声」を聞き育むことや、「教室の設置と運営の工夫」の充実を図るためにも、さまざまな関係者や関係機関とのつなぎ役として不可欠な「コーディネーター」の配置・維持をすることが期待される。また、そのコーディネーターが全国の関係機関で貢献できる気運が醸成できれば、やがてはこれまでなかなか打破できなかった「行政機関内外の横の連携・協力」なども可能となろう。さらに、横の連携・協力が展開・活性化すれば、移民政策の一環として、たとえば、内閣府の中に移民の受け入れや統合問題を担当する移民庁が遂に新設されたり、**移民に対する言語教育政策**の基本理念や、先進地域の試みを踏まえた日本語教育政策・施策の立案・展開も期待されよう。

第3章　ともに学ぶ

## COLUMN　留学生と入管行政

大西広之

### 日本への留学と在留資格制度

　ここでは日本の入国管理行政において、留学に関する在留資格認定はどのようになされているのか、概説してみたい。

　日本に入国し滞在するすべての日本国籍を有しない外国人は「出入国管理及び難民認定法」に定められた、27種類の「在留資格」のいずれかを取得しなければならない。日本で学校に入学することを目的とする場合、「留学」および「就学」の在留資格を付与される必要がある。

　このうち「留学」の在留資格は、日本の大学や、専修学校の専門課程、外国において12年の学校教育を修了した者に対して日本の大学に入学するための教育を行う機関、または高等専門学校において学生、生徒、聴講生等として教育を受ける活動が該当する。

### 在留資格「留学」の上陸許可基準

　「留学」の在留資格には上陸許可基準が定められ、留学生として日本に入国するためには、それに適合することが求められる。そのためには、これらの大学等から入学許可を得て教育を受けることが必要であり、専ら夜間に通学する場合や通信教育を受ける場合は除かれる。ただし、教育を受ける外国人の出席状況等を十分に管理する体制を整備している、夜間大学院に通学して教育を受けることは認められる。専ら聴講による教育を受ける研究生または聴講生として教育を受ける場合は、教育機関が行う入学選考に合格して入学し、少なくとも1週間につき10時間以上聴講しなければならない。

　専修学校の専門課程において主に日本語教育を受ける場合には、法務大臣が告示をもって定める日本語教育機関であることが条件となる。日本語教育以外を受ける場合は、法務大臣が定めた日本語教育機関で6カ月以上の日本語教育を受ける、日本語能力試験の1級または1級に合格している、または幼稚園を除く学校教育法第1条に規定する学校で1年以上の教育を受けたことがある、のいずれかが求められる。また、留学生本人が日本での生活に必要な費用をまかなえる十分な資産、奨学金その他の手段を有すること、もしくは、本人以外の者がこれらの

＊大学（4年制大学、短期大学のほか、大学院、大学の別科・専攻科・附属の研究所を含む）、水産大学校、海技大学校（分校を除く）、航海訓練所、航空大学校、海上保安大学校、海上保安学校、気象大学校、防衛大学校、防衛医科大学校、職業能力開発総合大学校、職業能力開発大学校、航空保安大学校、職業能力開発短期大学校、国立海上技術短期大学校（専修科に限る）が該当する。

費用を支弁することが必要である。

## 在留状況と在留期間の更新

「留学」の在留資格で許可される在留期間は、2年または1年であり、在留期限満了後も引き続き在留を希望する場合は、在留期間の更新や在留資格の変更を期限内に行わなければならない。在留期間の更新申請は、在留期限の2カ月前から申請することができる。ただし、在留期限を経過してしまうと不法滞在となるため、早めに申請することが望ましい。在留期間の更新が認められるには、単位取得状況が良好でなくてはならないとされ、学部等の進級の場合、取得単位数が1年あたり20単位未満の場合には、病気などのやむを得ない理由がないかぎり、在留期間の更新が許可されないことがある。留年や休学については、合理的理由なく2年以上留年または休学することは認められない。よって、合理的な理由がある場合には、真摯に勉学する意思を示すため、留学生本人や指導教授等が、書類でそれを証明することが必要である。

なお、大学院に在籍し、研究活動を行っているものの取得単位の不足、または論文の未完成を理由として所定年限内に修了することができない場合は、留年には該当しないものとして取り扱われる。

## 留学生のアルバイトとその許可

それぞれの在留資格には活動できる内容が定められており、在留資格が「留学」の場合は原則として報酬を得る活動が禁止されているため、留学生がアルバイトをするには、**資格外活動**の許可を受ける必要がある。留学生からの資格外活動の申請は、学生が通常行っている職種についてはこれを限定せず包括的に許可される。ただし、キャバレー・スナックなどの接客業、店内の照明が10ルクス以内の喫茶店・バー、麻雀・パチンコ店、ソープランド、ファッションヘルス（出張・派遣型を含む）、ストリップ劇場、ラブホテル、アダルトショップ（通信販売を含む）等の風俗営業またはインターネット上でわいせつな映像を提供する営業や、いわゆるテレホンクラブ、ツーショット・伝言ダイヤルの営業といった風俗関連営業が営まれている場所でのアルバイトは内容によらず禁止されている。

許可されるアルバイトには時間制限があり、正科生や研究生は1週につき28時間以内、聴講生（専ら聴講による教育を受ける研究生も含む）は1週につき14時間以内、大学の長期休暇中にあっては1日8時間以内であることが条件となる。

資格外活動の許可がないまま、報酬を得る活動（ただし、講演や通訳などの謝金、小説・論文の賞金などは除く）を行うと、退去強制処分といった処罰を受けたり、在留期間の更新や在留資格の変更が許可されない可能性があるため、注意することが必要である。

# 第4章 ともに働く

## (1) 在留資格と権利保障　　　　　　　　　　　　　　　　近藤　敦

　国民には在留資格というものはないが、外国人には在留資格に応じた職業選択の自由の制限がありうる。在住外国人の法的地位を理解する上では、まず、在留資格についての簡単な知識が必要になる。在留資格とは、日本が受け入れを認める外国人の活動や地位を類型化したものである。在留資格に応じて、在留期間と在留活動が定められている。在留資格については、**入管法**（出入国管理及び難民認定法）が規定している。加えて、特別永住者の地位は**入管特例法**（日本国との平和条約に基づき日本の国籍を離脱した者等の出入国管理に関する特例法）が定めている。就労制限の有無など権利保障の多岐にわたる複雑な状況は、外国人の態様に応じて三種類に類型・整理するとわかりやすい。

### 外国人の態様と権利保障

　外国人住民の権利状況の違いは、図１のいわゆる「３ゲートモデル」により説明することができる。通常、外国人は、第１に、**上陸許可**に関する入国管理のゲートを通り、正規滞在者としての一定の権利を取得する（また、非正規滞在者も事情を考慮して**在留特別許可**により、正規の在留資格を認められる場合もある。在留特別許可とは、退去強制事由に該当する外国人であっても、法務大臣が在留を特別に許可することである。国民や永住市民の家族、子どもがいる長期滞在家族などの場合に認められてきた）。第２に、一定期間の滞在の後に**永住許可**のゲートをパスして、安定した権利を取得する。第３に、人によっては、**帰化**により国民としての完全な権利を取得する。

　90日以上日本に在留する外国人は、外交官などの一部を除いて外国人登録の義務がある（外国人登録を廃止し、適法な外国人が住民登録をする法案改正が2009年の国会に提出されている）。2007年末には、外国人登録人口はおよそ215万人である。正規の在留資格を有しない外国人の多くは外国人登録をしていないので、実際の外国人人口は230万人以上と思われる。権利状況の点では、以下の

(1) 在留資格と権利保障

図1　3ゲートモデルにおける権利の段階的保障

| 非正規滞在者 | ＜ | その他の正規滞在者 | ＜ | 永住市民 | ＜ | 国民 |
|---|---|---|---|---|---|---|
| 上陸許可 | | （在留特別許可） | | 永住許可 | | 帰化 |
| 大半の市民的権利<br>（自由権・受益権・<br>包括的人権） | | 一部の居住の自由<br>一部の職業の自由<br>一部の社会権 | | ほぼ完全な居住の自由<br>ほぼ完全な職業の自由<br>ほぼ完全な社会権<br>（一部の参政権） | | 完全な居住の自由<br>完全な職業の自由<br>完全な社会権<br>完全な参政権 |

3種類の外国人住民のグループに類型・整理できる。

①「永住市民」のグループ：「就労自由」であり、外国人住民の6割強を構成している（永住市民とは、国民に近い広範囲の市民権の保障が認められるべき外国人をさす。次頁の表1では（1a）と（1b）をさすが、帰化よりも長い居住期間を必要とする日本の永住許可制度の改革を求めつつ、定住外国人の権利保障の根拠をより明確にするための概念である）。その精神的・経済的・身体的自由、受益権および社会権は、国民に準じている。一方、参政権は、一部の自治体での住民投票権を除いて、一般に制限されている。細かくみると、（1a）「永住・就労自由」のグループ（特別永住者と永住者）は、在留期間の更新が不要であるため、居住の自由がほぼ国民に近い形で保障され、在留活動に制限がないため、一定の公務員の職などを除けば、職業選択の自由が認められる。（1b）「永住類似・就労自由」のグループ（日本人の配偶者等、永住者の配偶者等および定住者）は、在留期間の更新が必要だが原則として認められ、在留活動に制限がない点で、永住類似の在留資格と言える。

②「その他の正規滞在者」のグループ：「就労制限」があり、（2a）就労を目的とする専門・技能職と、（2b）残りの在留資格からなり、外国人住民の3割強をなす。在留期間の更新が必要であり、在留資格の定める在留活動のみが許されるにすぎない。したがって、居住の自由と職業選択の自由の保障は弱く、生活保護法は、①の永住市民のグループに限って準用される点など、その社会権はかなり制限されている。

③「非正規滞在者」のグループ：「就労禁止」であり、外国人登録をしていない場合が多いので、実数の把握は困難である。なお、「不法滞在者」という用語は、刑法犯としての犯罪者をイメージしたり、基本的人権の制約が容易に正当化される意味合いをもって使われたりする弊害が指摘されることがあるので、ここでは「非正規滞在者」という国連の用語で、正規の在留資格を有しな

い外国人をさす。法務省によれば、2009年1月現在、(3a) 超過滞在者（不法残留者）が11万3072人、(3b) 非正規入国者（不法入国者）を1万5千人〜2万3千人とみて、非正規滞在者（不法滞在者）は、全体で12万8千人〜13万6千人と推計されている。外国人住民の1割に満たないこれらの人々による就労は違法とされ、摘発された場合、在留特別許可を認められないかぎり、退去強制させられる。したがって、居住の自由と職業選択の自由が、また社会権も非常に制限されるが、精神的自由・身体的自由・受益権の保障は一般に保障される。

　表1は「外交」と「公用」を除く入管法上の在留資格と特別永住者を加えた26種類の在留資格に応じた外国人登録者の人数と割合、表2は14種類の専門・技能職の内訳を示している。表3は非正規滞在者の推計である。

表1　外国人登録者の類型と在留資格に応じた人数と割合（2007年末）

| 類型 | (1) 永住市民 ||||
|---|---|---|---|---|
|  | (1a) 永住・就労自由 | (1b) 永住類似・就労自由 |||
| 在留資格 | 特別永住者 | 永住者 | 日本人の配偶者等 | 永住者の配偶者等 | 定住者 |
| 人 | 430,229 | 439,757 | 256,980 | 15,365 | 268,604 |
| % | 20.0 | 20.4 | 11.9 | 0.7 | 12.5 |

| 類型 | (2) その他の正規滞在者 ||||||
|---|---|---|---|---|---|---|
|  | (2a)専門・技能・就労制限 | (2b) 残りの在留資格・就労制限 |||||
| 在留資格 | 専門技能職（表2） | 留学 | 家族滞在 | 就学 | 研修 | 特定活動 | 文化活動 |
| 人 | 193,785 | 132,460 | 98,167 | 38,130 | 88,086 | 104,488 | 3,014 |
| % | 9.0 | 6.2 | 4.6 | 1.8 | 4.1 | 4.9 | 0.1 |

表2　専門・技能職の内訳

| 在留資格 | 人文知識・国際業務 | 技術 | 技能 | 企業内転勤 | 興業 | 教育 | 教授 |
|---|---|---|---|---|---|---|---|
| 人 | 61,763 | 44,684 | 21,261 | 16,111 | 15,728 | 9,832 | 8,436 |
| % | 2.9 | 2.1 | 1.0 | 0.7 | 0.7 | 0.5 | 0.4 |
| 在留資格 | 投資・経営 | 宗教 | 研究 | 芸術 | 報道 | 法律・会計業務 | 医療 |
| 人 | 7,916 | 4,732 | 2,276 | 448 | 279 | 145 | 174 |
| % | 0.4 | 0.2 | 0.1 | 0 | 0 | 0 | 0 |

表3　非正規滞在者の推計（2009年初）

| | 超過滞在者 | 非正規入国者 | 総数 |
|---|---|---|---|
| 人 | 110,072 | 15,000 〜 23,000 | 125,072 〜 133,072 |

## 労働関係法令の適用

　旧労働省の通達によれば、「職業安定法、労働者派遣法、労働基準法等労働関係法令は、日本国内における労働であれば、日本人であると否とを問わず、また、不法就労であると否とを問わず適用される」(1988年1月26日、基発第50号・職発第31号)。たとえば、労働基準法3条では、「使用者は、労働者の国籍、……を理由として、……労働条件について、差別的取扱をしてはならない」とある。労働組合法もすべての外国人労働者に適用され、入管法上、在留のための手続きに不可欠な在職証明書の交付を拒否する使用者の行為は、外国人が加盟する労働組合の弱体化を企図する不当労働行為に当たるとする先例（ユニットバース事件：千葉地労委命令、1999年8月27日）もある。入管法上の在留期間や在留活動の制約ゆえに、特別な判断がなされる場合もないわけではないが、基本的には、労働者としての権利は、すべての外国人労働者に保障されるべきである。ただし、**研修生**は、労働者ではないとして、こうした**労働関係法令**の適用除外がみられたので、制度改正案が現在検討されている。

　2007年に改正された雇用対策法8条により、外国人労働者に対する総合的な就労支援と雇用管理改善の措置が盛り込まれた。これにより、外国人の職業紹介の窓口が拡充され、能力開発の措置に関する法的根拠が与えられた。他方、同法28条と同施行規則1条の2および10条により、事業主は、(特別永住者、外交または公用の在留資格の者を除く)外国人の就職と離職に際して、厚生労働大臣に対し、以下の雇用状況の届出義務を負うことになった。その内容は、外国人の氏名、在留資格、在留期間、生年月日、性別、国籍、資格外活動の許可の有無、住所、事業所の名称と所在地、賃金その他の雇用状況である。これにより、(上記の特別永住者等を除く)外国人を雇用するすべての事業主は、適法に就労する資格を有するかどうかを確認する義務を有することになった。これらの外国人に関する個人情報だけが集積される在留管理の強化は、指紋情報を含む「在留カード」の導入と相まって、プライバシー権の侵害をまねくおそれが懸念されている。

## (2) 公務員という職業を選択する自由

近藤　敦

### 当然の法理

　公証人など、法律上、外国人に認められない職業もわずかながら存在する。一方、公務員に就任するうえで日本国籍が必要と定めている法律は意外と少ない。対外主権を代表する外務公務員だけが法律上、外国人に否認されている（外務公務員法7条）。また、国会議員と地方議会議員・地方の長には、国籍要件がある（公職選挙法9・10条、地方自治法18・19条）。そのうえで、首相と過半数の大臣は国会議員の中から選ばなければならないという明文上の制約があるにすぎない（憲法67条・68条）。

　しかし、従来、参政権との類似性が強調されたこともあって、選挙により選ばれるわけではない一般行政職の場合でも、**公権力の行使または公の意思の形成への参画**に携わる公務員となるには、日本国籍が必要であることは「**当然の法理**」とされてきた。当然の法理は、サンフランシスコ平和条約に伴う旧植民地出身者の公務員の日本国籍の喪失後の地位について、1953年3月23日に内閣法制局が回答した文書に最初にみられる。地方公務員については、1973年5月28日の自治省が回答した文書による。しかし、公権力の行使や公の意思形成に関与しない公務員とはどのような職なのかは不明確であり、しだいに教育職や技術職をはじめ、多くの公務員の職が外国人住民に対しても門戸を開放しつつある。

　まず、国家公務員について、1982年の国公立大学外国人教員任用法により、大学は門戸を開いた。ついで、1984年からは、医師や看護士、外勤の郵便局職員の国家公務員の職にも就くことができるようになった。一方、地方公務員については、医師や看護士などの技術職、バス運転手や造園作業員などの現業職には国籍条項をなくした。小・中・高校の教諭の道は、1984年に長野県で在日韓国人の教員採用内定が文部省の指導の結果取り消されたのを契機に、1991年の文部省の通知に基づいて、採用されても**常勤講師**にとどまっており、主任以上の管理職にはつけない問題が依然として残っている。当時の文部省事務次官は「富士山や桜の美しさを教えるには日本人の感性が必要」という、国籍と民族性を結びつけた発言をしていたようである。

(2) 公務員という職業を選択する自由

### 地方公務員の一般事務職の門戸開放の動き

　一般事務職も含め、全面的に国籍条項が撤廃された市町村は、1992年段階で約30％であった。政令指定都市では、1992年から大阪市などでは、一般事務とは別に「国際」「経営情報」などの区分を設けて、外国人の採用の道を開いた。

　1996年5月からは、政令指定都市ではじめて川崎市が消防職を除く一般事務職にも国籍条項を撤廃した。これを追認するかのように、同年11月の白川自治大臣の談話により、当然の法理の解釈は、各自治体の裁量に基づくことになった。この「川崎方式」と呼ばれるものは、「当然の法理」を前提とする「条件付き原則撤廃方式」である。そこでは、職種について、消防職を除き全職種で門戸を開放し、採用後、税の徴収処分などの「公権力の行使」にあたる職務に就かせないように配置し、「公の意思の形成」に関しては、管理職についても実務上の決済権の有無を基準に線引きをするというものであった。この方式により、全職員数の75％を開放することになったという。1997年には、神戸市が消防職を除くすべての職種で決済権をもたないスタッフ職であれば参与（局長級）までの門戸と昇任を認める方針を出した。同年、神奈川県が一般事務職、公立学校事務職を含む14職種、全職員の約73％の門戸を開放した。また、横浜市が約9割の職種にあたる消防、衛生監視を除く全職種の門戸を開放し、スタッフ職の理事（局長級）までの昇任を認めた。

　さらに、1999年に武生市では、公権力の行使などは市長に権限があり、助役までの任用が可能とする市の研究会報告を受けて、「市民理解の熟度を考慮しながら、住民自治の本旨を踏まえ、任命権者（市長）が個々に判断する」という新たな方針を打ち出した。

### 裁判所の判決の影響

　こうした公務員の国籍要件の撤廃の動きの背景には、それを求める広範な人々の声とともに、裁判所の判決の影響をみることもできる。1995年2月の**永住市民地方選挙権訴訟**の最高裁判決（1995年2月28日民集49巻2号639頁）は、「永住者等」に法律により地方選挙権を認めることは、「憲法上禁止されていない」と判示した。国民主権原理を根拠に、地方選挙権という「公の意思の形成への参画」を認めることが憲法上禁止されず、立法政策の問題として許容されているとの判断は、当然の法理の変容をせまる内容を含んでいると思われた。

このあと、川崎市が政令指定都市ではじめて、消防職を除く全職種で門戸を開放した。

その後、**東京都職員管理職受験拒否事件**の判決のゆくえが、公務員の門戸開放の動きに一定の影響を与えることになった。訴えたのは韓国籍の**特別永住者**であり、1988年に（1986年に門戸が開放された）保健婦として東京都に採用され、上司のすすめにより、1994年度および1995年度に実施された課長級の職への管理職選考試験を受験しようとしたところ、日本国籍でないことを理由に受験を拒否された。このため、受験資格の確認と損害賠償を求めて提訴した。東京地裁判決（1996年5月16日判時1566号23頁）では、外国人は**当然の法理**に基づいて「公権力の行使あるいは公の意思の形成に参画」することによって「直接的または間接的に我が国の統治作用にかかわる職務に従事する地方公務員」に就任することはできず、許容されるのは「上司の命を受けて行う補佐的・補助的な事務、もっぱら専門分野の学術的・技術的な事務等に従事する地方公務員」に限られるとして訴えをしりぞけた。

これに対し、東京高裁判決（1997年11月26日判時1639号30頁）は、公務員を統治作用直接行使公務員、統治作用間接行使公務員、補佐的技術的公務員の3種類に分け、統治作用間接行使公務員については、「職務の内容、権限と統治作用との関わり方及びその程度を個々、具体的に検討することによって、国民主権の原理に照らし」外国人の就任の可否を区別する必要があるとして、「管理職であっても、専ら専門的・技術的な分野」のスタッフ職は、「公権力を行使することなく、また、公の意思の形成に参画する蓋然性が少なく、地方公共団体の行う統治作用に関わる程度の弱い管理職も存在する」ため、管理職選考試験から外国人を一律に排除することは、憲法22条1項の職業選択の自由と同14条1項の法の下の平等に反するとした。この違憲判決を機に、すべての政令指定都市や多くの府県が公務員の国籍条項を撤廃する動きが広がった。

しかし、最高裁判決（2005年1月26日民集59巻1号128頁）では、国民主権原理から、公権力の行使または重要な施策に関する決定に参画する職務の地方公務員は、原則として日本国民の就任が想定されているとして、韓国籍の特別永住者の管理職への門戸を閉ざす行為を適法とした。この「**想定の法理**」は、当然の法理とは違い、地方公務員の管理職への外国人の任用を禁止するものではなく、一種の**許容説**の立場と解されている。国籍のみを理由に管理職の道を閉ざす手段を「人事の適正な運用」という目的のため合理的とみる多数意見より

も、目的を達成する手段としては実質的関連性を欠くという反対意見の違憲論の方が説得的に思える。最高裁判決は、「統治」という概念を広げ過ぎており、公務員が行う「行政」において国民主権原理を制約根拠としたナショナリズムに偏した憲法解釈により、公務員の門戸開放の広がりを抑える効果をもちうる。ただし、公権力行使等の職務を行う地方公務員への外国人の任用を自治体の裁量にゆだねている最高裁判決をよく読むと、やはり許容説の立場を表明しているものであり、外国人の公務員への任用と昇任は、今後の自治体の取り組みしだいである。

### 今後の課題

　地方公務員の国籍要件をすべての自治体が廃止し、管理職への任用制限も見直すとともに、国家公務員への任用制限も、必要かつ合理的な理由があるかどうかを、個別の職務内容に応じて具体的に検討し直すべきである。

　今日、多文化共生政策に取り組む自治体が、その計画や指針の中に、外国人の地方公務員への任用を重要課題と位置づけるうえで法的な制約はない。多文化共生政策の内実を豊かにするためには、今後、社会参画ないし労働参画の指標として、外国人住民の人口比に応じた公務員の就任の問題と取り組むことも必要である（1990年代後半の調査では、全国の地方公務員の0.04％が外国人職員にすぎなかったという）。また、防災訓練への外国人住民の参加も多文化共生政策の重要課題であり、消防職への外国人の任用を認める必要性も大きい。民生委員、児童委員、人権擁護委員への門戸開放も検討する必要がある。

　さらに、国は調停委員や司法委員に外国人の弁護士を推薦する弁護士会の提案について、公権力の行使等を行う公務員に該当するとの理由で任命を拒否している。しかし、その職務の性質からすれば、日本の社会制度や文化に精通し、人格識見の高い人であれば問題はなく、むしろ多様な文化的背景が調停や和解にとって有益であることを多文化共生社会における新たな当然の法理とみるべきである。また、日本学術会議の会員も国家公務員の特別職であり、従来の当然の法理から、日本国籍を必要としてきたが、学術の進歩に寄与するうえでは、国籍の壁は取り除かれる方がふさわしいように思われる。

## (3) 外国人はどのように働いているのか　　　　　　　宣　元錫

### 働く外国人は特別な存在ではない

　人間は働くことを通して、生存のための物質的な資源を得るだけではなく、社会の一員として自己の存在を確認できる。これは外国人も何ら変わらない。しかし国境を越え外国人という身分で働くことは、そう簡単なことではない。グローバリゼーションの進展により、カネ（資本）・モノ（商品）・情報は国の壁を乗り越え行きかう時代になったにもかかわらず、ヒト（人）の移動には多くの壁が依然として立ちふさがっている。言語・習慣・宗教など文化的要素が障壁になることは言うまでもないが、それに加え、仕事の取り合いをめぐるシビアな現実があるからである。

　多くの国々で外国人の就労について何らかの形で制限を設けているのは、自国労働者の雇用を守り、仕事の奪い合いのようなシビアな現実から誘発されるかもしれないコンフリクト（葛藤）を未然に防ぐためでもある。しかし、消極的な防御の姿勢だけでは、世界的な競争に勝っていくことができない。また、外国に多くの商品を売りながら外国人を排斥し続けるようでは、国際的な経済活動に支障をきたす結果を招く原因にもなりうる。外国人の受け入れと就労・雇用をめぐる問題は、各国の思惑が錯綜する難しい課題であるゆえんがここにある。日本政府は「高度人材」といわれる**「専門技術労働者」**を積極的に受け入れ、**「単純労働者」**の受け入れについては「慎重に対応する」（実質受け入れない）という基本的な政策方針を堅持している。

### 外国人の就労と在留資格

　日本で外国人が働くためには、まず、就労が可能な在留資格を取得しなければならない。在留資格は「出入国管理及び難民認定法」（以下、入管法）により27（入管特例法も含めると28）に分類されているが、就労可否を基準に見ると大きく次の3つに分けられる。

　①就労制限がない在留資格：特別永住者、永住者、日本人の配偶者、永住者の配偶者、定住者。これらの在留資格は活動目的ではなく身分に基づく在留資格であり、日本で生まれ育った在日コリアンや長期滞在が想定される日系南米人などが含まれる。しかし、就労制限がないとしても、就職の際に外国人であ

表1　日本の外国人労働者（特別永住者を除く）の推移（推計）

|  | 1990 | 1995 | 2000 | 2005 |
|---|---|---|---|---|
| 日系人 | 71,803 | 193,748 | 220,844 | 239,259 |
| 専門技術職 | 67,983 | 125,726 | 154,748 | 180,465 |
| 研修生 | 13,249 | 17,713 | 36,199 | 54,107 |
| 技能実習生など | 3,260 | 6,558 | 29,749 | 87,324 |
| 資格外活動者 | 10,935 | 32,366 | 59,435 | 96,959 |
| 不法就労者 | 106,497 | 284,744 | 219,418 | 207,299 |
| 一般永住者 | – | 17,412 | 39,154 | 113,899 |
| 合計 | 270,000+ $a$ | 670,000+ $a$ | 750,000+ $a$ | 970,000+ $a$ |

出所：井口泰「動き始めた外国人政策の改革」『ジュリスト』1350、有斐閣、2008年の表1をもとに筆者作成

ることが不利に働く場合があるなど、有形無形の障壁は依然として高いと言わざるをえない。

②在留資格の範囲で就労可能な在留資格：外交、公用、教授、芸術、宗教、報道、投資・経営、法律・会計業務、医療、研究、教育、技術、人文知識・国際業務、企業内転勤、興行、技能、特定活動。これらの在留資格は主に専門技術職がその対象となる。ただし「特定活動」は一般基準ではなく、法務大臣が個々の外国人に許可を与えた条件の範囲で就労が可能であり、研修生から移行した技能実習生がこの資格となる。

③原則就労ができない在留資格：文化活動、短期滞在、留学、就学、研修、家族滞在。これらの在留資格は原則就労不可であるが、資格外活動の許可を得れば就労が可能であり、就労を完全に禁止しているわけではない。

## 日系人と研修生・技能実習生が大半を占める

働いている外国人は在留資格のほかに、その人が有する専門的な職業能力や技術・熟練を基準に分類することもできる。また特定のグループが、他のグループと区別できる特性がある場合もある。これらを総合して日本で働いている外国人は、日系人、外国人研修生・技能実習生、資格外活動外国人、専門技術労働者、不法就労者の5つに分類できる。

日系人と外国人研修生・技能実習生については、別項で詳しく説明されているので、ここでは残りの3つのグループについて簡単に説明する。

**資格外活動**とは、「留学」や「就学」のような就労目的ではない在留資格を

表2　外国人雇用状況（%）

| 産業別 | | 事業所規模別 | | 国籍別 | | 都道府県別 | |
|---|---|---|---|---|---|---|---|
| 農林漁業 | 1.6 | 50人未満 | 39.1 | 中国 | 43.3 | 東京 | 24.4 |
| 建設業 | 1.7 | 50～99人 | 12.4 | ブラジル | 20.4 | 愛知 | 12.4 |
| 製造業 | 39.6 | 100～299人 | 19.5 | フィリピン | 8.3 | 静岡 | 6.5 |
| サービス業 | 55.4 | 300～499人 | 7.1 | 韓国 | 4.2 | 神奈川 | 5.6 |
| うち飲食・宿泊業 | 10.4 | 500～999人 | 7.5 | ペルー | 3.1 | 大阪 | 4.9 |
| うち卸・小売業 | 8.9 | 1000人以上 | 9.9 | G8他* | 8.2 | 岐阜 | 3.8 |
| その他 | 1.7 | 不明 | 4.5 | その他 | 12.4 | 埼玉 | 3.8 |

\* G8他は日本以外のG8諸国＋オーストラリア＋ニュージーランド
出所：厚生労働省「外国人雇用状況の届出状況（平成20年10月末現在）について」報道資料2009年1月16日

有する外国人が出入国管理局の許可を得て、本来の活動目的以外の活動ができる枠組みであり、現在週28時間まで働くことが認められている。就労を目的としないことや働ける時間に制限があることからそれほど注目されてこなかったが、留学生の増加とともに働く人も増え、「隠れ外国人労働者」として、その意味が増している。特に集中的に就労している都市部のサービス業（小売業と飲食店）において、大きな労働力供給源になっているのが現状である。

　**専門技術労働者**は「高度人材」と言われ、上記②の在留資格を有する外国人がこれにあたる（「特定活動」を除く）。日本政府はこのグループを積極的に受け入れようとし、なかでもIT技術者に対しては1991年以降、「技術」の在留資格の基準を緩和するとともに、外国で取得した関連資格の相互認証を通して受け入れ拡大を図っている。ところが、専門能力をもっているそれらの人々は他の国でも需要が多いために、国際的な「争奪戦」が展開されている。また年功的な賃金構造や集団で仕事をする日本企業の経営文化などが外国人になじみにくく、職場でうまく適応できないという指摘もあり、受け入れは思うほど進んでいないのが実情である。

　**不法就労**は正規の在留資格を有していない、滞在期限を過ぎて滞在しながら働いている、そして活動目的の範囲を超えて就労しているケースなどが含まれる。なかでも前者の二つのケースについて、政府は出入国管理の「秩序」を乱すとして厳しい取り締まりと強制退去を行っている。しかし一方で、労働力の供給が逼迫する業種（特に3Kと呼ばれる労働条件が劣悪な職種）で長年働き、日本で子どもが生まれ教育も受けている外国人に対しては、人道的な観点から

滞在を認めるべきだという意見も多い。

　では、日本にはこのような外国人労働者がどれくらいいるか見てみよう。外国人労働者数は外国人の出入国・在留状況から推計するのが一般的で、表１はその一例である。この表からは、①1990年から2005年の15年間、約27万人から約97万人に3.5倍以上増加している。②2005年基準で見ると、就労目的の在留資格を有する専門技術労働者は18万と少なく、８割が就労目的の在留資格ではないほかの在留資格で入国し就労している。③2000年以降、研修生・技能実習生、資格外活動など非熟練労働者の伸びが顕著である、という特徴が読み取れる。

## 外国人労働者は中小企業の大事な戦力

　次に、外国人はどのように雇用されているかを検討してみよう。外国人の雇用状況については、厚生労働省が実施する「外国人雇用状況」調査から全体像を把握できる。表２は2008年10月末現在の状況を示している。産業別には、農林漁業と建設業は少なく、**サービス業**と**製造業**が多い。事業所規模別には従業員300人未満の事業所に７割近く、なかでも50人未満の小規模事業所に４割が雇用されており、**中小企業**の労働力として意味が大きいと言えよう。国籍別には中国をはじめ、フィリピン、韓国といったアジアと、ブラジル・ペルーのような日系人が多数を占める南米からが多い。地域別分布では、東京、大阪のような大都市と、愛知、静岡のような製造業が盛んな地域に多く分布していることが分かる。

　総じて、日本の外国人労働者受け入れは、全体的に増加傾向にある中、日系人と研修生・技能実習生のような**非熟練労働者**が大半を占めている。しかし「単純労働者」は受け入れないとする政策の基本方針に基づき、これらの非熟練労働者は就労を目的としない「定住者」や「研修」のような在留資格で入国して就労する、政策（制度）とかけ離れた実態が進行している。そのために、労働者としての権利保障には十分な配慮ができず、時には人権問題に発展する例も報告されており、その是正が急がれる。また、外国人は一般的に**非正規雇用**（派遣、請負など）が多く、景気変動による雇用調整の際には同じ立場の日本人労働者より先に解雇されるのが実態である。外国人である理由だけで常に不利な立場に立たされるのであれば、それは形を変えた「差別」であり、長期的にみて社会の不安要素になりかねない。外国人であっても仕事を通じて安定した生活ができ、「自己実現」も可能な就労・雇用環境が待ち望まれる。

## (4) 日系南米人の雇用と地域社会　　　　　　　　　　　小林真生

### 日系南米人の来日の背景

　日本社会において日系南米人の増加の契機となったのは、1990年の改正出入国管理及び難民認定法施行以降、三世までと、その家族に対し「**定住者**」や「**日本人の配偶者等**」の資格が認められ、日本国内で自由に就労できるようになったことである。この法改正の理由として、表向きには親族訪問や日本文化に触れる機会の提供と政府は説明したが、隠れた意図として、「不法就労者」の入国の増加を止め、深刻な労働力不足の解消を期待した点があった。一方、日系南米人の側としても、長年にわたる南米大陸のインフレと円高が続く状況から、日本で就労することへの要請が高まったことが入国を後押しした。また、彼らは家族を伴い来日する場合が多く、地域社会との接点は多岐にわたる。

### 日系南米人増加の経緯

　上記のような状況から、日本における日系南米人の数は上昇を続け、中でもブラジル人の外国人登録者数は1985年に1955人と外国人登録者全体の0.2%に過ぎなかったものの、2007年には31万6967人と全体の14.7%を占めるようになり、中国、韓国および朝鮮に次ぐ存在となっている。彼らは東海地方および北関東などの自動車や電子機器の大規模工場の下請けとなる中小零細企業を主な勤務先としている。また、来日人口の増加に伴い、就労業種も食品加工や水産業、農業、日系人向けのサービス業等に広がりを見せている。

　そのような日系人の来日を促したものとしては、上記の経済状況とともに、人材斡旋が大規模に行われた点が挙げられる。雇用形態の概況としては、①現地における人材斡旋業者と、日本の工場や受け入れ組織との間の交渉で直接雇用される場合と、②現地の人材斡旋業者が日本の**業務請負業者**や人材派遣会社に移住者を送り、その後、個々の工場との間で契約が結ばれる場合に分けることができる。「業務請負業」とは2004年まで製造業への人材派遣が禁じられていた段階で多く「活用」されていたもので、工場の一部を借りて生産を請け負い、その業務に所属労働者を派遣する形態をとる。また、労働者が手数料を負担する上記の雇用システムではなく、個人的に業者や工場と直接契約を結ぶケースも一部に見られるようになってきている。

日系南米人集住地における当初の居住形態としては、雇用者や業務請負業者が借り上げた賃貸住宅に住むことが一般的であった。しかし、細かい生活上のルール（ゴミ出しの方法や夜間の騒音禁止等）伝達が不十分な場合が多く、地域社会との間に摩擦がしばしば生じた。また、雇用先と居住資格が直結する状態は、解雇がそのまま住宅を失うことを意味しており、特に家族で来日している日系南米人は自ら住居を探す場合も見られる。そのように比較的定住志向の強い層は周囲とのトラブルも少ない傾向がある。

### 雇用形態と地域社会との関係性

　上記のようなトラブルや日本語を通じたコミュニケーションがとれないこと（行政の多言語対応施策が不十分なことを含む）、および彼らの意思を代表する組織が形成されていないことは地域社会と日系南米人との意思疎通を妨げ、偏見等も増幅させた。しかし、それはホスト社会だけの問題ではなく、彼らの不安定で相互のコミュニケーションが生じづらい就業形態にも要因がある。具体的には、①雇用までの経緯を通じて、従来あった出身地域の連帯が解体されること、②短期間で効率的に目標金額を得ることを志向する層は、次々に条件の良い会社へと移動すること、③業務請負業者や派遣業者は自社社員を便宜的に必要なラインを持つ地域へと派遣するため、一定地域でのコミュニティ形成が難しいことなどである。

　そして、2008年に始まった不況により各企業が軒並み生産削減の方針をとる中で、非正規雇用の状態にあることが多い日系南米人は、真っ先に整理の対象となった。それは、教育をはじめとする家族の生活や居住状態をより不安定にし、地域との関係がいっそう希薄になる危険性を高めている。また、解雇に端を発したトラブル等の情報が地域に流れ、彼らを危険視する状況すらも集住地の一部で生まれており、相互理解は遠のく状況にある。

### 地域社会との分断を継続させないために

　日系南米人と地域社会との関係が、彼らの雇用状態と密接に繋がっていることを考えれば、正規雇用での就業を押し進めることは安定した関係を形成する重要な要素となる。また、外国人であることを人員調整の理由とするといった雇用者の認識を改善するためには、日ごろの交流を継続し、彼らに対する偏見を社会全体として解消する対策も求められる。

## (5) 理念との乖離(かいり)を見せる外国人研修・技能実習制度

小林真生

### 外国人研修・技能実習制度とは

「出入国管理及び難民認定法」によれば、研修とは「公私の機関により受け入れられて行う技術、技能又は知識の修得をする活動」とされており、現行の制度は1990年の改正入管法施行以降に始まった。そして、1993年からは1年間の研修を終えた者が所定の試験に合格した場合、労働者資格の技能実習生として研修を受けた機関で働くことが可能となった（1997年より最長2年間）。それにより、2007年には8万8086人の研修生、8万9033人の技能実習生が日本で生活することとなった（国際研修協力機構編『JITCO白書』2008年度版）。彼らの受け入れ先となるのは大別すると、①年間1万人強を受け入れている国によるもの、②近年、年間1万人程度の増加を見せ、8割以上が(財)**国際研修協力機構（JITCO）**が窓口となり、民間企業が受け入れ先となる民間レベルのもの、に分類できる。そして、民間の受け入れでは、研修生らを低賃金の単純労働者として扱うことや、給料の未払い、失踪、出身国の送り出し末端機関による保証金の存在等の問題が明らかとなり、アメリカの国務省人身取引監視対策室からも、度々、制度の廃止を求められるなど、国内外からの批判が高まっている。

### これまでの経緯から見る実態の変化

元来、研修生制度は1950年代後半より日本企業が海外進出する際の現地幹部職員育成を目的として始まり、技能を出身国に還元する人材育成の面からの国際貢献を理念として掲げ、行われてきた経緯がある。その認識に大きな変化が生まれたのは、前述の入管法改定以降、従来単独での研修生の受け入れが困難であり、人手不足に直面していた中小零細企業にその途が開けたことであった。その中で、彼らを単なる労働力と見る向きが強まっていったのであるが、それにいっそう拍車をかけたのは、①研修制度を技能実習制度の前段階として位置づけるシステムの成立（2007年までは民間の研修生受け入れ数の伸びに連動する形で、年間1万人程度の技能実習移行者の増加が見られた）、②従来のように一企業が人材を育成する**企業単独型**の受け入れではなく、地域の協同組合などが一括して研修生を受け入れ、その後の労働の部分はそれぞれの企業等の受け入れ先

に任せる**団体監理型**の受け入れが急増したこと、③研修生を受け入れる企業の従業員数等に関する規制が緩和され、労働力補充の目的で制度を利用する企業が増えたことの三点が挙げられる。

そのような制度上の課題は各地で見られ、筆者が以前複数の港湾都市で調査を行った際には、長年研修生を受け入れてきた関係者などが、受け入れ当初は人数も少なく日本人社員との個人的な交流もあったものの、人数が増加するにしたがい、仕事以外の場での関係が希薄になったと述べる場合が多かった。また、彼らの居住施設周辺の住民との間にも、個人あるいは受け入れ先の企業が積極的である場合を除き、緊密な関係は築かれておらず、他の外国人の事例に比べても、地域社会との接点は少ない状態に置かれていた。そして、接点の不足だけでなく、受け入れる協同組合によって、生活習慣の指導にばらつきが見られ、一部の日本人住民からは研修生らの日常生活に対する不満も聞かれた。

一方、研修生らの側からも、現行の研修内容を帰国後活用すると考えている場合は少なく、たとえば海産物の加工等を行う研修生らの多くが低所得の内陸の農村出身者であるなど、技術移転とは言い難い実態も見られた。このような指摘は従来から存在していたものの、研修生らの帰国後の就業実態についての詳細な調査が行われていないため、全体像は明らかではない。

### 現実と理念の乖離を埋めるために

現在、研修生らが多く暮らす地域においては、労働力不足は顕著な傾向であり、彼らの存在なしには経営が成立しない業種も多い。しかし、それは彼らを困難な状況に置いてよいという理由にはならない。一方、現在も日本からの技術移転を必要としている国は少なくない。そこで想定される改善点としては、労働と研修を明確に分離することである。労働力が不足する分野には、現在活用できていない人材の登用や適切な外国人労働者の受け入れなどを行い、研修に関しては、受け入れ先の審査や管理を厳格にした上で、地域社会との接点の増加等、研修生が健全な日常生活を送る中で、必要な技能等を学ぶ環境を整備することが求められる。

第4章 ともに働く

**COLUMN** 外食企業からみた外国人受け入れの現状と課題

高本耕史

「私はレストランで働くことに満足しています。ただ、『日本人』と『外国人』の働く考え方には、お互いに認め合うべき部分があると感じています」（Aさん、東南アジア出身、東京港区、六本木）

**多国籍化する外食産業**

ここ数年、日本の外食産業で働く外国人は、増加している。特に東京都港区、新宿区では韓国系、東南アジア系、中東系、インド系、アフリカ系、ブラジル系等さまざまな文化背景を持つ外国人が、大手ファストフード企業から個人オーナーのレストランまで見られるようになった。Aさんは母国の大学を出た後、日本人と結婚した。日本のレストランでアルバイトとしてキャリアをスタートし、2年前に正社員となった。現在では8名の社員と約50名のアルバイトを抱える店舗の店長を任されている。彼が働くレストランでも日本人のほかに、韓国、ブラジル、パキスタン出身者が働いている。彼は日本語だけでなく英語も話せるため、外国人も多く訪れるこのレストランでは貴重な人材である。Aさんの話によれば、ここ数年、日系ブラジル人や、妻が日本人の外国人のアルバイト応募が増えており、特に留学生の応募が増えている。独立行政法人日本学生支援機構（JASSO）が留学生5500人に行った調査によれば、約55％が外食産業で働いているとし、海外の留学生の増加に伴い、レストランなどで働く外国人も多くなってきている。

**日本人アルバイトの減少の中で**

日本の労働人口は2025年に6260万人（2005年比較で610万人減）になると予想されている。労働人口の低下が外食産業に及ぼす影響はきわめて大きく、日本人の採用難から外国人採用を検討する店舗も増加傾向にある。2006年に財団法人日本フードサービス協会が外食企業400社に行った調査によれば、外国人を雇用している外食企業は77％に上っている。外食産業に占める外国人の割合は全体で2.2％であるが、店舗によっては働く従業員の半分以上が外国人というところもある。

外食産業は**労働集約型**と言われ、アルバイトに依存したビジネスモデルである。従業員の中に占めるアルバイトの割合は9割を超え、これまでは主に日本人の学生やフリーターが中心となってきた。しかし充足率は8割程度で、学生、フリーター層の採用は依然厳しい。そのため、募集広告費は年々増加傾向にある。一方、日本人学生やフリーター不足を補うかのように外国人の応募が増えてきており、外食産業では外国人のためのアルバイト

情報誌も認知されつつある。

## 労働観のギャップ

冒頭のＡさんのように、日本語と英語が堪能で、日本人従業員と比較的うまくいっているような人はまだまだ少ない。多くの店舗では外国人を貴重な戦力として受け入れを希望する反面、日本人従業員と外国人従業員との間で、ともに働く難しさも聞かれるようになっている。Ａさんは、「働く考え方」の難しさは文化的背景によるものであると考えている。

アメリカ系レストランの別の日本人店長によれば、アメリカ人、中国人、また韓国人をアルバイトとして雇ってきたが、2年以内に辞めてしまうケースが多いという。このレストランが実施している退職者インタヴューによれば、ほとんどのケースは給与に対する不満ではなく、雇用側と外国人従業員双方にある「労働意識」のギャップによるものである。

これまで外食産業はさまざまな階層の人々を受け入れてきた業種であったが、外国人労働者の増加により、そこに「文化的背景」という意味合いが付け加えられた。ローカル、ナショナル、リージョナル、グローバルといった異なる領域の集合体としての外食産業で働く私たちは外国人に対してどのようなイメージで接し、また多様化した「労働観」をどの程度「リアル」に共有していけるだろうか。

## 外国人の受け入れに向けて

今後外国人労働者が必要になると考えられる業界では、外国人に対してだけでなく、受け入れ側のガイドラインも整備しなければならないだろう。外食産業で働く日本人と外国人の学歴はさまざまである。外国人従業員の中には、母国でも裕福な家庭の出の留学生もいれば、高等教育を受けたことのない人もいる。一方、日本人従業員も大卒だけでなく、専門学校卒や高卒、そして義務教育修了までの人もいる。さまざまな出自の人々が働く産業では、あらためて異文化理解をともに醸成していかなければならない。今後も外食産業の外国人に対する労働ニーズが増えると予想される中で、雇用側も外国人労働者を補完的関係ではなく、代替的な位置づけとして雇用し、労働需給のミスマッチを埋めなければならないのではないだろうか。グローバル化によって、モノ・カネのみならず、ヒトの国際間移動が活発になっている。日本も文化的側面からの相互理解という点に照らし合わせて、外国人の受け入れ戦略を見直し、今後は専門職の外国人だけでなく、すべての産業において「多様な人材を活かす戦略」としてのダイバーシティ・マネジメントを考えてゆく必要があるだろう。

# 第5章 ともに家庭をつくる

## (1) 国際結婚と二言語使用
（バイリンガリズム）

藤田ラウンド幸世

### はじめに

　国際結婚をすると、結婚をした当人同士は「どちら」の言語を話し、またその子どもたちは「自然に」**バイリンガル（二言語使用者）** となるのだろうか。

　国際結婚とはいえ、すべての国際結婚の当事者にとって二言語使用が必要とはかぎらない。国際結婚の当事者の二人ともが、実際には日本語母語話者であり、バイリンガルとなる必要がない場合もある。

　子どもの場合は、二言語使用の国際結婚家庭に育つからといっても、「自然に」「自動的に」二言語を「流暢に」使えるようになるわけではない。ここでは、むしろ、親や学校などの長期的な、一貫した「教育」の継続によるところが大きい。したがって、一つの家庭の中でも、大人である親の**母語（第一言語）** もしくは**母文化**が子どもとは異なることが、国際結婚家庭の特徴としてあげられる。バイリンガルは、個人が置かれる状況によって二言語の使用状況や言語の習得状況が異なるのが普通である（詳しくは第Ⅱ部第2章(2)「バイリンガル教育」参照）。

　バイリンガルは「二言語使用者」として二言語を用いる人を指し、**二言語使用**はバイリンガル個人だけではなく、家族や社会に広げて二言語併用の言語使用の状況を指す。これを**バイリンガリズム**ということもある。本稿では国際結婚を中心とした二言語使用について考えることにする。

### 言語と国籍の不一致

　日本国内で国際結婚の家庭を築く場合は、自分たちの「国」と「言語」を意識せざるをえない。それは、結婚当事者の一人の国籍が「外国籍」であるからである。

　日本社会では、結婚そのものが「国籍」により国際結婚と意識されるため、

結婚当事者の第一言語、つまり、最初に身につけ日常生活で使っている母語よりも、国籍が優先的に考えられる傾向がある。ここには、日本に生まれた在日韓国・朝鮮人や中国帰国者の二世代目以降、または、日系ブラジル人の両親のもとに生まれ、日本語を母語として身につけた人が、「**母国語は何か**」と問われた場合、国籍に規定される言語を母国語、「コリア語（韓国語・朝鮮語）」、「ポルトガル語」と言わざるを得ない状況が生まれる。母語と国籍が一致している日本国籍の日本語母語話者、つまり、マジョリティ側には、言語と国籍が一致しないことが見えにくい。だが、母語と国籍は出自にも関わる個人的な変数でもある。

　嘉本（2008）によると、「国」を中心に考えている日本の国際結婚という概念は、日本産の概念であるという。たとえば、西洋では「白人人種」を中心とし、異なる人種、宗教、信仰、文化など、また同じ国籍でも異質であると認識される社会的・文化的集団どうしの婚姻を指して「**インターマリッジ**」と呼び、普通の婚姻とは区別しているという。

## 二言語使用が必要となる家庭

　一方で、国際結婚の当事者二人が国籍と言語において異なる場合は、二言語使用が必要となるだろう。二言語のどちらを家庭内の共通語として用いるか、また子どもにはどちらの言語、もしくは両言語を用いるか、民族的な文化を継承するのか、などの決定が国際結婚当事者の親それぞれに委ねられることになる。ここからは国際結婚家庭で育つ子どもの言語使用について考えてみたい。

　ハーディング＝エッシュ＆ライリー（2006）は、「子どもが言語を習得し、また親が特定の言語を子どもに使用する頻度などを決める、身近な言語環境の大部分は、最終的には親の態度と信条によって左右される」と子どもの言語環境に関しては、明確に親の役割が重要であることを挙げている。

　国際結婚家庭の両親がそれぞれの母語で子育てをする、つまり、言語の役割分担をすることを、「**一人一言語方策**」（one person one language strategy）と言う。国際結婚家庭で、多く用いられる方法である。だが、決心をしても、日常生活の中で両親ともに継続的に実践しなければその効果はない。しかし、実践した場合は、子どもは親によって言語を使い分け、意思疎通ができるようになる。

　家庭内で一人一言語方策を意図的に行い、子どもの言語環境を作り出すことは、バイリンガル教育を家庭で行うことでもあると言える。だが、国際結婚家

庭という文脈の中でバイリンガル教育を行うことは、日本人の家庭が「早期教育」の目的で「外国語」である英語を習わせることとは意味が異なる。どのような点で違うか、考えてみよう。

事例として、筆者の国際結婚家庭を挙げよう。母が日本語母語話者・日本国籍、父が英語母語話者・イギリス国籍として、子ども二人を誕生時から一人一言語方策で、日本人の母親とは日本語で、イギリス人の父親とは英語で話をするように育てている。二言語のやり取りの方向は図1のようになる。

### 言語と文化の継承と二言語使用

一人一言語方策では、二人の親がそれぞれの母語を子どもに向けて使用することで、子どもは親の母語である二言語の「話しことば」を身につけることが目的となる。家庭という小単位の社会の中で子どもが二言語を必然的に話す環境を意図的に作りだし、親から、ときには兄弟から、言語を学ぶことになる。

たとえば、子どもが英語話者の父親に学校での一日を説明するとしよう。「部活（放課後のクラブ活動）」という日本の学校文化が反映された日本語の語彙をとっさにどう英語に置き換えたらいいかわからない場合、その子どもは辞書ではなく、その場にいる日本語母語話者の親、同じ家庭に育つ兄弟に助け舟を求めたり、もしくは、英語母語話者の親に知っている英語の語彙を使うだろう。その時に、どちらかの親がこの子どもの使いたい語彙を補えば、新しい英語の語彙の学習になる。同時に、英語話者の父親は子どもから日本の学校文化を学んでいることがここから読み取れるだろう。

一人一言語方策は、この事例の場合は、対言語の英語を家族間で保持することも示唆する。家族の中で二

図1　一人一言語方策の家庭内二言語使用図

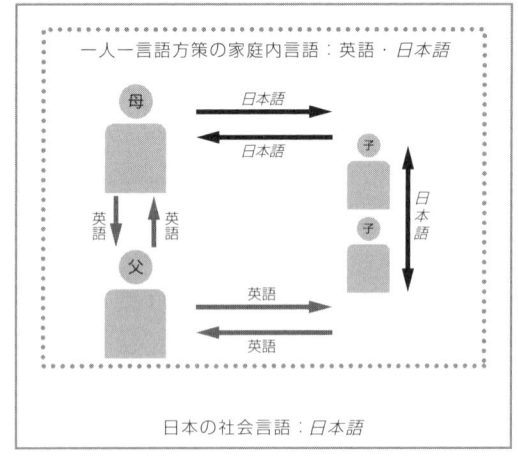

```
一人一言語方策の家庭内言語：英語・日本語

     母  ──日本語──→  子
         ←─日本語──
                        ↕ 日本語
     ↓英 ↑英           子
      語   語
     父  ──英語───→
         ←─英語───

日本の社会言語：日本語
```

出所：ハーディング＝エッシュ＆ライリーを参考に筆者作成

言語を教えたり、お互いの弱い言語を補いあったりすることができる。特に居住地の社会言語である日本語に対して、家庭内で対言語の量を増やすことができる。一方で、一人一言語方策によって、親が作り出す言語環境は、時に親が子どもに言語を強いることにもなり、子どもにとって自分が言ったことばを直されるといった、子どもと親の両者にとって試練となることもある。それでもなお、親の側が**家族としてのアイデンティティ**、**両親の言語と文化の継承**、家族のルーツの構築を意識する時に、家庭内での「話しことば」のバイリンガル教育は一つの選択となるだろう。その点で、国際結婚の二言語使用は、親から子どもに、言語と文化を伝承することにも繋がってくる。

## 多言語社会の日本の今後

　日本社会は、これまで「日本語」に民族や国家が一致している言語話者が多い社会であると考えられてきた。世界を見渡せば、二言語使用が前提となる社会は多く、国籍と母語、社会言語と家庭内言語が一致しないことは、不思議なことではない。たとえば、移民国家のアメリカを考えた場合、現実味を伴い、容易に理解できるのではないだろうか。日本でも、国際結婚家庭が増えるにつれて、職場や学校では社会言語の日本語を使用しても、家庭の中では、日本語ではない言語を家族間で用いる家族が増えることは想像に難くない。

　21世紀現在、日本人の国際結婚配偶者の出身国とその言語は、中国語、韓国・朝鮮語、フィリピン語、タイ語、英語、ポルトガル語、その他と多様性に富んでいる。しかし、**国際語**となった英語を除き、日本社会の他言語やその言語話者に対する態度や評価は、一様ではない。言語に対する社会的な態度や評価は、国際結婚家庭の子どもに対する親の**言語選択**の決定に関わる要因となる。それゆえに、今後の日本の「**国際化**」に関わる理念や、政策、あるいは教育の中における言語に対する位置づけは、国際結婚家庭を築く親の意識にも影響を及ぼすものだろう。

　日本社会が**多文化の共生**をどのように発展させるかは、自ずと**言語の多様性**へとつながり、国際結婚家庭の子どもたちの**継承言語**とも関わることになる。

## (2) 異文化間恋愛と多文化社会　　　　　　　　　　高本香織

　移動手段が発達しインターネットが普及した現在、私たちは文化の壁・国境を越えて出会いを求めることが可能になった。今後日本にますます外国人が増えれば、**異文化間恋愛**はさらに身近なものとなろう。この節では異文化間の恋愛について考えてみよう。

### 魅力に関する仮説

　まずは出会いの際に重要となる**魅力**について考えてみる。対人関係における魅力にはいくつかの仮説がある。①身体的（外見的）に好みな人に魅力を感じる、②物理的に近い距離にいて頻繁に顔を合わせる人に魅力を感じる、③自分と似ている人に魅力を感じる、④自分と違う人に魅力を感じる、などである。

　①の仮説に関しては説明はいらないであろうが、②の仮説によれば、毎日のように顔を合わせるクラスメイトや職場の同僚のほうが、遠くにいるあまり会わない人よりも魅力的に感じるとされる。遠距離恋愛が難しい理由は、この仮説によって説明されるであろう。

　興味深いのは③と④である。この二つはお互いに矛盾しているように思われる。そもそも私たちはなぜ自分と似た人に魅力を感じるのだろうか。まず、自分と似た性格、価値観、信念（宗教観・倫理観など）を持つ人とコミュニケーションをとる時には、相手の考え方や行動を予測することが容易であるという利点がある（予測可能であるため安心感がある）。また、似たような考え方を持つ人と会話すると、自分が受け入れられ認められたような良い気分になる（逆に、なんでも反対意見を述べる人との会話を想像してみよう）。その結果、自分と似た性質を持つ人とはまた会いたいと思う気持ちが強くなり、将来的にまたコミュニケーションを持とうとする。仮説②との相乗効果によってますます魅力が高まる可能性を考えても、私たちが自分と似た人間に興味を持ち、好感を抱くのは自然なことのようだ。

　しかし、私たちは自分にないものを持っている人のことを魅力的と感じることもある。たとえば性格だったり能力だったり経験だったり、自分にないものを持っている相手と人間関係を結ぶことのメリットも存在する。相手の考え方や行動は自分の予測の範囲を超えたものであるかもしれないが、しかしそれが逆に刺激的であったり、面白いと感じたりする。自分に足りない部分を持つ相

手と人間関係を結ぶことで、バランスを保つこともできる。この矛盾は私たち人間の複雑さを象徴しているのかもしれない。多くの人は目新しさ（novelty）と予測可能性（predictability）の間でバランスを求めるものなのである。

自分との違いを魅力と感じるケース（仮説④）においては、自分と違う文化の出身であるというだけで相手を魅力的だと感じる人もいる。たとえば、私も日本の学生からときどき次のような質問を受ける。「外国人と付き合ってみたい。どうしたら外国人と出会えますか」。外国人と交際してみたい理由を聞いてみると、「だってなんかかっこいい」「日本人と違って面白そう」と漠然としたものである。また、「英語が話せるようになりたい」と、交際相手が外国人であるということに大きなメリットを感じる人もいる。相手そのものに魅力を感じるというよりも、異文化間恋愛に魅力を感じているのだろう。

### 異文化間恋愛——同文化内の恋愛との違い

では、実際に文化の違いを超えて恋愛をする際、同文化内での恋愛と何が共通しており、何が違っているのだろうか。アメリカのコミュニケーション学者マーティンらの調査によれば、まず、異文化間恋愛と同文化内での恋愛について共通していたのは、「交際する理由」であった。どちらのケースにおいても、身体的・性的に魅力的と感じられる人を交際相手として選ぶのだ。違いがみられたのは「交際しない理由」であった。同文化内では「魅力不足」が理由であるのに対して、異文化では「そういう機会がない」と「異文化の人との交際を考えたこともない」ことが理由としてあげられた。また、自分と違う文化の人と交際しない理由の一つとしては、家族からの否定的な態度が影響していることがわかった。

このことから、異文化間恋愛をスタートさせるには、まず出会いの機会を設けることが必要であり、さらに、異文化間恋愛を恋愛の選択肢として意識し、周囲の人々の反対を乗り越えてゆかなくてはならないと言えるであろう。

### 文化による恋愛観の違い

それでは、恋愛にはどのような文化的な違いがあるだろうか。まずは**個人主義**（Individualism）や**集団主義**（Collectivism）といった文化的価値観の相違が恋愛関係に与える影響について考えてみよう。個人主義的価値観を持つ文化（例：米国、スイス、オーストラリアなど）においては、個人や人間関係における

プライバシーの問題を重要視する傾向にある。それとは対照的に、集団主義的価値観を持つ文化（例：マレーシア、グアテマラなど）においては、個人という概念よりも、家族や自分が属する集団内での繋がりを重んじる傾向がある。もしこの両者が人間関係を結んだ場合、個人主義的な価値観の持ち主は相手（集団主義的価値観の持ち主）のことを「おせっかいな人」、もっと極端なケースでは「個人のプライバシーを尊重できない失礼な人」と感じるかもしれない。逆に、集団主義的価値観の持ち主にとっては、相手のことを「協調性のないわがままな人」、もしくは「冷たい人」と感じるかもしれない。このように、文化的価値観が恋愛相手に対する感じ方（perception）に影響を与えることがある（ちなみに日本は、個人主義と集団主義の中間に位置し、おおむね欧米諸国よりは集団主義より、他のアジア・南米諸国よりは個人主義よりの位置にある）。

　また、人々が「恋愛に何を求めるか」においても、これら文化的価値観が影響することも指摘されている。ある調査によれば、個人主義的な人々が恋愛において「**情熱的な愛**（passionate love）」を求める傾向にあるのに対し、集団主義的な人々は「**友愛**（companionate love）」に価値を置く傾向があることがわかった。恋愛に情熱的な愛を求める個人主義的な人々にとって、「恋に落ちる（falling in love）」ことは、恋愛の必要条件である。これに対して、集団主義的な文化においては、必ずしも強い恋愛感情は必要とされず、交際を始めたり結婚をしたりしてから、ゆっくり愛情を育てるというケースもある。たとえばお見合い結婚が主流な文化（例：インドなど）では、相手の個人的魅力よりも、その人の社会的背景（出自、教育レベル、職業、家族間の繋がりなど）が重要とされることもある。

　ある研究結果によれば、より個人主義的な人々のほうが、「愛情が少ない」「関心・気遣いが少ない」「信頼が低い」「身体的魅力が少ない」といった問題を経験する傾向にあり、これらの問題は集団主義的な文化においてはあまりみられないという。これは、個人主義的な文化では、安定した穏やかな愛よりも情熱的でロマンティックな愛を求めることに起因しているのかもしれない。

### 異文化間恋愛とコミュニケーション

　次に、ハイ・コンテキスト（High-context）とロー・コンテキスト（Low-context）という二種類のコミュニケーション・スタイルが恋愛に与える影響について考えてみよう。

(2) 異文化間恋愛と多文化社会

ハイ・コンテキスト・コミュニケーション（HCC）とは、発せられた言葉そのものよりも、前後の文脈やコミュニケーションに関わる人・物・状況などに真に伝えたいこと（メッセージ）が隠されているコミュニケーションのことである。メッセージの受け手側が「察し」や「気遣い」をもって意味を読み取るコミュニケーション・スタイルのことで、メッセージは間接的に曖昧にやり取りされる。最近日本で流行した言葉に「KY」というのがあったが、KY（空気が読めない）とはまさにこのHCCができない人のことであり、このことからも日本において、いかにコンテキストを敏感に読み取って他者とのコミュニケーションを円滑に行うことが大切かがわかる。これとは対照的に、ロー・コンテキスト・コミュニケーション（LCC）においては、言葉がすべてを語る。メッセージの送り手は伝えたいことを言葉を使って直接的に表現し、受け取り手もその言葉を直接的に解釈する。

恋愛においてもこの文化の差が影響すると考えられる。たとえば、アメリカ人などのLCCの人々が"I love you." "I miss you."と直接的に自分の気持ちを表現するのに対して、日本人などのHCCの人々は、直接的な言葉よりも相手に対する行動で気持ちを表現しようとする。このようなコミュニケーション・スタイルの違いが恋愛において誤解やすれ違いを生んでしまうかもしれない。大切なことは、相手の文化の価値観や行動規範を理解しようとお互いに努力し、常に話し合いをしながら意思疎通を図っていくことであろう。

### 異文化間恋愛の問題

アメリカでの調査によれば、人種・民族の壁を超えた恋愛については、恋愛だけなら寛容な態度を示しても、そこから結婚となると話は別で、受け入れられ難いこともわかっている。恋愛の先に結婚があるとするならば、異文化恋愛の場合は否定的な**ステレオタイプ・偏見・差別**などの同文化内での恋愛とはまた違った種類の問題を乗り越えなくてはならないかもしれない。

また、異文化間恋愛には制度上の問題なども出てくる可能性がある（たとえば、ビザ、仕事、住居の確保など）。結婚することによって乗り越えられる問題もあるが、たとえば合法的に結婚が認められない**同性愛**カップルにとっては特に深刻であろう。このようないわゆるマイノリティの人々が置かれた状況に対して、日本の移民政策が今後どのような配慮をしていくのか気になるところである。

## (3) 在日コリアン同士のお見合い　　　　　　　　　李　仁子(イ　インジャ)

### 在日同士の結婚の変遷

　今日、在日コリアン（以下「在日」）の結婚相手が日本人であるケースは89％であるとする最新の統計データがある。筆者が行ってきた在日社会のフィールドワークでも、おおよそそのくらいであろうと見積もられる。1割程度の人しか**在日同士の結婚**を選択していない現状は、昔の在日一世たちには想像すらできないことであろう。というのも、在日が日本に住むようになった初期の頃は、生活の都合上から互いに集まって住み、周囲の日本人とは没交渉のまま過ごすことが多かったため、結婚相手も自ずと在日同士の輪の中で（もしくは身近な在日の紹介で）選ぶことが当たり前であった。当時は、ある意味、贅沢な選び方ができていたようで、相手の職業や祖国での出身地を問題にしたり、お互いの干支(えと)の相性を云々したりすることも、ごく当たり前に行われていたという。

　しかし、時がたつにつれ、在日の内部にも多様性が生まれ、集住傾向が弱まってきたり、結婚などに関する意識が変化してきた。それはすなわち、そもそも身近な在日が見つけにくくなるということ、たとえ相応しい人を見つけたとしても、相手は在日同士の結婚をさほど望んでいない場合もあるということを意味する。こうした状況の変化に対応して、在日同士を結びつけるお見合いのプロ（職業的なお見合い仲介者）が生まれてきた。たいていは地元の世話焼きな人がプロ化したのだと考えられるが、民族団体が用意した紹介所もある。彼女ら（女性がほとんど）は、たいていの場合、適齢期にある男女の親たちと同世代であり、双方の親たちから頼まれて、自らの保守的かつ良妻賢母的な規範に照らし合わせながら、相手をみつくろい、お見合いを準備していた。そうしたプロや紹介所の活躍もあって、在日同士の結婚と言えば、**お見合いによるもの**というのが常識になっていった。

　1990年代からはさらなる変化が生じてきた。日本社会における女性の社会進出や**晩婚化**が広い層で進み、日本の若者の一人として育った在日女性も、その波に乗るようになった。彼女らは従来の保守的なお見合いが女性に不利な構造を持っていることに不満を持っていた。また、日本人との結婚にためらいを感じない世代も台頭しはじめ、従来のお見合いなどをはじめから必要としない若い人が増えてきた。さらにその時期、インターネットや携帯電話が普及しはじ

(3) 在日コリアン同士のお見合い

め、これまでお見合いに頼っていた人たちも、新たな情報ツールを武器に、自分たちの力で結婚相手を見つけるようになった。在日のお見合いネットワークのハブ的役割を果たしてきたプロは、本人の高齢化もあって徐々に姿を消しつつあり、代わりに個人と個人の自由な出会いを用意するだけのネット・サービスや事業体が登録者数を増やしてきている。

## なぜ在日同士での結婚を望むのか

 それにしても、なぜ在日同士で結婚したいという願いが分け持たれてきたのだろうか。それにはさまざまな理由が考えられるが、大きな理由の一つは、在日に対する差別の存在である。在日だというだけでいわれなき差別を受けたり、就職や結婚においてあからさまな差別をされたりした体験、もしくはそうした体験談は、差別とは無縁な、在日同士での結婚をしたいと思わせるに十分なものであった。在日同士の結婚をした親世代の「年齢を重ねると、同じ民族同士でよかったと思う」といった語りも、差別への恐れとあいまって、結婚経験のない若い世代には訴えるものがあっただろう。

 しかし、差別への恐れや反発だけかと言えば、そうではない。在日側の強いこだわりも重要である。自らの民族に対する誇りを失わずに子々孫々まで守っていきたいという願いや、いにしえより連綿と続く系譜的つながり（族譜という分厚い本に記載されている）を今後も維持・継続させたいというこだわりから、同じ願いやこだわりを持つ在日と結婚させたい／結婚したいと願う。あるいは、親戚や在日社会における自分の「面子」を立たせるため、子どもを在日と結婚させたいという人もいるが、それとて民族性への強いこだわりの現れであろう。こだわりを持った親世代は、また、子どもが幼い時分から日本人と結婚してはならない、結婚相手は在日に限るといったようなことを何度も言って聞かせる。そうした戒めを聞いた子どもたちが、それを民族教育や被差別体験と結びつけながら成長すれば、適齢期を迎えたときに在日との結婚を望んだとしても、それはむしろ自然なことだろう。しかし、在日が日本に住み始めて百年近くが過ぎる間に、日本社会も変わり、在日社会も変わってきた。人々の意識や考え方も多様化し、強いこだわりを持った在日はむしろ少数派になろうとしている。冒頭の数字はその証拠の一つなのである。

145

## (4) 日本人男性をパートナーとする移住女性と法制度

徐　阿貴(ソ　アキ)

### 日本人男性と移住女性のカップル増加

　1970年代末よりおもにアジア地域出身のいわゆる「ニューカマー」が増加した。そのうち女性は当初より相当な割合を占め、日本人男性と婚姻ないし親密な関係を結んだり、日本人男性との間に生まれた子どもを育てるシングルマザーも増えている。2006年の統計では、婚姻件数の6％以上が夫婦のどちらかが外国籍であり、うち夫が日本籍・妻が外国籍というパターンは約8割を占める。また日本における全出生数の1.3％が母が外国籍・父が日本籍である子どもであるのに対し、逆のパターンは0.9％である（厚生労働省人口動態統計）。

　移住女性はパートナー関係が破綻した場合、日本人女性以上にダメージを被りやすい。日本の法制度に関する知識や社会関係の不足、言語文化的な障壁といった問題もある。しかし移住女性の立場の弱さは、なによりも日本における法的地位の不安定さにある。移住女性の法的地位は、日本人男性との関係によってしか保証されえないという圧倒的な非対称の権力関係によって規定されている。パートナー関係が良好な時は問題が潜在化しているにすぎない。

### 日本に住む権利——在留資格の問題

　法律婚の場合、移住女性は「日本人の配偶者等」という**在留資格**であることが多い。「日本人の配偶者等」は婚姻中であれば自動的に継続されるのではなく、3年または1年という期間の定めがある。更新手続きには日本人配偶者の協力が不可欠であり、法的な婚姻関係の継続だけではなく、偽装結婚の防止のため、共同生活など、夫婦としての「実質」を伴っているかどうかが審査される。夫による一方的な遺棄(いき)や婚姻外関係、暴力など、女性の側に落ち度がなく別居に至った場合であっても、移住女性は「日本人の配偶者」にふさわしい「活動」をしていないとみなされ、日本での法的地位が揺らぐ。このような法的しくみは、日本人夫と外国人妻の間に不平等な関係を生み出しやすい。日本人夫が意図的に手続きに協力せず、妻がオーバーステイになっていることも少なくない。また、移住女性は出身国での生活基盤を失っていることが多いが、離婚した場合は「定住者」などのより安定した資格に変更していないかぎり、

日本に合法的に滞在することが難しくなる。

　日本人男性の子どもを養育している場合は、1996年の法務省通達により、オーバーステイの移住女性でも「定住者」という在留資格を得る道が開かれた。とはいえ、「日本人男性の実子の母であり養育者であること」が資格付与の根拠である以上、**移住女性の法的地位が日本人男性に依存する状況**は変わらない。移住女性に開かれた労働分野が性産業以外ではきわめて限られている現状では、移住女性が妊娠・出産・家事・介護という**ジェンダー役割**により拘束されることにもなりかねない。

## 移住女性へのドメスティック・バイオレンス

　移住女性の法的地位の不安定さは、**ドメスティック・バイオレンス**（配偶者あるいは恋人など親密な関係における暴力、DVと略す）による被害状況や救済措置にも影響している。外国籍女性が受ける暴力には、日本人女性が受ける暴力と共通する部分もあるが、日本人男性が移住女性の不安定な法的地位を利用した暴力がある。すでに見たように、「日本人の配偶者」という在留資格は日本人夫との関係に大きく依存している。このため外国籍妻は夫から暴力をふるわれても、在留資格を失うことを恐れて我慢し、周囲や公的機関に助けを求めないことが多い。事実婚でオーバーステイの女性の場合、警察に助けを求めることでオーバーステイであることが発覚、入管法違反で逮捕され強制退去となることを恐れる。

　DVは女性に対する深刻な人権侵害であり、被害者は日本国籍の有無や法的地位にかかわらず救済されるべきである。2001年に成立したDV防止法にはもともと国籍条項がなく移住女性にも適用されうるが、改正DV防止法（2004年）では、被害者の国籍を問わず人権を尊重し安全確保や秘密保持に配慮するという規定が盛り込まれ、外国籍女性が置かれている特殊な状況への配慮が明確になった。運用面でも、2003年の法務省通知により、外国籍のDV被害者の公的施設での保護については入管への通報義務を優先しなくてもよいとされるなど、改善が見られる。

　外国人政策と女性政策の両方において、移住女性の問題は死角となりやすい。移住女性の視点を政策に取り入れ、実態調査により問題の本質を明らかにし、彼女たちの人権を守るシステムが整備されるべきである。

## (5) グローバル化の下の国際離婚

賽漢卓娜
<sub>サイハンジュナ</sub>

### 国際離婚とは

　国際離婚とは、日本では国籍を基準として日本人と日本国籍を持たない外国人ないし外国人同士が婚姻したが、何らかの理由で婚姻を解消することを指すことが多い。この節では、日本人と外国人の国際離婚を中心に検討する。

　日本で使用される「国際結婚」や「国際離婚」という用語には、欧米のように、文化、宗教、人種、エスニシティなどの異質性や多様性が表現されておらず、国籍のみが重要視されている。それは民族、文化、宗教において比較的単一である日本特有の事情が背景にある。しかし、現状の日本ではそうした要素を無視できるほど影響が小さいということではない。また、帰化して日本国籍を取得したケースでも、異質性や多様性に配慮すべき場合があって、この場合も国際離婚の範疇であると考えられる。国際離婚では、文化等の異質性や多様性の要素を踏まえないと、正確な理解ができないことに注意が必要である。

### 日本における国際結婚・国際離婚の現状

　グローバル化の下で国際結婚の数は急速に増加してきており、日本人同士の結婚よりも、風俗、慣習、言語の違い等から結婚生活が困難に直面しやすいため、離婚率が高い。2007年でみると、日本の婚姻総数71万9822組のうち国際結婚が4万272組（5.6％）であり、離婚総数25万4832組のうち国際離婚が1万8220組（7.1％）である。結婚と離婚は時期がずれるので単純比較はできないが、日本人同士の結婚離婚の総数比は35％、国際結婚・国際離婚の比は45％である。しかも、日本人と結婚した後、外国人側が日本国籍に帰化するケースもあり、その後離婚に至った場合には日本人同士の離婚とカウントされることなどからみて、実質的な意味での国際離婚はより多い。

### 制度的な問題点

　離婚は、二人の個人のプライベートな関係の終了であり、それまでの結婚生活の清算に着目しがちであるが、離婚後の自立や子どもなどの今後の関係の構築が含まれている。そしてその処理には当事者が関連する各国の制度の違いがあり、さまざまな問題が生じる。いくつかの局面を簡単に例示すると次のとお

りである。
　①裁判等の手続を行う国（国際裁判管轄）：当事者に離婚に関して争いがない場合には、日本の市町村役場で離婚手続をすることができるが、裁判で離婚する場合には、どこの国で裁判手続ができるかという問題がある。国際裁判管轄について日本法上の規定がなく、相手方の住所が日本にない場合、日本で裁判ができないこともあり得る。このようになると、外国で弁護士を雇い、手続や法律に関して現地の言語での対応を迫られ、加えて移動や通訳等のコストがかかるなど困難も多い。
　②離婚手続に適用される法律（準拠法）：離婚は国によって法律が違っており、極端な場合、離婚を認めない国もある。まず、どの国の法律が適用されるかを決めなければならない。日本における国際離婚では、外国人同士の夫婦の本国が同一であれば本国法、夫婦の常居所が同一であれば常居所地の法律、そうでない場合は夫婦に最も密接な関係のある地の法律という順で適用する。ただし夫婦の一方が日本に常居所のある日本人の場合は、日本の法律が適用されるから、日本国内で日本人のかかわるケースでは日本法に基づくことになる。
　③各国間の法律の衝突：日本では、本人の意思で日本国内の市町村の役場に届け出をして協議離婚手続をすることができ、国際離婚でも同様である。ただ、裁判所が関与せずに離婚ができない国も多く、外国人側の本国で日本の協議離婚などでは効力が認められない場合もある。
　④子どもの奪い合い：国際離婚で最も多く挙げられる問題として、子どもの奪い合いと子どもの出国問題がある。日本人が外国で暮らしていて現地で離婚をした場合、親権にかかわらず、元配偶者の同意がないと出国できなかったり、極端な場合には誘拐罪で訴えられたりすることもありえる。逆に、外国人配偶者によって子どもが日本から海外に連れ去られるケースでは、日本からの出国を止めることはできない。そしていったん出国してしまうと、「国際的な子の奪取に民事面に関する条約」に日本が未批准等の事情があり、日本の手続の効力は外国に及ばず、子どもの取り戻しは困難である。日本と異なり離婚後も共同親権だったり、宗教等の理由で父親側の親権が強かったりする国も存在し、親権者の指定において考え方が対立することもある。
　⑤日本での生活の確保（在留資格）：日本で生活する外国人の場合、多くは

「日本人の配偶者」という在留資格で生活しているが、離婚に伴って在留資格を失い、日本での生活の基盤さえなくす結果に繋がる。他の在留資格の該当性がある場合を除けば、離婚後外国人が在留できるのは、日本人の子を育てる親等に付与される「定住者」と、日本人と結婚して3年以上経過した時に認められる可能性がある「永住者」などの在留資格が得られた場合のみである。そして本国に帰ってしまうと、面接交渉にも養育費の支払いにも支障が生じる。

### 国際離婚の困難性と離婚理由

　国際離婚が日本人同士の離婚と大きく異なるのは、前述のとおり手続が常に煩雑で難解なことである。国際離婚に至る理由はさまざまであるが、日本人同士の離婚とは変わらず、結婚生活が時を重ねるうちに、愛情消失、浮気、性格不一致、価値観のずれ、配偶者からの暴力、浪費や経済的破綻などが生じてくる。国際離婚の場合には、これらに、国と国との関係、文化、宗教、民族や出身地との距離などによってさらなる特殊性が絡み合う。特徴的な点をいくつか挙げる。

①結婚相手の不透明さ：国際結婚の相手のバックグランドが見えにくく、結婚後生活基盤をおく相手の国の社会慣習や相手の人柄が重要となる。肝心な結婚後の生活設計や互いの結婚観について、十分に話し合えずにずれたままであることも少なくない。

②文化の違い：たとえば、日本に移住した外国人女性は、日本社会でキャリア志向が実現できないことや、日本的「嫁」を求められて嫁姑関係で挫折することで離婚に至る場合がある。ジェンダーにおける意識の違いにより、海外へ移住した日本人女性が自立せずに、夫に依存することが夫婦葛藤の原因になる場合もある。

③異文化意識の希薄さ：外国人女性と結婚した日本人男性は、日本の文化や風土、社会慣習とまったく別の環境で育った外国人と人生をともにするという自覚が乏しく、外国人側に同化を求める傾向が多くのケースでうかがえる。また、仕事中心で家族を省みなかったり、相手の文化的行事に無理解だったりすると夫婦間に亀裂が生じてしまう。

④家庭内暴力（DV）の発生：女性が外国で生活する場合には、海外に移住し始めた途端に無力な存在になりがちである。暴力性を内包する夫は、妻

の弱い立場を見抜いて DV 夫に変貌してしまう。

⑤社会支援の欠如：外国人側は夫婦関係の悩みについて相談できる親族や友人がいないケースも少なくない。諸外国ではマリッジ・カウンセリングの介入が勧められ、欧米では国際結婚のカウンセリングも存在している。しかし、日本では、結婚、特に国際結婚のカウンセリングを手がける機関がきわめて少ない。また、周囲から国際結婚カップルは特殊な存在と見なされ、結局誰にも相談できなくて、当事者は「絶対的孤独」を味わうことになる。

⑥仲介業の働き：日本人男性の結婚難などの社会問題を契機として、国際結婚紹介所の活動は活発である。しかし、紹介所からは正確な情報が与えられず夫婦が意思疎通も不十分で短期間で結婚に至るため、互いの事情を理解しあえていないうえ、一方が優越意識を持ち相手をパートナーとしてみる意識が薄いことが多い。

## 国際離婚を乗り越えて

離婚は婚姻期間の長短を問わず、職業や生活場所の変更などの物理面、またパートナーとの生活感の違いや思考などの精神面のずれにおいても、大きな試練を与えることになる。特に国際離婚は、手続の煩雑さ・困難さや文化・宗教等の異質性・多様性など内包する問題は多い。婚姻以前、婚姻期間、離婚手続期間、離婚後の各段階において、パートナー間の相互理解、親族関係における受容性の醸成、多文化理解や結婚して来日した外国人の定着を促す社会整備が求められている。自立を容易にするためにも離婚手続や子どもの監護に関する条約等での国際的な視点からの制度の整備が望まれる。また、国際離婚は当事者のみに起因していないにもかかわらず、離婚に至った当事者は孤立し、一人で問題を背負い込んでしまう恐れもあるから、社会は情報や生活場所、子どもの養育等精神的、経済的側面で社会支援が不可欠である。結婚前のもともと生活していた社会から離れている側には、その要請は強い。本人が国際離婚を乗り越えられてはじめて、子どもが誇りを持って父母両方の文化を継承することが可能になる。

# 第6章 ともに住まう

## (1) 外国人の住まいの実情

稲葉佳子

### 外国人はどのような住宅に住んでいるのか

　日本で暮らす外国人の多くは賃貸住宅に住んでいる。国勢調査によると、外国人が住んでいる住宅の種類は、「民営の借家」がもっとも多く5割に達する。他にも「公営の借家」「都市機構・公社の借家」「給与住宅」「間借り」「住宅以外」がある。一方「持ち家」は1.5割にすぎない。

表1　外国人の住宅の種類（外国人のみの一般世帯）

|  | 持ち家 | 民営の借家 | 公営の借家 | 都市機構・公社の借家 | 給与住宅 | 間借り | 住宅以外 | 総数 |
|---|---|---|---|---|---|---|---|---|
| 世帯数 | 104,839 | 333,298 | 38,886 | 25,050 | 46,517 | 38,116 | 86,424 | 673,130 |
| 割合 | 15.6% | 49.5% | 5.8% | 3.7% | 6.9% | 5.7% | 12.8% | 100.0% |

出所：国勢調査2005年

　外国人の職業や立場はさまざまであるが、次にあげる外国人の住まいは、現状ではある程度パターン化されている。留学生のうち全体の1/4は学校や公益法人による留学生宿舎や学生寮に住んでいるが、残りの3/4は民間宿舎や賃貸住宅等に住んでいる。外国人研修生・技能実習生は受け入れ先の企業等が宿舎を用意することになっており、実態としては民間賃貸住宅等を借り上げて宿舎としている例が多い。人材派遣会社で働く日系人等は、派遣会社が用意した宿舎に暮らす人、自ら民間賃貸住宅や公営住宅・都市機構の賃貸住宅を借りる人、数は少ないが持ち家を購入する人も現れている。インドシナ難民・中国帰国者と呼び寄せ家族は、主に公営住宅や民間賃貸住宅に居住している人が多い。上記の外国人は、学校や職場の近くに住まいを求める傾向が強い。
　一方、近年増えてきた外国人IT技術者の場合は、一般の民間賃貸住宅以外に、単身者ならばマンスリー・マンション、家族世帯ならば都市機構の賃貸住

宅に住まう人がみられる。家族世帯の場合は、子どもの学校と通勤の利便性を重視しているようだ。その他の外国人では、やはり民間賃貸住宅が多いだろう。ただし数カ月程度の中期滞在者ならば、保証人不要で、かつ一時預かり金のみで入居できるゲストハウスやマンスリー・マンションという選択もある。

## 民間賃貸住宅と入居差別

ニューカマーの外国人にとって、もっとも一般的な住まいは民間賃貸住宅であるが、実際には、不動産業者や家主から入居を敬遠される**入居差別**の問題に直面している。いまや区民の10人に1人が外国人となっている東京都新宿区の「新宿区における外国籍住民との共生に関する調査」（(財)新宿文化・国際交流財団、2004年）では、住宅を探すときに「外国人だからと断られた」という回答が4割を超えた。その主な原因としては、不動産業者や家主が外国人に部屋を貸してトラブルを経験したからと考えられるが、現実には、外国人に貸すのは何となく不安だという漠然とした理由で敬遠する例も少なくない。なかには日本での在住歴も長く日本語を話し、保証人や年収などすべての条件を満たしているにもかかわらず「外国人だから」という理由だけで断られることもあり、入居差別は外国人の居住権保障に関わる大きな問題となっている。

外国人の民間賃貸住宅入居が難しいもうひとつの理由は、部屋を借りるときに必要となる**保証人**である。特に外国人に対しては、入居後のトラブルを懸念して、家主が「日本人の保証人」を要求するケースが多いため、外国人にとっては保証人探しが困難だった。しかし近年は、保証人の代わりに**家賃債務保証会社**（入居者が入居時に一定額を支払うと、会社が家主に対して滞納した家賃の債務保証を行う）を利用する仕組みも生まれているので、保証人問題によるハードルは、以前に比較すると低くなっている。

不動産業者や家主が懸念する入居後の主なトラブルは、生活習慣や母国の賃貸借契約等との違いから発生する問題で、ゴミの捨て方、夜間の話し声やパーティなどの生活騒音、契約者以外の人との同居や家主に無断で他人に貸してしまう転貸などである。しかし日本と外国では賃貸借契約や生活ルールの常識が異なるので、トラブル発生の原因は、一概に外国人側にあるとは言えない。これらのトラブルは、国籍や出身地域の違いにかかわらずほぼ共通しているので、入居時に丁寧に説明すれば回避できる内容が多いのだが、現実には、不動産業者や家主の多くは外国人への賃貸経験が浅く、適切に対応できていない。その

結果、なかなか入居差別が解消されないのである。

## 外国人が集住する団地の発生

　公営住宅や都市機構の賃貸住宅に入居する外国人が増えている。公営・公的住宅ならば、入居条件を満たせば日本人と同等に申し込めるので、民間賃貸住宅のような入居差別の心配もなく、礼金・仲介手数料・更新料も不要で経済的だからである。公営・公的住宅の外国人居住では、たまたま特定の団地に外国人が数世帯入居すると、それが呼び水となって、次々と同じ出身地域の外国人が増え、**外国人集住団地**が生まれる現象が起きやすい。ニューカマーが集住する団地としては、「日系人集住型」「インドシナ出身者集住型」「中国人集住型」「ミックス型」等がある。ここでは、日系人を例に、なぜ集住が起きるのかを説明しよう。

　日系人にとって人材派遣会社の宿舎での生活は、仕事と住まいがセットになっているため、「自由に転職できない」「仕事を失うと住宅も失う」という問題がある。しかし、自ら部屋を借りたくても民間賃貸住宅には入居差別がある。そこで彼らは、家賃の安い公営・公的住宅への入居を希望する。一方、高度経済成長期に建設された団地のなかには、郊外部にあり立地も悪く、建物・設備も老朽化して、恒常的に空室が発生している団地がある。特に大規模団地であれば空室の発生率が高いので、申し込みをすれば容易に入居できる。自分たちの職場に近く入居しやすい団地、同国人の多い団地の情報は、同胞間に拡がり申込者が急増する。最近はマイカーを持っている人も多いので、車で30分程度であれば通勤圏内と言える。外国人の入居率が高まると、日本人が申し込みを敬遠したり、居住者が転出することもあり、ますます外国人世帯数、入居率ともに高まっていく。大規模団地で同国人のボリュームが巨大化してくると、母語だけで生活できる環境が形成される。日系三世や非日系の配偶者など、ほとんど日本語を話せない人も増えているので、このような生活環境は彼らにとって暮らしやすい。それに加え、近隣にはブラジル食品を扱う食材店やブラジル人学校ができ、さまざまな生活サービスも充実してくる。しかし一方では、日本語を覚える機会が失われ、団地内の日本人住民との共生が難しくなりやすい。

## 公営住宅と自治会

　公営・公的住宅のうち、公営住宅には**自治会**があり、自治会では団地内の共

(1) 外国人の住まいの実情

益費の徴収、駐車場や清掃・草刈りなど共用部分の管理を行っている。さらに公報配布、回覧板による連絡事項の伝達や交流活動も行う。たとえば、外国人居住者が増えてゴミの捨て方など日常生活上のトラブルが発生すると、自治会が対応する場合が多く、自治会役員には大きな負担がかかる。日本語が通じれば、その場で解決できる些細な事柄が、言葉が通じないがためにトラブルに発展することもある。団地でのトラブルは、前掲のものに加えて「日本語が通じない」ことと、「自治会に未加入」「自治会活動に参加しない」など自治会関係の内容が多い。その理由としては、そもそも「自治会とは何か」「なぜ自治会に加入しなければならないのか」ということが、外国人居住者に理解されていない点があげられる。

　ところで公営住宅は、我が国の住宅政策のなかでは住宅セーフティネットの中核に位置づけられており、高齢者、障害者など、住宅に困窮する人たちを受け入れている。すでに居住者は高齢者が多く、これからも福祉世帯が増加していくので、自治会活動を担える人が減っていくのは明らかである。したがって今後は、外国人が自治会に加入し活動に参加しなければ、自治会運営が停滞するかもしれない。そこで近年は、日本語のできる外国人に通訳や翻訳を依頼したり、自治会役員に入ってもらうなど、外国人に自治会の役割を理解してもらい、一緒に活動してもらうための努力を積み重ねながら共生の道を探っている公営住宅が増えてきた。すでに、自治会長が外国人という公営住宅も生まれている。また管理主体も、外国語による生活ルールのパンフレットを作成したり、入居時に説明会を行ったり、通訳・翻訳のできるNPOを派遣して自治会と外国人居住者が話し合う場を設けたり、各地でさまざまな試みがなされている。

　最後に、外国人の住宅問題というと、日本人とは異なる特別な問題と考える人が多いのではないだろうか。外国人にとって、民間賃貸住宅の問題は入居差別に尽きるとも言えるのだが、実は日本人であっても高齢者や障害者、ひとり親世帯、小さな子どもを抱える世帯等は、家主や不動産業者から入居を敬遠されやすく、外国人と同じように入居差別の問題を抱えている。また、人材派遣会社の寮や社宅で働く外国人の住宅問題は、まさに日本人の派遣労働者問題でもある。さらに外国人が集住する団地では、外国人だけではなく、高齢者や障害者なども含めて、団地全体のコミュニティをどのように維持し、つくっていくのかということが課題になっている。外国人の住宅問題とは、私たち自身の住宅問題なのである。

## (2) ニューカマー・コリアンの定住化  　　　　　　　李　承珉

### ニューカマー・コリアンとは

　歴史的経緯などにより日本に住み続けてきた在日コリアンと区別し、1980年代後半、韓国の海外旅行自由化を契機に新たに来日し始めた人々を「ニューカマー・コリアン」という。ニューカマー・コリアンは企業の駐在員、就学・留学、日本人の配偶者、出稼ぎ労働者など、さまざまな目的で来日し、生活しながら日韓の架け橋の役割を果たしてきた。現在その数は、およそ16万人前後と言われている。

### 定住化への道

　多くのニューカマー・コリアンは来日の目的を果たして本国に帰るが、中には日本での生活の長期化とともに本国との地縁関係等が断絶し、経済的基盤が日本で形成されることにより、母国に戻ることを諦めるケースもでてきた。それにより、定住の道を選ぶ人々が増え始めたのである。

　80年代後半から、日本で勉強していた韓国人留学生の多くは韓国に帰らず、日本で就職や起業を行い、ニューカマー・コリアンとして暮らすようになった。こういった人々は、1993年には2000名余りだったが、2006年には１万人を超えていた。

　国際結婚もニューカマー・コリアンの定住を促進している。1985年には6230人だった国際結婚によるビザ取得者が、90年代に入ると早くも２万人を超えた。

　特に注目すべき点は、永住者資格の取得者が増加している点である。ニューカマー・コリアンが本格的に流入し始めた1998年には、永住資格取得者は２万5000人あまりであったが、2006年には４万5000人を超えている。これは、ニューカマーの定住が着実に進んでいる証拠に他ならない。

　もちろん、日本へ流入するニューカマー・コリアンは、合法的な滞在者だけではなかった。日本が円高時代に入ると、出稼ぎのための流入が80年代後半から増え始め、韓国の海外旅行自由化措置以降、その数は本格的に増加していった。彼らは観光ビザで日本へ入国した後、単純労働者や韓国料理店の従業員として働く場合が多く、飲食店などの風俗産業に従事する女性も少なくなかった。彼らのうち、日本での生活が長期化し、日本人と結婚して合法的にビザを取得

した者も、やはり定住の段階を歩み始めている。

## ニューカマー・コリアンと新宿

　東京都新宿区の大久保地域は合法・非合法にかかわらず、このようなニューカマー・コリアンの流入において、初期定着地の役割を果たしてきた。80年代後半の本格的に多くの韓国人留学生が来日するようになる以前から、新宿歌舞伎町で風俗業に従事している女性たちのベッドタウンおよび後背地として、大久保にニューカマー・コリアンが集中した。大久保地域が韓国と日本社会に本格的に知られるようになった契機は、2002年韓日ワールドカップ共同開催であった。また、それを機に多くのニューカマーが新宿区大久保地域に、さらに集中することとなった。

　新宿のニューカマー・コリアン人口が増えることによって、多様なコミュニティが形成された。特に、教会、聖堂、寺院には韓国人が集まり親睦を深め、さまざまな情報を交換する絶好のコミュニティの場としての役割を担ってきた。各業種別の連合会や「**在日韓国人連合会**」の結成などの**エスニック・コミュニティ**の自主的形成は定住の証と見ることができる。

　また、ニューカマー・コリアンや日本人を対象にした**エスニック・ビジネス**も発達し、事業が成長すればするほど、今まで開拓し成長させてきた基盤を捨て、帰国することが難しくなる。そして、その従業員も安定した仕事が確保できるため、帰国よりは定住の道を選ぶという方が自然になってきている。

　日本人の外国人に対する認識の変化も、彼らの定住に大きな影響を与えている。2002年のワールドカップ共催と、いわゆる「韓流ブーム」によって、少なくとも日本人の韓国人に対しての否定的なイメージは薄れてきた。また、外国人の定住を支援し、定住外国人と地域の日本人との相互理解と交流を支援する市民団体の存在は、地域への外国人定住に大きな役割を果たしているだけでなく、日本人住民の意識にも外国人を受け入れる共生の次元に変化させる上で大きな役割を果たしている。

　ニューカマー・コリアンの定住化が着実に進んでいる中で、外国人が住みやすい日本社会を求めて、行政サービスの拡充や参政権の付与など、日本政府と日本社会に変化を求める声は高い。多文化共生社会に向けて、彼らの声に応える形のいっそう開かれた制度整備が求められている。

## (3) それでも在日ブラジル人は「定住化」できるのか？

アンジェロ　イシ

### はじめに

　就労目的で来日するブラジル人の数は80年代後半より増加し、**定住化**が進行していると言われてきた。ここでは、日本に住むブラジル人の約20年間の歴史や現状を概略するというよりは、むしろ、彼らを直撃した「世界同時不況」が深刻化した2008年下半期以降の動向を優先的に論じたい。ここでいう**在日ブラジル人**とは、他の多くの書物やメディアで「**日系ブラジル人**」や「日系人労働者」と呼ばれている人々である。

　在日ブラジル人は、製造業での非熟練労働を主目的として来日したニューカマー外国人の中でも、代表的な移民集団である。彼らは東海地方を筆頭に、日本各地の企業城下町に集住し、その大多数は人材派遣業者を介して間接雇用され、便利な雇用調整弁として利用されてきた。しかし、中には日本で起業し、雇用主に転じた人々もいる。

### 「在日ブラジル人」とは

　「在日ブラジル人」という呼称にこだわるのは、日本に在住しているブラジル人全員が「日系人」であるとはかぎらないからである。日本政府は1990年に出入国管理および難民認定法（入管法）を改正し、「日系外国人」に対して活動に制限のない在留資格を付与し、長期滞在を認める大転換を図った。これが、ブラジルから日本へのいわゆるデカセギ・ブーム（筆者は漢字での「出稼ぎ」ではなく、ポルトガル語に外来語として定着した dekassegui もしくは decasségui を念頭に置いて、「デカセギ」のカタカナ表記に徹している）に火をつけた。しかし、来日したのは人々が想像するような「日系」の人々とは限らなかった。外見が（日本人からみれば）「いかにも外国人」の者もおり、受け入れ側の失望感は、ある意味では、勝手な想像と過剰な期待に比例した当然の帰結であったと言える。

　これらの過剰な期待を払拭するためにも、彼らをたまたま日本にルーツを有するブラジル国籍者、あるいは日本のパスポートを持って入国・生活していても、基本的には異なった文化的バックグラウンドを持つ人々であるというふう

に割り切ったほうが建設的であろう。そういう意味でも、在日ブラジル人という呼称は望ましいと思われる。

そこで浮上するのは、「ブラジル（人）」という言葉を聞いて、はたしていかなるイメージが思い浮かぶかという問題である。マスメディアによる一般的な報道を通してのみ情報収集をしている者ならば、ゴミを正しく出さず、交通事故や犯罪を起こしては国外逃亡を試みて「逃げ得」をする人々だというイメージを抱くかもしれない。経済の動向に精通している者ならば、「BRICs」（ブラジル、ロシア、インド、中国の経済新興国4カ国）というキーワードを連想するだろう。しかし、成長が著しい経済新興国としてのブラジルのイメージ改善は、「在日ブラジル人」のイメージ改善には直結していない。また、同じブラジル出身でありながら、Jリーグで活躍するサッカー選手や、経済界のスーパースターであるカルロス・ゴーンらも、同じ「在日ブラジル人」であるはずだが、デカセギで来日した工場労働者とは別扱いされていることは、いまさら強調する必要もない。

### 目覚ましかったコミュニティの発展

次に注意を促したいのは、本稿が2009年2月に書かれていることである。実は、在日ブラジル人について書くにあたって、これほど困難でつらいタイミングはないと思われる。もし、半年ほど早ければ、多くの研究者が指摘してきたとおり、「日系ブラジル人の定住化が進んでいる」と書けば無難であった。確かに、永住権を取得するブラジル人の数は急増しており、2007年末の時点ですでに9万人を超えていた。日本に住む30万人強のブラジル人の3人に1人が永住者であるという計算である。また、日本で住宅を購入する人の数も確実に増えてきた。住宅購入者の増加は、永住権の取得以上に、明確な「定住」の意思表示だと言えよう。

在日ブラジル人は、集住都市を中心に、日本の各地でさまざまなビジネスを発展させた。ブラジルの中流階層にとっては欠かせない「ショッピング・モール」を念頭に置いたショッピング・センターが、群馬県や愛知県などで新設された。そして愛知県名古屋市で毎年開かれる「エキスポ・ビジネス」を筆頭に、百以上の企業が出展する見本市が複数、各都市で開かれるようになった。他方、2008年は日本ブラジル移民百周年であり、日本とブラジルの両政府によって日伯交流年と位置づけられた。在日ブラジル人の間では、人的交流の主役として

期待されていることを強調した政治家たちの言葉を真に受けた者も少なくなかった。このように、半年前まで、在日ブラジル人は明るい未来を語り合っていた。

　しかし、状況はこの半年間でまさに「激変」した。金融危機を発端とした「世界同時不況」の影響で、日本では「派遣切り」（派遣労働者の解雇）が流行語になったが、真っ先に首を切られたのは「日系人」であった。現在、ブラジル系の旅行会社には、急きょ、ブラジルに帰国するための航空券を購入する人が殺到している。これにより、短期的には日本で外国人登録されているブラジル国籍者の数は減少することが予想されるが、長期的には、帰国した人々のうち、どの程度の人数が日本に戻って来るか、注視する必要がある。多くの人々は、日本の景気が回復するまでブラジルに一時帰国（緊急避難）するという意識を抱いており、日本への未練は失せていない。そもそも、ブラジルで「自宅待機」をするという戦略は決して目新しいことではない。ブラジルにいながら、日本の人材派遣会社と頻繁に連絡を取り合っている人は90年代から珍しくなかったし、人材派遣業者の側が、失業者にブラジルでの待機を提案する事例もあった。

### 素早い相互扶助の動き

　失業し、住居を失いながらも日本に残るという道を選択した人々に対しては、相互扶助に基づいた支援の輪が広がっている。静岡県浜松市では、「ブラジルふれあい会」が立ち上げられ、雇用情報の提供や課題解決に向けた議論を進めている。同市では、数年前から（ブラジル人に限らず、日本人を含めた）ホームレスへの支援を実施してきたブラジル人団体が、活動の規模や頻度を拡大している。

　他方、愛知県名古屋市ではSOS Comunidade（SOSコミュニティ）という運動が新設された。この運動には神奈川県横浜市鶴見区を拠点とするABC Japãoという団体も関わっており、同団体の主催で、史上初となる、ブラジル人による東京でのデモ集会が2009年1月18日に開かれた。在日コリアンに比べれば、「サイレント・マイノリティ」であった在日ブラジル人が、声高に日本社会に対するメッセージの発信を始めたことは、歴史的な転換である。

　在日ブラジル人にはこれまで、全国レベルの代表組織はなかった。そのため、かれらが多くの不利益を被っているという言説は、ブラジル人コミュニティの内外で根強い。筆者は、従来から緩やかながらも確実な全国規模のネットワー

クが存在することを指摘してきた。すでにこの組織化が進行していたからこそ、この緊急事態に対する反応は早かったと言える。これによって、新たなリーダー層の台頭と、コミュニティの勢力図の変化の可能性が生まれている。「在日ブラジル人全国ネットワーク」という、全国レベルの在日ブラジル人団体の結成に向けた動きも活発化している（筆者も「顧問」として協力している）が、このような団体の必然性については、コミュニティ・レベルでも充分なコンセンサスは得られていない。

むしろ、注目すべきなのは、国家レベル、草の根レベルを問わず、日本社会が今後、「日系人」あるいは「在日ブラジル人」とどう向き合うかということである。この点に関する疑問は尽きない。

## 問われる「共生」の可能性

最後に、山積している今後の注目すべき課題を列挙する。まず、景気が回復した時、製造業の事業所は再び「日系人」に声をかけるのだろうか。それとも、新たな雇用機会は「日系人」以外の人々（より賃金が安い研修生か、「文化摩擦がない（と思われている）」日本人）によって埋められ、結果的に日系人は「総入れ替え」されるのか。

次に、大規模なリストラの副作用として、仮にブラジル国籍者による犯罪率が微増した場合、「安心、安全のまちづくり」を脅かす存在であるという言説の流布に歯止めをかける力学がはたして働くのだろうか。筆者はブラジル人の集住都市で地域住民向けに講演を重ねる度に、ブラジル人への視線と姿勢が厳しくなっていることを痛感するが、ブラジル人を擁護する声は、どこから、どのように発生するのだろうか。

ここ数年、「多文化共生」の名のもとに、ブラジル人（そして在日外国人全般）に対するフレンドリーな施策が展開されてきた。このまま不況が続いても、これらの施策は持続可能なのだろうか。より厳しく問い詰めるならば、失職して路上に追いやられた在日ブラジル人の「衣食住」と基本的人権さえもが保障できない中で、「多文化共生」を唱える意味はあるのだろうか。同じ失業中の求職者どうしでも、友好的な「共生」や「協働」は可能だろうか。同じ労働市場で数少ない雇用機会を争うことで、排外主義が勝ってブラジル人との関係は悪化するのか、それとも同じ苦しい境遇を共有することで連帯感が深まるのか。共生の在り方、そしてさまざまな共生論の真価が問われている。

## (4) インド人 IT ワーカーの定住化　　　　　　明石純一

### インド人ＩＴワーカーとは誰か

　インドを出身とする移民の歴史は長い。植民地期の戦前におけるプランテーションへの移住、独立期の1950年代における英米への移住、1970年代からの湾岸産油国への出稼ぎ、そして現在では、IT 業務などを中心に専門職に就くインド人が先進国を中心に展開している。その定住先や就労形態、経済・社会的地位が多様であることは、想像に難くない。在外インド人省 (Ministry of Overseas Indian Affairs) は、現在のインド系移民の数を約2500万人としている。日本には、歴史的に、神戸などに集住するインド人商人層が出身地や宗教ごとにいくつかのグループを形成していた。日本のインド人街といえば、今では東京都江戸川区の西葛西地区を思い浮かべる人も多いが、元来は神戸市中央区にあるインド人コミュニティのことである。もっとも1990年には、東京都におけるインド人の人口が兵庫県のそれを抜いて第１位となっている。そして現在では、日本に滞在し、外国人登録をしているインド人約２万人のうち約８千人が、東京都に登録している。在留資格別（2007年末）では、「家族滞在」5184人、「技術」3893人、「永住者」2358人、「技能」2302人が多い。「技術」が占める割合が比較的大きい理由は、プログラマやエンジニアの来日が増えているためである。定義上、彼らを「インド人 IT ワーカー」と呼ぶことができるだろう。

### インド人 IT ワーカーの増加と定住への困難

　日本におけるインド人の人口が特に関東圏において増加の一途にあることは、明らかである。ただしその一方で、定住化が進んでいるとは必ずしも言えない現実がある。外資系に顕著であるが、IT 技術者と企業との契約はその多くが有期であり、頻繁に国外への転勤、転職も少なくない。とはいえ、日本の企業に終身雇用されることも稀である。日本企業において管理職に昇進するには、日本語能力の熟達が不可欠であり、インド人にとってのハードルは決して低くはないのである。そのような事情もあり、たとえば、世界有数の IT 人材を輩出するインド工科大学 (Indian Institute of Technology) の卒業生は、日本は当然としても、米国を含めて、必ずしも先進国への移住をキャリアアップのための唯一絶対の選択肢として考えてはいない。インドの経済発展に伴い、好ましい雇

用機会が国内においても得られ始めたという環境の改善は、インドのITエリートにとって、自国に留まる要因として作用している。また、一般に大家族主義のインド人にとって、家賃や広さという点で、とりわけ日本の住環境は永住には適さないと言われている。

## 在日インド人コミュニティとナショナル・アイデンティティ

「多様性」という観点から、インド人コミュニティを眺めてみたい。地域的多様性が著しいインドからの移民は、移住先でも個々の言語、宗教、出身地ごとにグループを形成する傾向がある。ただし現代の在日インド人の間には、「ナショナリティに基づいた相互扶助の理念」（澤、2008）も介在しているとされ、日本の生活などに関する情報交換なども英語でなされるのが通常である。インド人コミュニティの形成に関しては、2004年には全国で最初の**インド人学校**が江東区に開校したほか、2006年には江戸川区に二校目のインド人学校が開校されている。インド人学校には、充実した数学教育という特徴があるほか、英語が用いられ、インド国民としての意識を熟成する場としても機能しうる。

日本におけるインド人の人口は、2007年の外国人登録人口において単独で最大多数となった中国、2位の朝鮮・韓国、1990年代以降に急増した南米、特にブラジル人、そしてフィリピン人などと比べるとその規模は小さく、流動性が高い。一方で、彼らの日本での就労規模が平均以上のペースで増えていること、コミュニティ形成の動きが近年ほど活発化していることも事実である。ホスト社会の日本、その近年の政策に目を向ければ、2008年より、政府は「高度人材受入推進会議」を開催している。それ以降、この会議は、諸外国の有能な人材を日本へと誘致する方法について、法制度や企業文化、大学教育やキャリアパスなど、さまざまな視点から検討を進めてきた。ITワーカーを含む海外の高度人材は、かつてないほどに歓迎されているようである。今後もインド人ITワーカーの来日は続き、それは現在の萌芽的なコミュニティをより密に、強固なものにしていくのだろうか。その際、インドの多様性がどのような形で日本国内に移植され、保存されうるのであろうか。

## (5) 隣にあるレイシズム

小林真生

### レイシズムとは何か

　レイシズム（Racism：人種差別主義）に関しては、どこまでを人種の範囲とするのかという点や、そもそも純粋な人種自体が存在しないため定義が成立しない点など、さまざまな見方がある。しかし、それはレイシズムが存在しないことを意味してはいない。そこで、一般的な日本語の定義として『広辞苑 第6版』を見てみると、人種とは「人間の生物学的な特徴による区分単位。皮膚の色を始め毛髪・身長・頭の形・血液型などの形質を総合して分類される」ものであり、人種差別とは「人種的偏見によってある人種を社会的に差別すること」とされている。また、差別の定義として「正当な理由なく劣ったものとして不当に扱うこと」が挙げられている。つまり、レイシズムとは被差別者の外見による理由のない不当な扱いを「社会的に」被ってしまうことを支持（もしくは容認）する姿勢がそれに当ると言えよう。

### 欧米におけるレイシズムの経緯

　当初、レイシズムは医学等の科学を根拠に、頭部の形状等の人種的特性から、人種間の序列を設定しており、奴隷制度や植民地支配を正当化する根拠となっていた。しかし、ナチスドイツが科学をはじめ、さまざまな要因から劣等と位置づけたユダヤ人等の虐殺を行った悲劇が世界的に周知された後は、科学を根拠としたレイシズムは影を潜めるようになった。

　しかし、その後、ヨーロッパにおいては旧植民地からの移民や労働力不足を背景とした移民の流入によって、社会の文化的同質性が崩れたことに対する懸念に端を発したレイシズムが見られるようになった。この特徴としては、人種的な部分にも注目しつつも、その根拠として文化的相違等に着目した点が挙げられる。また、雇用の不安にさらされる若年層の一部に、ネオナチと呼ばれる移民排斥等の過激な行動をとるものも見られた。そのようなレイシズムの揺り戻しは、1965年に国際連合が**人種差別撤廃条約**を採択する要因の一つともなった。

　そして、1990年代に入ると、ヨーロッパ各国で移民排斥を唱える極右政党が一定の支持を得、主要政党の中にも移民制度や自国の文化を強調することで、

移民に対する反発を得票に活かす動きも見られるようになった。また、2005年にフランスの大都市郊外で起きた移民労働者の二世が中心となった暴動において、日頃の外見に起因する警察の取り締まりや高い失業率がその大きな背景であったことは、21世紀に入っても状況が改善されていないことを知らしめた。

アメリカにおける新たなレイシズムは、1950年代から1960年代にかけての公民権運動の成果である**アファーマティブ・アクション**（Affirmative Action：積極的差別是正措置。階層の固定化を改善するため、大学の入学率や会社への入社率を人種の割合に合致するよう定めた）等の差別撤廃に向けた対策が設定された後、十分な成果が出ていない理由を人種的な背景に求める動きに代表される。

これらのレイシズムの特徴としては、科学を根拠とするのではなく①就職試験の際に名前や写真から、書類選考の段階で被差別人種を排除する等の制度上の抜け穴を突く手法、②私立学校入学や住宅地変更などの恵まれた経済状況を活用した隔離、③多くの人種が不法行為を行っていても、被差別人種が行っている場面を写すマスメディアの報道姿勢、などの制度面からは規制が難しい手法が採られる場合が多い。

## 近年の日本におけるレイシズム

日本は従来から在日コリアンをはじめ、アイヌや琉球民族なども存在する多民族社会ではあったが、彼らには人種的な相違は少なく、実際には隠さざるを得なかったのであるが、出自を隠すことで差別を回避してきた経緯があり、レイシズムが表面化することはあまりなかったと言っていい。しかし、1980年代からヒトの移動が活発になったことにより、問題が表面化する。

最初に見られたものはアジア系外国人労働者による女性暴行流言であった。それは、人数の変化に伴い、人種的な違いの少ない日系南米人による暴行流言へと変化していく。20世紀初頭のアメリカでも、黒人男性が白人女性を暴行したとの嫌疑をかけられリンチが行われたという事態がしばしば発生したことからも分かるように、流言とレイシズムの関連は深い。ただ、1980年代以降の日本における流言に端を発する反応としては、不安は高まったものの、外国人に対する直接的な暴力行為は少なく、**入店拒否**等の精神的苦痛を強いる形態が全国的に見られた。これらから、日本においてレイシズムと民族差別がきわめて近い関係にあることも分かる。

また、ソビエト連邦解体を契機に、北海道や日本海沿岸地域においてロシア

との貿易が活発になる中で、ロシア人船員の上陸者も増加した。彼らの中には日本のマナーを認知していない者も一部に見られ、入浴施設などでトラブルが度々起き、住民の反発が高まった。その中で、一部の施設は「外国人お断り」の方針を採り、外見が典型的な東アジア系の風貌である客以外の入店を断るようになった。そして、1999年に北海道小樽市のある入浴施設において、国際結婚家族の白人の外国籍の父親のみが入場を拒否される事件が起きた。その父親は翌年、日本国籍を取得した後も入場を拒否されたことから、これが人種による差別に当たるとして、2001年に入浴を拒否した入浴施設、および日本において1996年から効力が生じた人種差別撤廃条約に基づく条例を作成せず、差別を誘発した不作為があるとして小樽市を提訴した。その後の判決では、原告は入浴施設に対しては勝訴し、小樽市に対しては人種差別撤廃条約は条例制定を義務づけてはおらず、地方自治体の差別撤廃は政治的責務に止まるものとされ敗訴した。

このように、日本におけるレイシズムは意識だけに止まらず、徐々に直接的な行動を見せるようになってきており、その後も状況は好転していない。欧米諸国においては、レイシズムが個別の行動から、政治的な様相を見せる経緯を辿ったことを見るに、十分な対策が行われていない日本が同様、あるいはより悪化した軌跡を辿る危険性は高い。

### 社会の中でのレイシズム

上記の事例からも分かるように、レイシズムは社会的な変化によって同質性の高い環境、あるいは当然と思われていた差別意識が表面上は否定された時などに起きる傾向がある。確かに、第二次世界大戦後は人種による差別を行うことは道徳的に認められないとの認識が世界的に広まり、そのための条約や国内法も一部では制定された。しかし、従来からある差別意識を根本からは解決できていないため、差別是正に向けた動きに対して、表面上は数値化や明文化がなされない形で抜け道が作られる事例は珍しいことではない。たとえば、長年階層が固定されたことによって起きる学歴の固定化や、言語理解力不足に起因するトラブルの発生を人種に起因するとする姿勢、あるいは情報を意図的にすり替えることでの不安の扇動（たとえば、**外国人犯罪報道**で入国者数の伸びを示さずに、犯罪数の伸びだけを伝える姿勢）によって、より深い背景がある問題や個人に起因する問題を人種によるものとする刷り込みがなされ、外見を要因と

して警察が職務質問を行う事例が常態化してきてもいる。そして、近年、レイシストが個人的に行為者となる段階から、政治の舞台で露骨な表現や法的規制により支持を伸ばす状況が欧米をはじめ、日本でも見られているように、その認識は定着を見せている。

確かに、ヒトの移動が活発になったことにより、人々の周囲に従来見慣れなかった文化や容貌を持つ集団が増加した場合、ある程度の摩擦の発生は自然なことである。しかし、それは生活形態や経済構造が変化した現在において、克服しなければならない課題である。そして、レイシズムの発生には従来から解決できなかった根強い偏見が存在することを考えれば、制度的な整備はもちろんであるが、充実した啓発活動等の継続も求められよう。

## レイシズムに対抗する施策

そのようなレイシズムの定着や拡大の防止は世界的課題であるが、ここで日本が国としてどのような対策をとる必要があるのかを想定してみれば、第一に法律面の整備が挙げられる。日本は人種差別撤廃条約を批准しているにもかかわらず、それに効力を持たせる国内法の整備を行っておらず、裁判でもそれが地方自治体ではなく国の責任であると指摘されていることや、周囲に外国人が増加する中でレイシズムが行動を伴いだした現状からも、人種差別や民族差別を禁止する国内法の整備が求められる。それにより、実際の行動自体を規制しなければ、レイシズムを容認する認識が定着してしまうことになる。

第二に、レイシズムの根本にあたる意識啓発や教育の整備である。現在、日本においては意識啓発に関する活動は、法務省・文部科学省発行の『人権教育・啓発白書』の記述が刊行当初からほとんど変化していないことからも分かるように、十分には行われていない。また、教育に関しても、政府がその主体の一つとしてきた「総合的な学習の時間」の大幅な削減に見られるように、消極的になっている。質・量両面における意識改善に向けた施策の充実がなければ、欧米の事例を見ても状況の悪化は避け難いものがある。つまり、制度面と意識面の両方の対策が伴って初めて、社会的に広がるレイシズムの拡大が止まり、将来的な改善が見られるのである。

## (6) 難民とともに生きる
### ——難民支援協会の活動を通じて

石川えり

**難民であるということ**

あなたがたった一人で見知らぬ国へ海外旅行に出かけて、目的地の空港（もしくは港や駅）に降り立ったことを考えてほしい。大きなスーツケース、もしくはリュックサックを抱えてまずはどこに行くだろうか？　まずは宿泊する場所に向かうのではないだろうか。そこでの宿泊は一泊かもしれないし、場合によっては長期に滞在するかもしれない。目的地にたどり着いた難民もまったく同じ状況にある。

難民を保護するために活動する国連機関の国連難民高等弁務官事務所（以下、UNHCR）が作成する『難民認定基準ハンドブック』によれば、難民は自身の国籍国の外に存在し、人種・宗教・国籍・特定の社会的集団の構成員・政治的意見を理由に迫害を受けるおそれがあるという条件を満たした時点から難民として存在しており、政府はその地位を確認し、宣言するに過ぎないとされている。

**難民のとらざるをえない行動と支援の輪**

難民は日本の玄関である空港（もしくは港）にたどり着いたら、まずは宿を探さなければならない。しかし、なかなか見つからない。そもそも言葉は通じない、どこに行けば安宿があるかなどという情報はない。たとえ偶然たどり着くことができたとしても、多くが身分を証明する物なく日本語での予約もできない。故郷で家財を処分して工面したお金も、日本の高い物価ではすぐに尽きてしまうことが多い。ある難民支援協会にたどり着いた難民の女性は、それまで泊まる場所が確保できず、3週間、公園で暮らしていた。夜は人に見つからないようにベンチの下で寝ていたと語っており、支援団体にたどり着き、その日、泊まることのできる宿があると分かったとたん、泣き出してしまった。

難民支援協会では、難民へシェルターを提供するNGOである日本福音ルーテル社団等と連携し、宿泊場所の確保を行うほか、その日泊まる場所がないというケースにも対応できるよう安価な宿を紹介し、場合によっては宿泊費用を支援するという体制をとっている。そのほとんどを寄付によってまかなってい

るが、2008年は122件の宿がないケースを支援した。日本政府も2003年12月より難民認定申請者緊急宿泊施設（ESFRA）を運営しており、財団法人アジア福祉教育財団難民事業本部（以下、難民事業本部）が委託を受けて運営を実施している。同団体事業報告書によると、2007年度中33名が入居し、2008年3月末現在、単身者向（2名用）11部屋を借り上げ、19名が入居中である。入居期間は原則として3カ月とされている。

　来日直後から数カ月間の一時的な宿が確保できたとしても、平均約2年かかる**難民認定手続**中には恒常的に住むことができる住居が必要となるが、その確保には困難が伴う。まず、日本に来てまったく知り合いのない人は保証人を見つけることができず、生活に困窮している人も多いために、敷金・礼金を用意することが非常に難しい。肌の色による差別も依然としてあり、アフリカから来た難民が不動産屋さんのドアを開けたとたん「うちには（紹介する物件が）ないよ」と言われてしまったこともある。また、「外国籍の人には貸すことができない」という理由で、物件の紹介を断られた難民の人もいた。さらに、昨今の不況の影響により、職場を失い、収入を失い、家をなくす難民の人たちも増えてきている。とりわけ社宅に住んでいる場合は、職場と家を同時になくしてしまうために、困窮の度合いが一気に高まってしまう。日本政府は困窮状態にある難民認定申請者への生活支援金として、一人あたり1日1500円の生活支援金と、単身者は4万円を上限とした家賃の補助を難民事業本部へ委託する形で行っている。国会での答弁によると、この支援金は平均9カ月の支給期間となっているが、裁判中は支給されない。

　すでに同国出身者の難民コミュニティが存在している場合には、多くの難民が出費をおさえるため、すでに家を借りている難民に間借りしていることが多い。2003年に難民支援協会が難民事業本部からの委託を受けて難民申請者および認定を受けた人100人へ実施した調査によると、単身者69人中部屋を共有している人は44人と6割以上を占め、うち8人が5人以上と同居をしていた。最も劣悪な環境としては、2DKに7人で住んでいるという事例があった。

## 日本における難民の現状

　日本は1981年に、「難民の地位に関する条約」、1982年に「難民の地位に関する議定書」（あわせて**難民条約**と呼ばれることが多い）に加入し、1982年から**出入国管理及び難民認定法**に基づき難民の審査・受け入れを開始した。2005年12月

第6章　ともに住まう

図1　1990年以降の難民認定申請、認定、人道配慮による在留許可者の推移

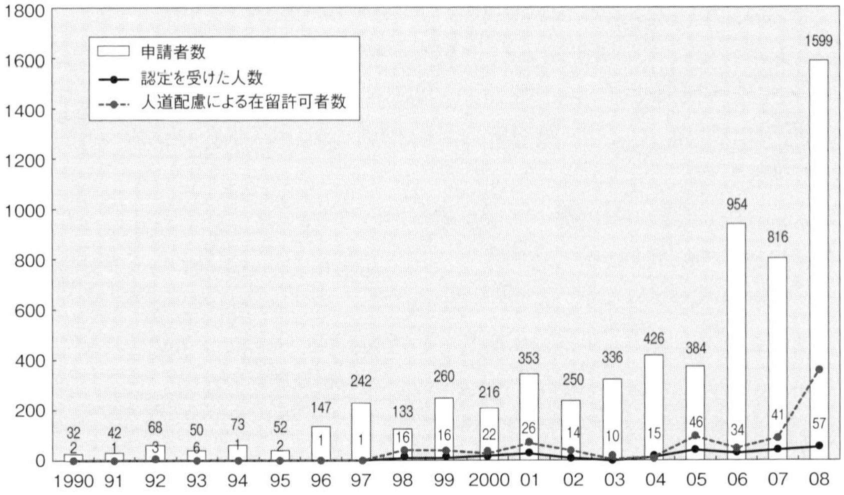

出所：法務省・入国管理局

末までに7297人が難民としての保護を求める申請を行っているが、とりわけ、難民に関わる法律が初めて改正された2005年以降の申請者の伸びは非常に大きく、2005年の384人から2006年の954人、2007年の816人、そして2008年には1599人と大幅に増加していることがわかる（図1参照）。

前述のUNHCRによる難民の規程によると、難民は日本に到着した直後から難民としての保護を受けることが求められているが、実際には審査に時間を要しており、その結果を待つ間は「難民申請者」ということで「難民かどうかの結論を待っている人」という状態に置かれている。

たとえば、2008年3月22日の『読売新聞』の報道によると、来日後9年を経て人道配慮による在留許可（準難民）を受けたアフガニスタンからの難民がいる。1998年に来日後、タリバンからの迫害をおそれて難民申請をしたが、2000年の行政手続きにおいては難民とは認められなかった。その後、裁判の中で2007年に「難民に該当する」と判決が確定した後、さらに1年を経て2008年3月に在留許可を得ることができた。この間、少なくとも2000年から2008年までの間、彼には在留資格はなく非正規滞在者として、生活保護や国民健康保険といった一切の公的な生活支援も得られず、かつ就労も原則としては禁止されて

いる状況にあった。

## となりにいる難民のために

　特定非営利活動法人難民支援協会は、上記のような難民の置かれている状況を総合的に解決するために、1999年7月に設立された民間の団体である。日本の難民が食べたり、寝たり、働いたりする、そんな当たり前の生活を送るための支援活動を中心に行っている。2000年からは UNHCR のパートナー団体として、個々の難民への法的支援（難民認定申請に関わる支援、弁護士の紹介）、生活支援（住居、医療、就労、日本語教育等に関する支援）を行うほか、日本に難民が来ていることを知ってもらうための広報活動、日本の難民が置かれている状況をよりよくするための調査（法律・制度面の諸外国の事例研究、日本の難民の生活状況調査、文献の翻訳と紹介等）および提言活動（政府機関や国会議員への働きかけ、国際会議への参加、発信）を実施している。個々の難民支援に関しては、これまでに1800人以上を支援してきており、国籍は32カ国以上に及ぶ。2009年1月には1カ月の事務所来訪者数が150人を突破し、1日に15人が来訪した日もあった。相談は日本にたどり着いて間もなく難民申請を行いたいという法的手続きに関わる相談から、医療のこと、子どもの教育のこと、住宅のこと等、多岐にわたる。とりわけ、難民の人たちが貧困状態に陥らないよう、個々のケース支援を通じて支援をしていくことに主眼が置かれている。こういった個々の支援、およびその他の活動が、日本社会が「となりにいる難民」のことを知り、受け入れていく認識を生む一助になればと考えている。

第6章　ともに住まう

COLUMN 1　愛知県の多文化ソーシャルワーカー養成講座

石河久美子

### 多文化ソーシャルワーカーの必要性

　日本に居住する外国人の増加および長期滞在、定住化の動きにともない、外国人が抱える生活上の問題も多様化・複雑化している。アジア系女性と日本人男性の国際結婚家族では、親子、夫婦のコミュニケーション・ギャップや子育て不安、ドメスティック・バイオレンスや国際離婚などの問題が増加している。南米からの移住労働者の家族では、不就学、不登校、非行などの問題が深刻化している。

　これらの問題は、従来の単発的な生活情報提供中心の支援では解決を見ない。より専門的かつ継続的な支援が必要である。そこで、外国人の多様な文化的・社会的背景を踏まえて彼らの相談にあたり、問題解決に向けてソーシャルワークの専門性を踏まえた継続的な支援を行う、**多文化ソーシャルワーカー**の必要性が指摘されるようになった。ソーシャルワークとは、簡単に言えば、「人」が生活する上で問題を抱えている場合、問題解決に向けて「人」に働きかけるだけでなく、「環境」にも働きかける支援の方法である。

### 多文化ソーシャルワーカーとは

　多文化ソーシャルワーカーには、このソーシャルワークの支援方法の専門性と、多様な文化的背景を持つ外国人に対応できる力が求められる。大きく分けて二つのタイプが想定され、一つは、外国人当事者の言語・文化に属し、日本の文化や日本語にも精通するワーカーであり、もう一つは、日本人であるが、多様な文化的背景を持つ外国人に対応できるワーカーである。

　しかし、多文化ソーシャルワーカーという職種も、多文化ソーシャルワーカーに必要とされる能力を有している者も、まだほとんど存在しないというのが現状である。日本語教育支援者や外国人支援ボランティア、通訳者、外国人相談窓口職員等は、ソーシャルワークの専門的訓練を受けたことがないにもかかわらず、ドメスティック・バイオレンスや非行といったきわめて難易度の高い問題に対応しソーシャルワーク的支援をする必要に迫られている。

### 多文化ソーシャルワーカー養成講座

　このような状況を背景として、愛知県では県の事業として平成18年度から**多文化ソーシャルワーカー養成講座**を立ち上げた。平成18年度、19年度、20年度と講座を行い、現在までに50名余りの修了生を出している。講座の目的は、受講者が

COLUMN 1　愛知県の多文化ソーシャルワーカー養成講座

多文化ソーシャルワーカーとして、在住外国人に支援を行っていく上で、最低限必要な知識や技術を体系的に習得することである。より具体的には、①外国人相談従事者への現任訓練の意味合いとして、複雑化・多様化する外国人の生活問題に対応するためのスキルアップと、今まで実践智を基盤として行ってきた業務をソーシャルワークの枠組みで捉えなおす、②多文化ソーシャルワーカー養成講座修了者を愛知県多文化ソーシャルワーカーに登用するということがある。

養成講座対象者は、外国人相談業務、外国人児童教育支援、もしくはソーシャルワーク業務経験者で今後も愛知県で活動する意志のある者に限定し、選考を行う。また、ロールプレイや事例検討など、演習形式で支援方法の知識や技術を獲得する必要性や、受講者の効果的学びのために、人数は15～18名程度と少人数に絞っている。受講者は、国際交流協会や市町村の外国人相談担当者、語学相談員、外国人支援NPOや団体の職員、女性相談センター職員、病院のソーシャルワーカーと多岐にわたる。外国人当事者は2割程度で、国籍の内訳は中国、韓国、ブラジル、ペルー、アルゼンチン、スペイン等である。

講座の内容は、多文化ソーシャルワーカーとして機能するための知識と技術のごく基本的な部分を、7週間42時間のカリキュラムに落とし込んだものである。ソーシャルワークの基本的な専門知識や技術・方法、価値の獲得を目的として、座学を中心とした基本的な社会保障制度や社会福祉サービス、医療・保健システム等の知識の提供、演習を中心とした基本的なコミュニケーションスキル、相談面接技法、ケースマネジメント、ソーシャルワーカーとしての価値観の形成などに関する講座を設けている。また、在留資格や入管法、移住労働者の労働環境、異文化に関わるメンタルヘルスなど、外国人の問題に関わる固有の知識の提供、多様な文化的背景を持つ対象者を支援する上での姿勢やポイント、文化的繊細さを養う重要性なども網羅する。

これらの内容を知識や技術を積み上げていけるよう配慮し、ブラジル人が多く子どもの教育等の問題が深刻化しているといった愛知の地域性も加味して、プログラムを構成している。

### 今後の課題

外国人の状況や抱える問題、支援体制、想定される受講対象者は地域によって異なる。今後、多文化ソーシャルワーカーの養成が、他の地域でも普及していくことが強く望まれるが、その際は、その地域の現状に即した独自のプログラム作りの検討が必要である。

第6章 ともに住まう

**COLUMN 2** 東京外国語大学の「多文化社会コーディネーター養成プログラム」

杉澤経子

　外国人の定住化が進み、自治体や地域コミュニティ、学校、企業などにおいて、コミュニケーションの問題、法律、教育、労働、福祉など制度面の問題、さらに異文化ストレスによるこころの問題など、日本社会はこれまで経験したことのない課題に直面するようになった。こうした問題は、一組織、一分野での取り組みで解決できるものではない。分野や組織を超えて多文化社会の課題を共有し、連携協働を創り出しながら、問題解決に取り組んでいける仕組みや活動を創りだしていける「コーディネーター」の養成が希求される。

　東京外国語大学多言語・多文化教育研究センターでは、2007年度に文部科学省の「社会人の学び直しニーズ対応教育推進プログラム」に応募・採択され、「多文化社会コーディネーター養成プログラム」の開発に取り組んでいる。本プログラムでは、「多文化社会コーディネーター」の定義を、「あらゆる組織において、多様な人々との対話、共感、実践を引き出しつつ、『参加』→『協働』→『創造』の循環を作り出す機能を駆使しながら、すべての人が共に生きることのできる社会に向かって、プロジェクト（活動）を展開・推進する役割を担う専門職」とし、受講者が今後、公共政策に関わる組織（自治体、国際交流協会、教育委員会など）において専門職として位置づけられていくことをめざしている。

　一方で、大学には専門職としてその専門性をどのように担保できるのかが問われる。そこで本養成プログラムでは、養成講座の開講を中心におきながらも、講座修了者が専門職としての力量を形成していくことができるよう、同センターの「協働実践研究プログラム」への参加や、自らの実践を研究対象に「実践型研究論文」の執筆・投稿ができるよう、その受け皿として研究誌『多言語多文化——実践と研究』を用意している。このような専門性を担保する仕組みを含めて一つのプログラムとしているのが、本養成プログラムの特徴と言える。

　プログラムの中核をなす養成講座は、多文化社会の現場で働く実務家（実践者）を対象に、「政策コース」「学校教育コース」「市民活動コース」の三つのコースを設定している。各コースとも「共通必修科目」「専門別科目」「個別実践研究」の三つの科目で構成されている。各科目の内容とねらいは次のとおり。

・「共通必修科目」：3コース合同の5日間の集中講義（8月開講）。多文化社会コーディネーターに必要とされる知

COLUMN 2　東京外国語大学の「多文化社会コーディネーター養成プログラム」

識分野を知り、自らの現場における課題の再設定をめざす。講義は①言語と文化、②多言語・多文化社会論、③多言語・多文化社会実践論、④ワークショップ（課題の共有と振り返り）の4分野で構成。

・「専門別科目」：コース別に9月に3日間、および翌年2月に2日間の計5日間の集中講座。ワークショップを中心に、9月にはコーディネーターの実践と課題解決の方策を検討する。2月には自らのコーディネーターとしての実践についてプレゼンテーションを行う。全体を通して実践力の獲得をめざす。

・「個別実践研究」：10月〜翌年2月を個人で行う個別実践研究期間とし、文献を読みつつ現場の実践を通してコーディネーターのあり方を検討し、小論文を執筆する。この間、講師陣が現場を訪れモニタリング（実践の振り返りやアドバイス）を行う。

　「多文化社会コーディネーター」の専門性については、「価値観・態度」「知識・実践知」「実践力」の三つの要素を示し、実践力を基礎的実践、中核的実践、実践の〈わざ〉（D・ショーン）の三つの側面から分類し、実践のあり方を構造化し仮説として提示している（右上図参照）。

　講座の講師、運営は、東外大の教職員による運営委員を中心に、多分野の専門家による評価委員、外部有識者によるアドバイザーをメンバーに、総勢15名で行われているが、受講者からの「振り返りシート」も参考に、専門職養成プログラムとしてさらなる改良が加えられている。

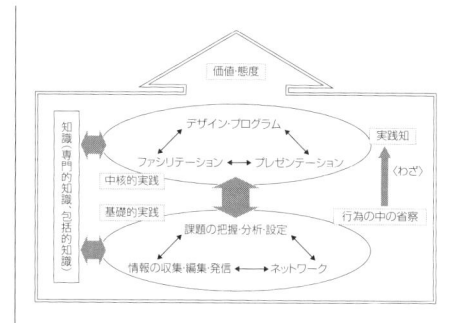

　養成プログラムの詳細については、本センター発行の『シリーズ多言語・多文化協働実践研究　別冊1　多文化社会に求められる人材とは？「多文化社会コーディネーター養成プログラム」——その専門性と力量形成の取り組み』（2009年）を御覧いただきたい。

　08年に開講した第1期多文化社会コーディネーター養成講座の受講者は、行政職員、国際交流協会職員、教育委員会職員、小中学校の教員、地方議員、グローバル企業の社員、国際機関職員、協同組合職員、NPOスタッフなどバラエティに富んでおり、多文化化の問題はあらゆる組織に及んでいることを実感させられた。09年度8月には第2期を開講する。多文化社会に向けて講座修了者たちの活躍が期待される。

# 第7章 ともに地域をつくる

## (1) 多文化都市と自治体行政
渡戸一郎

　都市とは、外部社会に対して開かれた社会的交流の結節機能の集積地である。国内移動にとどまらず国際移動が活発化してくると、都市は後者の結節点ともなり、社会的構成におけるエスニックな異質性が増大すると同時に、トランスナショナルな社会空間が埋め込まれることになる。

　1980年代以降のグローバル資本主義の高まりのなかで、大都市では、多国籍企業の司令部（グローバルな中枢空間）とそれを支える金融・情報などの専門サービス部門が集積する都心部、および外国人・移民の受け入れ地である住商工混在のインナーシティからなる**グローバル・シティ**、その外部にひろがる住宅地や工場地帯からなる郊外地域（グローバル・シティ・リージョン）が、地方では、外国人労働者や研修生などが働く製造業都市や観光都市、港湾都市、空港都市などが、その現場になる。そして大都市、地方都市（そして農山漁村）を問わず、外国出身の配偶者をもつ世帯が珍しくなくなっていく。

### 多文化都市とは

　欧米では、移民やマイノリティ（国や都市によって定義が異なる）が相対的に多い都市を**移民都市**（immigration cities）と呼んでいる。戦後の高度経済成長期に労働移民を大量に受け入れたヨーロッパ北西部の"ヴェテランの移民都市"では、人口の1/10から1/3を構成する一方、1980年代以降労働移民が定住し始めたヨーロッパ南部の"新しい移民都市"では、5％前後の移民人口を擁するようになった。

　日本ではポストコロニアルな歴史的背景をもつ在日コリアンなどが集住する都市が関西を中心に見られたが、ニューカマーの外国人人口が急増し始めるのは、1980年代中期以降であった。そして、90年代中期には、相対的に高い外国人比率を示す都市が出現し始める（20％を超える大阪市生野区を例外とすれば、5％から10％台）。しかし日本は、外国人が入国する時点で「永住者」を予定し

表1 多文化都市の類型

|  | 大都市都心型 | 大都市インナーシティ型 | 大都市郊外型 | 地方都市型（鉱工業都市型、港湾都市型） |
| --- | --- | --- | --- | --- |
| オールドタイマー中心型（既成市街地、旧来型鉱工都市） |  | 大阪・京都・神戸・川崎・三河島等の在日コリアン・コミュニティ、横浜・神戸等の中華街 |  | 北九州、筑豊等の在日コリアン・コミュニティ |
| ニューカマー中心型（大都市中心部から郊外や地方へ分散） | 東京都港区・目黒区等の欧米系コミュニティ | 東京都新宿・池袋・上野周辺のアジア系コミュニティ、川崎、横浜・鶴見、名古屋・栄東、神戸・長田等のマルチエスニック・コミュニティ | 相模原・平塚市等（日系南米人）、横浜Ｉ団地（マルチエスニック・コミュニティ）、川口Ｓ団地等（中国系）、西葛西（インド系） | 群馬県太田・大泉・伊勢崎、浜松、豊橋、豊田、大垣、四日市等の南米日系人コミュニティ、小樽・網走・新潟・射水・下関等の港湾都市 |

出所：筆者作成

ていないという意味で「非移民国家」であるため、「移民」というと、かつての南米移民など、出移民を想起させる傾向がある。そこで、グローバル・マイグレーションの過程に連動して多国籍化・多エスニック化・多言語化が進展する外国人集住都市を、当面、**多文化都市**（multicultural cities）と呼んでおきたい（なお、日本でも永住者、日本人や永住者の配偶者等、定住者といった定着・定住性の高い人々が増えており、これらの人々は実質的に「移民」と言えることに留意したい）。

### 多文化都市の社会的位相

多文化都市では、第一に、外貌上の変化として、外国人居住者が多様な場において**エスノスケープ**を増殖させ、都市空間の多文化化が進展する。それは公営団地、アパート・マンションといった居住空間にとどまらず、職場、保育所・幼稚園や学校、宗教施設、駅前広場、商店街、ストリートなどの公共的な空間や各種メディアにも広がる。たとえば、日系ブラジル人の集住都市にはブラジル本国の中産階級向けのスーパーマーケットがそのまま移植され、また、大都市インナーシティのカトリック教会のミサの終了後には、フィリピン人やブラジル人などの「折りたたみイスの共同体」が出現する。

第二に、各種のエスニック・ビジネスや学校、宗教施設その他のエスニック

な社会機関が構築され、日本社会のコンテキストに規定されながらも、それらの社会機関を介して出身社会等と結ぶ**トランスナショナルな社会空間**が生み出される。そこには「文化、資本、ネットワーク」の回路が内蔵されており、なかでも家族等への送金 (remittance) は出身社会に大きな影響をもたらす。一方、家族等からは金・衣料・食品・医薬品などが送られてくる。また、今日では電話のみならず、インターネットによる情報交換も頻繁に行うことができる。だが、一般的に、こうしたトランスナショナルな社会過程は、ホスト社会からは見えにくい。

　第三に、職場や学校などを中心に外国人とホスト住民との接点や交流が進展する一方で、エスニックな社会機関の増加につれてエスニック・コミュニティが確立され、両者の生きる主要な社会空間が疎隔化する局面もある。とくに外国人人口の急増期にあって相互のコミュニケーションが十分にとれない場合、そこでは摩擦やコンフリクトが生じるが、これを契機に社会文化的な「協働」や「共生」のあり方が模索・構築されていく。こうして、「多文化化」の基底に働くダイナミックでトランスナショナルな経済的社会文化的諸過程を組み込み、ホスト-マイノリティの二項対立を超えた、新しい地域社会の構想と創造（まちづくり）が多文化都市の課題となる。

## 多文化都市の自治体政策

　ところで、日本における多文化都市の自治体政策は、1970年代以降、関西の大都市圏や川崎市などの在日コリアン集住都市の取り組みにその先駆けが認められるが、その他の大都市インナーエリアや地方工業都市の自治体では、ニューカマー外国人の急増を受けて、80年代末から外国人施策を展開してきた。90年代前半までの**応急的対策期**には、基本的な生活情報の多言語による提供や相談窓口の設置などが行われたものの、「短期滞在者型」の施策に留まり、自治体施策の基本はいまだ国際交流に置かれていた（当時のキーワードは「地域国際化」であったが、次第に「内なる国際化」へ移行）。

　しかし90年代後半になると、外国人居住者の地域への定着・定住化（＝住民化／市民化）傾向の顕在化に伴い、生活全般の諸問題への対応が迫られるようになる。とくに不就学を含む子どもの保育・教育問題が噴出する。各自治体は「外国人住民政策」の体系化を模索し始め、その過程で外国人住民の「支援」と同時に、地域や行政への「参画」を図るようになる（**支援・参画政策期**）。

(1) 多文化都市と自治体行政

「支援」ではボランティア・NGO・エスニック団体等との「協働」が、「参画」では外国人住民の諮問機関の設置（1996年川崎市「外国人市民代表者会議」、98年神奈川県「外国籍県民会議」）や住民投票条例における永住外国人への投票権付与等が行われるようになる。

さらに2000年代に入ると、日系ブラジル人が集住する自治体が連合して外国人集住都市会議を結成し（2001年）、国に対して外国人政策の体系化を求めると同時に、「多文化共生」という標語の下に、地域の企業、経済団体、入管、警察、自治会、エスニック団体などとの協力ネットワークを組織して、外国人の地域「統合」政策を構築し始めた（**統合政策期**）。豊田市の「多文化共生推進会議」、浜松市の「地域共生会議」などが事例として挙げられるが、そこでは「顔の見えない定住化」がもたらす諸問題に対して、ホスト社会側からの「秩序ある共生のまちづくり」が指向される傾向がある。

一方、財政難を背景に進められる地方行革のなかで、多文化共生関連施策を削減する自治体が広がりつつあるが、多文化都市自治体では、外国人住民の「人権の尊重」「社会参加の促進」「自立に向けた支援」の施策を体系化し具体化していくとともに、児童青少年や一般市民向けの「多文化共生教育（学習）」や「下からの共生のしくみづくり」などによるホスト社会側の変容（新たな市民空間の構築）を促していくことが基本的な課題であることが再確認される必要がある（たとえば、2005年に策定された「川崎市多文化共生社会推進指針」では、「人権の尊重」「社会参加の促進」「自立に向けた支援」の基本理念に基づき、施策推進の基本方向として、①行政サービスの充実、②教育の推進、③社会参加の促進、④共生社会の形成、⑤施策の推進体制の整備を掲げているが、注目に値しよう）。

他方で、この間、こうした自治体レベルの対応の努力の限界も明確となっている。外国人を含めた住民台帳制度の整備に基づく住民サービスの向上、言語政策（成人向け・児童向けの日本語教育と母語維持教育）や住宅・雇用・社会保障等の社会政策など、国の外国人政策の体系的な法制度の基盤整備が重要性を増していることも忘れてはならない。そこでは、すでに一定の経験の蓄積をもつ多文化都市自治体の政策要求を踏まえた国の政策展開が、強く望まれている。

## (2) 多文化共生推進プラン  渡戸一郎

### 自治体の「多文化共生」政策の展開

1990年代以降、外国人支援に取り組む市民活動団体のあいだで広がった、日本独自の「多文化共生」という言葉は、2000年前後から自治体の政策用語としても用いられるようになった。まず、この用語を用いた主な自治体の政策展開過程を概観してみよう。

- 1998年 川崎市「外国人教育基本方針——多文化共生の社会をめざして」
- 2001年 東京都立川市「たちかわ多文化共生センター」創設／外国人集住都市会議発足
- 2003年 兵庫県「こども多文化共生センター」創設／静岡県磐田市「共生社会推進室」設置
- 2004年 外国人集住都市会議・首長会議「多文化共生の地域社会づくり」をテーマ化／愛知県・岐阜県・三重県・名古屋市「多文化共生社会づくり推進共同宣言」／神奈川県「かながわ国際施策推進指針——幅広い連携と協働による平和な多文化共生社会をめざして」
- 2005年 川崎市「多文化共生社会推進指針」策定／東京都立川市「多文化共生推進プラン」策定／群馬県「多文化共生支援室」設置／静岡県磐田市「多文化共生係」設置／東京都新宿区「多文化共生プラザ」創設
- 2006年 東京都足立区「多文化共生推進計画」策定
- 2007年 宮城県「多文化共生社会の形成の推進に関する条例」策定／東京都立川市「多文化共生円卓会議」設置

川崎市や兵庫県の場合は、人権施策に基盤を置く在日コリアン施策の蓄積のうえに、**ニューカマー外国人施策**までを含めたバージョンアップの時点で、「多文化共生」のタームが用いられているが、その他の多くはニューカマー外国人が集住する都市自治体であり、ニューカマー外国人住民施策を包括する言葉として「多文化共生」が採用されていることがわかる。そうした差異は存在するものの、両者がともに志向するのは、地域・自治体レベルにおける、外国人居住者の**ローカル・シティズンシップ**の確立であろう。しかし、かつて梶田

(2) 多文化共生推進プラン

孝道（2003）が指摘したように、こうした取り組みは「戦略的・暫定的な性格が強く」、「『ナショナル』なレベルでの政策の不在という現実のなかで受け入れられてきたものであり、本質的な問題の解決は、やはり『ナショナル』なレベルでの政策調整と組織の構築以外にはない」。

## 総務省「多文化共生推進プラン」とその限界

こうしたなか、総務省は2006年3月、「**多文化共生推進プラン**」を打ち出した（これを契機に、「多文化共生」をキータームとする計画を策定する自治体が増加し始める）。これは、内容的には、上記のような外国人居住者の集住する各地の自治体が実践を通じて構築してきた施策を、国の行政レベルで追認しつつ体系化して、全国の自治体への普及を図ろうとしようとしたもの（ガイドライン）だと言える。総務省はすでに旧自治省時代に「**国際交流**」と「**国際協力**」を国際政策の二本柱としていたが、これに三番目の柱として「**多文化共生**」を付加したことになる。

「多文化共生推進プラン」では、「国籍や民族などが異なる人々が、互いの文化的差異を認め合い、対等な関係を築こうとしながら、地域社会の構成員として共に生きていくような、多文化共生の地域づくり」の推進を目標に掲げた。そして「地域における多文化共生の意義」として、①外国人住民の受け入れ主体としての地域、②外国人住民の人権保障、③地域の活性化、④住民の異文化理解の向上、⑤ユニバーサルデザインのまちづくり、を示している。このうち①は、多文化共生施策の第一義的な担い手は外国人を受け入れた地域社会であることを述べており、なかでも基礎自治体が果たす役割が期待されている。しかし、②の「国際人権規約」「人種差別撤廃条約」等に基づく外国人住民の人権保障ということになると、自治体だけでは十全の対応は困難であると言わざるをえない。また、④と⑤にも、自治体政策を支える国の政策理念の確立・強化や法制度上の改善が望まれよう。

こうした点は、具体的な施策の体系を見ると、より明確に指摘できる。同「プラン」は「多文化共生施策の基本的な考え方」として、①**コミュニケーション支援**（情報の多言語化、日本語及び日本社会に関する学習支援）、②**生活支援**（居住、教育、労働環境、医療・保健・福祉、防災など）、③**多文化共生の地域づくり**（地域社会に対する意識啓発、外国人住民の自立と社会参画）、④**多文化共生施策の推進体制の整備**（担当部署の設置や庁内の横断的連携、地域における各主体

第7章　ともに地域をつくる

の役割分担と連携・協働）を挙げている。しかし、これらの施策のうち、①コミュニケーション支援、②生活支援については、民間団体と連携・協働するにしても、自治体レベルの対応には限界があるのは明らかである。そこでは、自治体の施策を支えるべき国の不十分な法制度整備の現状を不問にしたまま、自治体と地域社会に施策の展開を求めていると判断されても仕方がないだろう。その後、2006年12月になって、外国人労働者問題関係省庁連絡会議がやっと「『生活者としての外国人』に関する総合的対応策」を打ち出し、総務省と法務省のあいだで外国人を含めた住民台帳制度づくりが進行しているが、本来、国の責務としての法制度基盤の整備の方向を示した上で、こうした地域レベルの多文化共生施策の推進を唱えるべきであったと言える（なお、新たな住民台帳制度にあわせて、外国人在留管理制度の全面的な見直しが進められているが、両者ともに「適法な在留外国人」に対象を限定しており、非正規滞在者の扱い等、問題点が指摘されている）。

### 「多文化共生」論の意味と課題

　総務省の「多文化共生推進プラン」では、前述のように、「国籍や民族などが異なる人々が、互いの文化的差異を認め合い、対等な関係を築こうとしながら、地域社会の構成員として共に生きていく」ことが、「多文化共生」の定義とされている。この定義を生み出した山脇には、次のような判断があったという（山脇、2005）。すなわち、外国人の定住化が進むにつれて、日本国籍を取得する者（**民族的マイノリティ**）が増えており、「日本人」と「外国人」という二分法的な枠組みが現実的でなくなっている。したがって、従来の「国際交流」「地域国際化」ではなく、「多文化共生」というキーワードを用いることにより、「外国人を住民と認める視点」に基づいて総合的な生活支援を行い、「同じ地域の構成員」として社会参加を促す仕組みづくりが求められる――。

　こうした考え方には、移民・難民など社会的マイノリティとの共存を志向する、オーストラリアやカナダ等の**多文化主義**政策の影響が認められる。多文化主義は、移民などのマイノリティ集団の人々のための文化擁護と社会参加の政策であることにとどまらず、ホスト社会の人々に向けた政策でもある点が重要である。しかし、現実の多文化主義の展開は国によって多様性が見られ、また各国のなかでもその方向性に揺らぎが生じている。欧米では1970年以降、機会の平等を軸とする「リベラル多元主義」から結果の平等を重視する「コーポレ

イト多元主義」に展開したものの、90年代以降、とりわけ9・11以後、「社会統合」や「同化」「編入」への移行が認められる。一方、日本社会では政策理念を欠いた「リベラル多元主義」と「ナショナルな伝統主義」の綱引きのなかで、グローバル化に対応した「うわべの多文化主義」（テッサ・モーリス＝スズキ『批判的想像力のために──グローバル時代の日本』平凡社、2002）が広がっている。

　筆者は、「多文化共生社会」を、多様な文化的背景をもつマイノリティの人々の多文化主義的な統合政策にとどまらず、グローバルな社会の広がりと変容のなかで、ホスト社会の構成員の「個人」としての生き方と日本の社会システムや文化を問い直す視点を内在させた社会ビジョン、と積極的に位置づけたい。それは直接的には、地域社会や学校、職場、自治体行政などの「公共的な空間」を主要な場として提起されるが、外国人居住者のあり方を枠づける国家の制度＝政策がその基本的な前提をなす、という点がきわめて重要だと考える。

　ただし、「多文化共生社会」論には、丹野清人（2006）が指摘するように、いくつかの留保条件が付されなければならないだろう。第一に、この議論が共生の名のもとにマイノリティ側に共生の強制を強いる論理をはらんでいること（たとえば、日本で行われる多文化教育が、外国人子弟に日本語での授業に加えて母語での授業を指すものであっても、決して日本人の側がマイノリティの言語や文化を学ぶものになっていないこと）、第二に、この議論が日本社会に積極的に参加しようとする者を射程に収める結果、エスニック・コミュニティの中でのみ生きていこうとする者を排除する可能性があることである。

　2008年秋のリーマンショック後の世界的な景気後退と外国人労働者の大量失業の噴出の中で、日本では2009年1月、内閣府に**定住外国人施策推進室**が創設され、教育・雇用・住宅対策・帰国支援・情報提供からなる「当面の対策」が打ち出された。そこでは、「日本語で生活することが困難な定住外国人」としての日系人が対策の主要な対象となっているという意味で、限定的な緊急対策にとどまる。しかし、短期的な対応に終わることなく、これを機に、国と自治体・地域との役割分担や連携協議の仕組みを含めた本格的な「多文化共生」政策の確立が求められていると言えよう。

## (3) 外国人集住都市会議

鈴木江理子

　2001年5月、群馬県太田市、静岡県浜松市、愛知県豊田市、三重県四日市市など、**日系南米人**が多数居住する自治体が、外国人居住にともなう地域の課題を協力して解決するために、外国人集住都市会議を発足させた。

　最初に、日系南米人によって地域社会に「問題」が引き起こされたのではないということを指摘しておきたい。就労に制限のない在留資格を付与されたことによって、彼／彼女らの労働力を必要とする特定地域に集住する傾向があり、その増加の速度が早く、流入の早い時期から家族をともなって来日したという日系南米人の特性によって、外国人居住に係る地域社会の課題が顕在化したのである。

　当初13市町であった会員都市は、日系南米人の居住地域の拡大にともなって増加し、2009年4月現在28市町となり、会員都市が2年ごとの持ち回り制で会議の事務局を担当している。

### 年に一度の公開会議を通した問題提起

　会員都市は、定期的に会議を開き、情報や意見の共有・交換を行っている。そして、年に一度、首長参加の公開会議を開催し、地域社会が直面する現状と課題を社会に訴え、国や県、経済界等に提言を行っている。公開会議を中心とした外国人集住都市会議のこれまでの経過は以下のとおりである。

- 2001年度：「浜松宣言及び提言」を採択し、5省2庁に「浜松宣言及び提言」の申入れを行う。
- 2002年度：「14都市共同アピール」を行う。
- 2003年度：厚生労働省、日本経団連、JICA研修員を交えシンポジウムを開催する。
- 2004年度：日本経団連からの提言（「**外国人受け入れ問題に関する提言**」2004年）への支持を表明し、「豊田宣言及び部会報告」を採択する。
- 2005年度：外国人当事者やNPO関係者の参加により「子ども」に焦点をあてた会議を開催する。
- 2006年度：「よっかいち宣言」を採択する。
- 2007年度：多文化共生活動に関わるすべての人たちに向けた「外国人集住都市会議みのかも2007メッセージ」を発信する。

(3) 外国人集住都市会議

・2008年度:「みのかも宣言」を採択する。また、12月には、景気低迷にともなう雇用情勢の悪化によって、外国人住民の生活が脅かされることを懸念して、「経済情勢の悪化を背景とする外国人住民に係る緊急要望書」を国に提出し、外国人住民の雇用対策と生活支援策を要望している。

### 地域社会から国への働きかけ

しばしば指摘されることであるが、日本における外国人政策は、従来、出入国管理に重点がおかれ、国境通過後の居住局面における政策が整備されていなかった。一方で、国家が決めた出入国管理のもとで国境を越えた外国人が、実際に生活し、働くのは地域社会である。外国人集住都市会議からの問題提起は、そのような外国人政策の不備を指摘し、居住局面を含めた総合的な外国人政策の必要性を、国に対して促すきっかけとなった。

とはいえ、発足当初の国の反応は鈍く、日々さまざまな課題に直面している自治体と中央省庁の間の問題認識にはかなりの隔たりがあった。外国人集住都市会議からの再三の働きかけや日本経団連からの提言、さらに、人口減少への対応として不可避となりつつある外国人（労働者）受け入れ拡大議論のなかで、ようやく国も外国人に係る制度を見直すこととなった。2005年以降、国への提言を、関係省庁からの正式な回答が義務づけられている「規制改革要望」を活用して行ったことも、国の対応を促した要因であると考えられる。

### 国の外国人政策に係る具体的な成果

集住都市会議は、2001年の「浜松宣言及び提言」以来、①子どもの教育、②医療保険、③外国人登録制度を、外国人住民に係る主要な課題として訴えているが、それらに対する具体的な成果は以下のとおりである。

外国にルーツをもつ子どもの教育については、「不自由な」日本語ゆえの学習困難や低い高校進学率、**不就学**といった問題が、かなり以前からNPO関係者や研究者によって指摘されていたにもかかわらず、国はほとんど何の対応もしていなかった。集住都市会議からの再三の問題提起や要望があって、ようやく文部科学省は不就学外国人児童生徒支援事業（2005～2006年度）を開始し、帰国・外国人児童生徒受入促進事業（2007年度～）等の施策を行うに至った。加えて、十分な教育を受けられないまま若い年齢で労働市場に参入することが

多い日系人の就職を支援するために、厚生労働省は「日系人就業支援事業(日系人青少年に対するキャリア形成相談)」(2004年度〜)を実施している。

医療保険に関しては、社会保険適用事業所で雇用されているにもかかわらず、保険に加入していない外国人労働者が少なからず存在し、そのことが医療現場における高額医療の未払いや、国民健康保険の保険料滞納といった問題を引き起こしている。外国人集住都市会議は、日本経団連が提案した「新たな外国人就労制度」の導入を支持し、社会保険の未加入を防ぐために、外国人を雇用する事業者に対し、関係当局への雇用状況報告を義務づけることを要望した。その結果、2007年に雇用対策法が改定され、それまで任意であった外国人雇用状況報告にかわって、事業者に対する罰則規定をともなう新たな**外国人雇用状況報告**が導入された。

**外国人登録**は、日本人のための住民登録と異なり、転出届がなく、登録と居住実態が異なっている場合が少なくない。とりわけ、派遣や業務請負の形態で、企業の生産調整にあわせて就労の場が変わることの多い日系南米人の場合、登録と居住実態の乖離(かいり)が大きいと言われている。さらに、世帯ではなく個人単位の登録であることが、行政サービスを含めた自治体の行政事務事業の障害になっていることから、集住都市会議は登録制度の見直しを求めていた。これに対して、政府は現行の外国人登録を廃止し、外国人を日本人と同じ住民基本台帳に記載するという法案を2009年通常国会に提出している。

### 各自治体における取り組み

集住都市会議として国や県等に要望を提出するだけでなく、会員都市は相互の取り組みを参考にしながら、外国人住民に係る自治体の取り組みを推進している。

行政情報の多言語化、転入時オリエンテーションの開催、外国人相談員やバイリンガル教員の採用、外国人児童生徒や不就学の子どもに対する支援事業、**外国人学校**に対する各種学校認可基準の緩和、日本語学習機会提供の拡大、**外国人諮問会議**の設置など、いまだ十分でないにせよ、各自治体の取り組みは確実に前進している。加えて、地域NPOや企業との連携を深め、実効性のある支援を進めている。

さらに、より正確な実態を把握するために、外国人住民に関する統計を整備したり、調査研究を行うことによって、外国人居住にともなう地域社会の課題

の明確化に努めている。

## 「多文化共生社会」の形成を目指して

　以上のような国への働きかけや、各自治体における取り組みを通じて、外国人集住都市会議が目指しているものは、日本人住民と外国人住民が「互いの文化や価値観に対する理解と尊重を深め」「健全な都市生活に欠かせない権利の尊重と義務の遂行」を基本とする「**多文化共生社会**」の形成である。この文言は、2001年の「浜松宣言」以来、公開会議で採択される宣言に共通してみられる（浜松宣言では「地域共生」）。「健全な都市生活」という言葉は耳慣れない表現であるが、自治体による宣言ゆえに「健全な自治体運営」の遂行に施策の主眼があるような印象を受ける。

　実際、自治体の取り組みの多くが、外国人住民のもたらす新たな文化や価値観を積極的に評価するというより、外国人住民が地域社会で直面する困難を助ける支援型の施策となっている。これは、日本語能力や日本社会に対する理解の不足、不安定な雇用といった外国人住民の側の事情がその一因となっているとも考えられるが、真に「共に生きる」地域社会を求めるならば、日本人住民と同様に外国人住民が地域社会に参加できる仕組みづくりが求められるであろう。そのためには、会員都市以外の自治体における先進的な取り組みを学ぶことも必要である。

　加えて、会員都市には、在日コリアン、就労を目的とする在留資格をもつ外国人、留学生、研修生・技能実習生など、日系南米人以外にも、さまざまな在留資格や国籍をもつ外国人住民が居住している。さらに、今後の社会経済状況に応じて、地域に居住する外国人住民も変化することが予測される。外国人住民に係る課題を日系南米人の問題として単純化することなく、地域社会で生活し、働くすべての日本人住民と外国人住民を構成員として捉え、多文化共生社会の形成に向けた取り組みが今後とも進められることを期待したい。

## (4) CSRと企業の社会貢献活動　　　　　　　　　　　　柴崎敏男

### CSRの定義

　CSRはCorporate Social Responsibilityの略で、「企業の社会的責任」と訳されている。企業の役割期待は経済的側面だけに焦点を当て、「従業員の雇用、企業活動を通じた良い品物の提供、更には株主への配当および納税」であると以前には言われていたが、現在その範囲は大きく広がっている。「"責任"という言葉が適正か」との議論もあり、定義は一様ではないが、一般的に「**経済的・環境的・社会的側面（トリプル・ボトムライン）のバランスを考えながら多面的利害関係者（マルチ・ステークホルダー）との調和を図り、持続可能な社会に貢献する**」とされている。「トリプル・ボトムライン」とは、損益計算書の最終収益、損失が示される最終行が「ボトムライン」と呼ばれることからきたもの。企業を経済的責任のみで評価するのではなく、環境的側面（事業活動を通じての環境的責任）、社会的側面（従業員への福利厚生、人権問題、強制労働、児童労働問題、地域社会との共生、製品の安全性など）も含めるということである。

　また、これまで企業は株主、取引先、監督官庁といった利害関係者（ステークホルダー）を重視してきたが、近年になり従業員、消費者、地域、**NPO**など**多面的利害関係者**を考慮する必要が出てきた。また、**持続可能性**（サステナビリティ）とは「人間活動、特に文明の利器を用いた活動が、将来にわたって持続できるかどうかを表す概念」である。つまり、将来にわたる責任を考え、長期的な視点で企業活動をすることが必要になってきたということである。

　上記に加えグローバル企業にとって重要な指針となるのは、コフィー・アナン前国連事務総長が提唱した「**国連グローバル・コンパクト**」で、国などの公的機関のできることは限られているため、企業のリーダーに対し人権、労働、環境の分野における9原則（現在は10原則）の支持を呼び掛けたものである。

### なぜいまCSRか、その意義は

　近年、CSRが重視され始めた理由の一つは、企業活動の肥大化の結果、企業行動が途上国の経済や環境に大きな影響を与えるようになり、企業の論理のみで経済活動を進めることが許されなくなったことである。たとえば、発展のかげで起こる熱帯雨林の破壊、酸性雨の発生、さらに、大企業の減産や工場閉

(4) CSR と企業の社会貢献活動

鎖による大量の失業者創出などの影響。また、グローバル企業の活動は、受け入れ国の生活水準の向上、技術移転、雇用の拡大などのプラス面もある一方で、低賃金労働・人身売買などによる労働者搾取、法的規制の格差を悪用した開発による環境破壊、その他、現地の事情を勘案しない押しつけなどマイナス面も指摘され、企業として真剣に CSR に取り組まなければならなくなってきた。

日本では四大公害問題に端を発した環境問題を契機に企業の責任論が始まり、その後1980年代後半から企業の社会貢献活動が少しずつ広がりを見せてきた。最近の世界経済のグローバル化、欧米の動きに呼応して、日本でも CSR の取り組みが始まり、2003年を「CSR 元年」と呼んでいる。その他の理由として、価値観や評価が時代とともに変化するため、常に社会の価値を把握する必要が出てきたことや、ステークホルダーとして NPO や NGO の影響力が増大し、企業も真剣に対峙し、また協働する必要が出てきたこともある。

これらの活動を支えている、急速な IT 化による情報の民主化促進も見逃せない。情報が偏在せず同時に多くの人間がアクセス・入手できる状況になったため、不正を隠し通すことは難しくなり、事実を早く公表しなければかえって風評被害にさらされるリスクを負うという、情報の適時開示と早期対応に企業の存続がかかるようになった。また、投資する側が経済的指標に加え社会的な指標を重視するようになったことも重要なことで、これを SRI（**社会的責任投資**、Socially Responsible Investment）と呼ぶ。投資という市場メカニズムを通して、企業の社会性、倫理性、透明性を促進させ、世の中を良き方向へ変革したいという社会的価値観が土台である。最後に、日本の企業にとり身近な**コンプライアンス（法の遵守）**問題もある。近年の不祥事の多発が日本の企業において CSR の浸透を図るきっかけとなった面が大きい。

これらの諸点で生じうるリスクを十分に検討分析し、実態を把握して対策を事前に講ずるというリスクマネジメントの観点から、企業は CSR に積極的に取り組む必要が高まったが、それは、一方では企業ブランド価値の向上に繋がり、労働市場の流動化また少子高齢化の時代に優秀な人の確保にも役割を果たし、従業員の誇りや社内の団結力の強化に繋がる。さらに、「**ステークホルダーとの対話**」を通して社会が何を求めているか把握することが可能であり、進むべき方向の確認もできる点で、企業にとりこの取り組みの意義は大きい。

第7章　ともに地域をつくる

## 企業の社会貢献活動

　企業の社会貢献活動がCSRの一部として考えられているが、アメリカの経済学者ミルトン・フリードマンは1970年に「企業の唯一の目的は株主のために利益を生み出すこと」と主張したが、現在では、株主のみならずマルチ・ステークホルダーを意識することが必要との考えが主流となり、日本経団連の表現を借りると「社会の課題に気づき、自発的に課題に取り組み、直接の対価を求めることなく、自らの資源を投入すること」というのが一般的な社会貢献活動の定義となり、「本業を超えた社会貢献」という位置づけで、各企業が積極的に取り組むようになってきた。

## 在日外国人に対する企業の活動

　多くのニューカマーが日本で働くようになったが、まだ彼らを同僚・隣人として見ることが少なく、さらにその家族に対するケアは不足している。しかし、少しずつではあるが、企業の社会貢献活動として支援活動がいくつか出てきている。雇用形態が問題になっているが、東海地区ではすでに直接雇用に切り換えていた企業もある。中には管理職に登用しているケースもある。さらに、浜松のヤマハIMカンパニーなど数社が、企業内日本語教室を浜松国際交流協会（HICE）の協力の下進めているし、社員ボランティアによる日本語教室を開催している企業も見受けられる。これらの取り組みで社内のコミュニケーションが改善されたという良い結果も報告されており、今後に期待したい。なお、HICEでは2009年1月から市の委託事業で「求職者のための日本語教室」を開始したが、このような就職前の支援も重要である。また、自動車業界ではトヨタが（学）トヨタ名古屋整備学園の中に「在日ブラジル人自動車整備工養成コース」を作り、授業料の半額を補助して毎年20名を受け入れている。卒業生は祖国で活躍をしている。スズキも地元浜松にある学校法人「ムンド・デ・アレグリア」（ペルー、ブラジルからの南米系日系人の学校）への支援を2005年から続けている。岐阜県大垣市のイビデン（電子関連、セラミック関連事業）は、同市にある学校法人「HIRO学園」（ブラジル人学校）に寄付をしている。

　直接・間接雇用に関係してはいないにもかかわらず、社会の課題解決への一助とする目的で活動を続ける例は三井物産である。同社は国際交流・教育・環境の三つを社会貢献活動の重点分野と位置づけた。国際交流の対象国として

近年、その重要性を高めているブラジルを選び、在日ブラジル人学校の支援（2008年度までに30校支援）、在日ブラジル人児童生徒向け教材開発、在日ブラジル人NPO支援などの活動を2005年から続けている。これは、日伯両国がより密なパートナーシップを構築していくためには、経済面のみならず身近な社会問題の解決に向けた取り組みが必要との考えに基づくもので、株主を始めとするステークホルダーにとり、意義のある活動との理解で進めている。

　一方、一社で活動するのではなく、企業が**基金**などへ参画する動きも始まっている。愛知県と（財）愛知県国際交流協会が2008年7月に創設した「日本語学習支援基金」にトヨタをはじめとする企業が参加している。この基金で、①日本語教室学習支援事業「外国人児童生徒を対象にした日本語教室に対し、日本語教室の運営に係る経費助成」と、②日本語指導者派遣等事業「外国人学校を対象にした事業で母国の教育を行う外国人学校の日本語指導の時間に、直接児童生徒に日本語を指導する指導者を派遣、又は、外国人学校が雇用する日本語指導者の経費の一部を助成」が行われている。岐阜県可児市では、2008年11月に外国籍の子どもたちの日本語や習慣の学習能力の向上をねらいに、市、県、民間（経済団体・企業）の三者による「外国人の子どもの就学支援基金」の創設を決めた。長野県では外国籍児童支援会議が中心となり、外国籍の子どもたちに公的な支援が受けられない「母国語教室」で学ぶ子どもたちの援助を始めた。小口寄付とはいえ、多くの企業を巻き込んだ好例である。

　少しずつ始まったとはいえ、全般的にはまだ企業の取り組みは遅れている。このところの雇用調整で様相は一変したが、外国人の方々には購買力があり、団塊の世代より顧客としての重要度も高い。また、上述のように一部の企業では日本語教室を開設するなど、同僚としても親密なつきあいが始まった。

　しかし、急激な景気の落ち込みで最初に解雇されている状況を見ると、労働者ではなく単に「労働力」としか見られていないと思わざるを得ない。

　日本ではここに来て急に移民に関する議論が高まり、人口減を移民でカバーするのだ、と声高に言われ始めたが、外国籍の方々に来ていただくには、受け入れシステムの確立や受け入れる気持ちの醸成など、真に魅力のある国づくりが必要である。

　繰り返して言うが、我々は日本で暮らす外国人を隣人として、また顧客として接するべきであるし、その子どもたちは我々の未来そのものであることを考え、より多くの企業が参加するようになることを願っている。

## (5) ともにまちをつくる NGO

山本重幸

　東京都新宿区はこの10年余りで、人口約31万人のうち3万人を超える外国籍住民が住む地域になった。このうち**大久保地域**では、1万人ほどの外国籍住民が住み、区全体に対する割合では**約30％**（2012年1月）になる。2011年3月に起きた東日本大震災の影響により区内の外国人人口も一時的に減少に転じたが、その後は緩やかな増加傾向にある。

　この地域では**1990年代初頭**からニューカマー外国人による生活圏が形成されてきた。外国人人口の増加に伴い、飲食業などのサービス業を中心に各種エスニック・ビジネスは拡大傾向にあり、日本人事業者や**地域経済**とも密接な関係を持っている。このような地域が形成されておよそ20年が経過したが、地域住民の受け止め方はさまざまだ。問題の解決に向けて悩み、努力はしているが、まちの変化が早い。福祉・教育・防災などを含むコミュニティの課題「**外国人とともに住むまちづくり**」として、多面的に取り組むことが必要である。

### まちづくりの背景

　1980年代の中ごろから世界的に労働人口の移動が活発になり、日本も例外ではなかった。地理的に東アジア、東南アジア地域から多くの外国人が東京周辺に集まり、**池袋**や**新宿**を生活の拠点とした。新宿区大久保地域は、歌舞伎町など新宿駅周辺地域の後背地（ベッドタウン）と見られてきたが、比較的に**安価な**

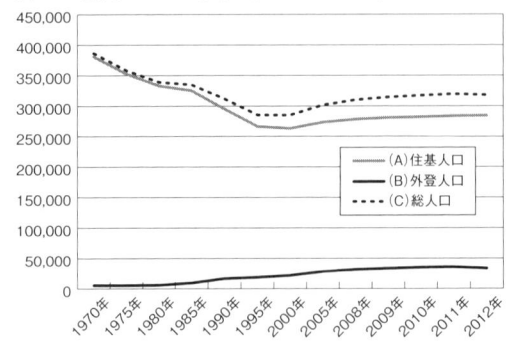

図1　新宿区の人口推移（1970～2012年）

（A）住基人口
（B）外登人口
（C）総人口

注：各年1月1日現在、ただし1980年以前の外登人口は前年の12月末日の集計

出所：新宿区地域文化部地域調整課

表1　大久保地域の外登人口（2012年1月）

| 町丁名 | 世帯数 | 人口 |
|---|---|---|
| 百人町1 | 1,299 | 1,505 |
| 百人町2 | 1,425 | 1,740 |
| 大久保1 | 1,609 | 1,900 |
| 大久保2 | 2,139 | 2,745 |
| 大久保3 | 179 | 303 |
| 新宿6 | 324 | 411 |
| 新宿7 | 740 | 960 |
| 歌舞伎町2 | 664 | 770 |
| 合計 | 8,379 | 10,334 |

注：住基人口：284,518人、外登人口：33,568人、
　　総人口：318,086人（2012年1月現在）

賃貸住宅が供給され、外国人にも高い利便性があった。90年代初頭、地域の外国人の増加に伴い、ゴミや騒音などの住宅環境や外国人による犯罪が社会問題化した。このころは短期滞在者が多く、外国人は顔の見えない存在であったが、現在は家族滞在者が増えるなど、地域への定住傾向が見られるようになった。

この地域の特徴として「外国人」のイメージは特定できない。民族や出身地域、文化や属性もさまざまな人々が、同じまちで暮らしている。来日時期も異なり同国人同士でも構成員が多様で、ビジネスとなれば競争は激しい。日常に対する不安はだれにとっても問題であり、互いのコミュニケーションを図ることが重要である。大久保は歴史的に国内移民の受け入れ地であり、近代以後もその流れに沿って現在に至ったことを記憶に留めておきたい。

1992年、市民活動「共住懇」が発足し、地域の国際化・多文化化に対応する活動を始めた。日常のなかで日本人も含め多民族が混ざりあう地域では、文化交流や外国人支援活動だけではなく、このようなコミュニティのあり方を踏まえてのまちづくりを考える必要があった。現在、共住懇は「多文化共生社会の推進」と「地域防災」を二つの柱として活動を続けている。

## 共生のためのビジョン

近年は韓国人と並んでネパール人やアジア系イスラム教徒の進出も目立つ。まちは新来韓国人によって観光地化され来街者で賑わっているが、あらたな問題も生じている。急激な観光地化に伴い、まちが住宅地域から商業地域へと大きく変化していることに、住民は戸惑いを隠せない。問題が大久保地域に集中しているため、新宿区全体で問題・課題の共有が難しい。共生のためのビジョン（地域的な合意）が必要であるが、情報の偏りなどもあり問題が正しく認識されず、外国人が地域の一員であるとは認められにくいなどの問題もある。すでに、課題は多文化共生の領域だけでなく、都市構造の変化への対応などにも跨っている。

## 多文化コミュニティとは？

大久保地域のような多文化コミュニティは、同質のものによって構成されてはいない。このようなコミュニティでは、それぞれ違う文化や生活背景を持った人たちが互いに支え合い、より良い生活をするためのしくみが必要である。地域の特徴を活かしたまちづくりの可能性を探り続けたい。

第7章　ともに地域をつくる

## (6) 防災・やさしい日本語　　　　　　　　　　　　　　前田理佳子

### 「やさしい日本語」研究の始まり

　災害時の情報弱者を減らすために日本語教育はどんな役割を果たし得るのか。日本語に不慣れな被災者が情報弱者の立場を余儀なくされた阪神・淡路大震災以来、さまざまな試みが各地で展開した。「やさしい日本語」研究はその一つである。

### 「やさしい日本語」とは

　「緊急時言語対策」研究グループは、非常時報道等を「やさしい日本語」で表現する案を提示し、構文上の留意点や語彙の選定方法、音読時のポーズの置き方、表記法、視覚情報の提示の仕方等を具体的に示した（「災害時の日本語」研究グループ、1999）。初級後半から中級程度のレベルの日本語学習者にもわかりやすくする方法を提案したのである。弘前大学人文学部国語学研究室は、同様のものを地域の事情に即した内容で制作し、更新を続けている（弘前大学人文学部国語学研究室・減災のための「やさしい日本語」研究会、2005）。また、「減災のための『やさしい日本語』研究会」は、消防を含む地域の行政サービススタッフ、コミュニティFMスタッフ、医師らが加わって、ともに「やさしい日本語」のより望ましい姿を追求している（「やさしい日本語」研究会、2007）。

　以下は「やさしい日本語文」の一例である。

　　　今日、朝、5時46分、兵庫、大阪などで、大きい地震がありました。神戸は震度6でした。地震の強さは震度6でした。

　　　気象庁からお知らせがありました。余震があるかもしれません。また地震があるかもしれません。気をつけてください。地震でこわれた建物の近くに行かないでください。

　原文は1995年1月17日のNHKニュースで、次の通りである。

　　　けさ5時46分ごろ、兵庫県の淡路島付近を震源とするマグニチュード7.2の直下型の大きな地震があり、神戸と洲本で震度6を記録するなど、近畿地方を中心に広い範囲で強い揺れに見舞われました。

　　　気象庁では、今後もしばらく余震が続くうえ、やや規模の大きな余震が起きるおそれもあるとして、地震の揺れで壁に亀裂が入ったりしている建

物には近づかないようにするなど、余震に対して十分注意してほしいと呼びかけています。

## 災害時の多言語情報の役割・「やさしい日本語」の役割

　日本語に不慣れな人々にとって、母語（または母語以外に精通した言語）による情報が有益であることに疑いはない。が、**多言語情報**が人々の母語すべて、あるいは精通した言語のすべてを網羅することは難しい。また、災害は一つ一つ違った顔を見せるものであり、あらかじめ準備しておける情報以外の、ローカルで伝達に即時性を要求される情報が、被災者にとって重要である。しかし、そういった情報を瞬時に多言語化するシステムを構築するのは困難である。特にIT通信網に依存する言語情報は、被災地の外からの通信が途絶した場合、ダメージが大きい。「やさしい日本語」による情報提供は、こういった多言語情報の限界をふまえ、多言語情報を補完するものとして重要である。

　言語は究極的には翻訳不能であり、日本語で表現されるものすべてをやさしい日本語に翻訳することも当然、不可能である。「減災のための『やさしい日本語』研究会」が「やさしい日本語」の使用範囲を敢えて発災後72時間の緊急情報に限定しているのは、緊急時の確実な情報伝達という目的を明確にし、「やさしい日本語」の限界を見定めておく必要があると考えるからである。森羅万象を「やさしい日本語」で表すことはできない。また「やさしい日本語」は多言語情報の代替物ともなりえない。**補償教育としての日本語教育**が実現されていない状況の中で、やさしい日本語の存在価値が適切に解釈されず、行政の言語サービス等において多言語化の努力を放棄するエクスキューズに結びついていくような動きが生じることは望ましくない。日本語主流社会の再生産をのみ促進するような使われ方は、「やさしい日本語」がめざすものではない。

## 「やさしい日本語」による減災を実現するために

　日本語に不慣れな人を情報弱者にしないためには、非常時に対応できる基礎知識や、情報収集能力の向上に役立つ学習の機会を広く提供する必要がある。日本で生活する日本語学習者に等しく提供される**補償教育のシラバス**を構築し、その中にこれらを含めていくのが望ましい。同時に、日本語を母語とする日本語の使い手がどのように日本語を調整し情報発信すべきか研究し、その実践を支援していくことも日本語教育の貢献すべき分野である。

## (7) 社会参加としての地方参政権　　　　　　　近藤　敦

### 外国人地方参政権の意義

　ともに地域をつくる外国人住民の声を政治に反映させる政治参加も、社会参加の重要な眼目である。参政権の拡大の歴史は労働者、女性へと広がり、今日、外国人の参政権がどの程度保障されているのかが、民主主義の到達度をはかるバロメーターのひとつとなっている。1975年に、スウェーデンでは、定住し始める外国人との共生（ヨーロッパ諸国では「統合」と呼ぶ）を考える上で、定住外国人（のちに「永住市民」と呼ばれる）の地方参政権という制度改革が必要と考えた。この改革を導いた立法趣旨は、移民の政治的影響力、政治的関心、自尊心、社会との連帯感を高めること、社会の公正を高め、民主主義を発展させ、自治体の活性化、国の**多文化共生政策**（移民政策）を実行可能にすることが期待された点にある。

### 相互主義から定住型へ

　北欧諸国は EU に先立って、人の移動の自由な共通労働市場を形成しており、スウェーデン以外の北欧4カ国は、当初、北欧だけの**相互主義**により、定住外国人の地方参政権を互恵的に認めるようになった。しかし、こうした相互主義の互恵型は、その他の出身国の外国人との間の差別が問題となり、しだいに定住型に移行し、今日、北欧5カ国はすべて定住型である。同様に、1993年のマーストリヒト条約で創設された EU は、相互主義により、EU 加盟国の国民である EU 市民に対して、地方参政権をお互いに認め合うことにした。当初、EU 市民に対してのみ地方参政権を認めたベルギーやルクセンブルクも、選挙権に関しては、互恵型から永住市民にも認める**定住型**に最近移行している。また、EU 以外のヨーロッパ諸国も加盟している欧州評議会は、5年以上の居住を要件として定住型の地方参政権を認める、**地方レベルの外国人の公共生活参加条約**を1992年に制定している。韓国が2005年の法改正により永住外国人の地方選挙権を認めたこともあり、現在の公明党案は、当分の間、相互主義を要件とするものである。EU のように、条約により相互主義を定めている場合は、出身国に基づく差別の批判は条約を根拠にかわす方法もあるが、条約によらない相互主義の場合は、その正当化が相対的に難しくなる。

## 低い投票率

　日本における最近の反対論は、国民保護法などが有事の際の国と自治体の協力を定めており、日本に敵対する国の国籍を持つ永住外国人の選挙権の行使により、日本の安全が脅かされるというものである。しかし、敵対する国の利益を代弁する知事を選ぶというこの種の立論の前提として、どれだけの特定国の有権者の比率を想定しているのであろうか。諸外国における現実の経験は、そうした問題を生じていない。外国人の出身国は多岐に分かれるので、特定の国の利益を代弁する首長が選ばれる現実の可能性は、外国人人口の比率が20％を超える国でもない。日本の外国人人口の比率は2％に満たず、永住外国人の比率となると、さらに低い。一口に外国人といっても、その国籍はさまざまである。特定国出身の外国人比率は1％未満であるのが、大半の日本の自治体の現状である。スウェーデンが外国人地方参政権を導入した1975年は、冷戦構造にあって、地理的にも近隣諸国との有事を想定し、民間防衛という国民保護法制を備えていた。当時の外国人の人口比率は5％であったが、外国人の地方参政権でスウェーデンの安全が脅かされるといった杞憂に等しい立論を、現実主義的なこの国の政治家はしない。むしろ、投票率の低さから、いかに選挙に参加し、社会参加をはかるのかが、諸外国の経験における現実的課題である。外国人の投票率の低さの原因はさまざまであるが、非民主主義国の出身者の場合、民主的な選挙への理解が十分でない場合もある。選挙は共生政策にとって重要であり、その国の政治や民主主義制度を理解してもらう教育の場でもある。他方、選挙権をもつことの重要性は、政党の側が有権者である外国人住民の生活も配慮した政策に取り組み、外国人と国民との格差を是正する公正な社会づくりを政治課題とする点にある。

　反対論の背景には古典的な友敵理論があって、外国人は敵、国民は見方という、単純な二分法がある。しかし、現実の人間は、地域、国、職場、学校など、多様な所属に伴う多様な利害関係と多様な政治志向をそなえている。先行する諸外国での外国人の投票行動の実証的な多くの調査結果からは、同じ国籍であっても、投票行動は多様であることがわかる。また、日本の歴史的な経験では、「外地人」は敵とみる偏見がもたらした、関東大震災における大量虐殺を想起すれば、有事において住民の安全を守るためには、むしろ内外人の平等と協力を、常日頃から醸成する多文化共生政策に取り組む必要があり、外国人の地方

選挙権は、こうした政策の重要な柱となる。

## 旧植民地との関係

　イギリスは旧植民地の国々との間に英連邦を構成し、英連邦諸国の国民を「英連邦市民」と呼び、英連邦市民がイギリス本土に住めば、国政も含むあらゆる参政権を認める。カナダ、オーストラリア、ニュージーランドなどにおける英連邦市民の参政権の制度は、今日ほとんど廃止されたが、いくつかの英連邦諸国では、英連邦市民の参政権の制度を残している。日本の特別永住者と比較して興味深いのは、イギリスにおける英連邦市民とともに、オランダの旧植民地であったインドネシアのモルッカ諸島出身者である。モルッカ人は、オランダ軍兵士としてインドネシア独立に反対し、独立国をつくることを夢見てオランダで生活したため、オランダ国籍を取得せず、無国籍者の外国人となった。永住権を保障されたものの、建国の夢は実現せず、やがて二世の多くは将来の夢をもてずに、電車や学校を占拠する事件を起こした。そこで、オランダ政府は、トルコやモロッコなどを含む多くの外国人住民に対して、統合政策（共生政策）に取り組む一環として地方参政権を認めるようになった。

　また、日本の特別永住者の国籍喪失の経緯と比較して興味深いのは、1990年にソビエト連邦から独立したバルト三国である。リトアニアでは国籍選択権が認められたが、ラトビアとエストニアでは、多くのロシア語系住民が国籍を失った。エストニアは永住外国人の地方選挙権を認めたが、ラトビアはそれすらも認めず、その民族差別は人種差別撤廃委員会の是正勧告の対象とされた。民族差別の訴えに対して、ラトビア政府の場合は民族性ではなく（1940年のソビエトによる占領という）入国時期での基準であるとの反論も可能である。しかし、朝鮮戸籍などのナショナル・オリジン（民族的・国民的出身）を理由とした日本政府の場合は、その反論の余地はない。特別永住者のコリアンおよび台湾人からの本人の意思によらない日本国籍喪失に伴う不利益（参政権、年金・恩給等）は、国際人権規約が日本でも発効した1979年からは同条約違反、人種差別撤廃条約が日本でも発効した1996年からは同条約上の人種差別（厳密にいえば民族的出身による差別）の問題が生じうる（第9章(1)参照）。2000年に制定された国連の**国家承継に関する自然人の国籍宣言**は、領土内に常居所を有する当事者の意思を尊重し、国籍選択権を認めない場合の国籍の剥奪を禁じている。今日の国際法の動向に照らせば、特別永住者の国籍喪失の経緯は大きな問題が

ある。永住市民の地方選挙権は、「関係者民主主義」などの普遍的原理に基づく要請とも言える。しかし、日本の特別永住者やラトビアのロシア系住民の場合は、**国籍選択制度**を認めなかったことに起因する差別是正という特殊な要因も加わることが一つの特徴と言える。

## 永住市民の地方参政権と重国籍の容認傾向

　反対論は、アメリカが外国人地方参政権を認めていないことを引き合いに出す。厳密に言えば、タコマパーク市などごく一部では認められているが、教育委員の選挙の場合を除いて、大半の自治体では外国人の選挙権は認められない。アメリカに永住が最初から認められる移民は、将来、市民となることが期待されており、外国人を親としてアメリカで生まれた二世は、アメリカ市民となる（出身国が認めれば重国籍者でもある）。このため、生地主義の国では、一般に、外国人参政権を求めるインセンティブが少ない。

　ヨーロッパ大陸諸国は血統主義が基本であるが、三世からは生地主義（フランスなど）、二世は成人のときに届出（スウェーデンなど）により国籍が取得でき、その際、従来の国籍を維持する**重国籍**が認められる国も多い。ヨーロッパ諸国の調査結果でも、帰化しない理由の最大の要因は、従来の国籍放棄に抵抗があるからであり、重国籍が認められる状況では、帰化率は高まる。

　日本の帰化率は、欧米諸国に比べ低く、永住市民の地方選挙権とともに、国籍取得要件の緩和も多文化共生政策の重要課題と言える。1997年に欧州評議会が定めた**ヨーロッパ国籍条約**では、国際結婚の場合の配偶者や子の重国籍の維持を締約国に義務づけている。今日の国際法の動向からすれば、国際結婚で生まれた子どもへの国籍選択制度は廃止すべきであろう。さらには、その他の重国籍の容認にも取り組むべきである。

　成人の重国籍にも消極的であり、永住市民の地方参政権にも消極的である日本は、先進諸国の中できわだって移民の政治参加に消極的な状況にある。国籍とは別の市民権（永住市民権）や重国籍（複数市民権）などの柔軟なシステムを取り入れることが今後の多文化共生政策の重要課題である。なお、参政権を補完する形で、外国人住民代表者会議のような諮問機関を設け、外国人住民の声を行政に反映させることや、条例を根拠とする住民投票に外国人住民の声を反映させることは、国の法律改正を待たず、すでに多くの自治体が取り組んでおり、公の意思の形成への参画のいっそうの促進が望まれる。

## COLUMN　JIAM 多文化共生関係研修について

志渡澤祥宏

　市町村職員の国際化対応能力を向上させるための総合的な研修機関として、1993年に開所した全国市町村国際文化研修所（JIAM）では、2006年度から本格的に多文化共生関係研修に取り組んでいる。2009年度は（財）自治体国際化協会が修了生を「多文化共生マネージャー」に認定する「多文化共生マネージャー養成コース」、JIAMが修了生を「多文化共生地域づくりリポーター」に認定する「多文化共生の地域づくりコース」、「災害時の在住外国人支援」や「教育支援」のためのセミナー等、5コースの開講を予定している（詳細はJIAM HP（http://www.jiam.jp）参照）。

### 研修の特色

　多文化共生の地域づくりコース、多文化共生マネージャー養成コースの研修対象者の多くは、在住外国人の諸課題に直面している自治体職員や地域国際化協会職員であり、在住外国人に最もアプローチしやすく、情報が届きやすいポジションにいる。多文化共生関係研修では、まず研修生自らがその立場にいるということの気づきも含め、多文化共生に向けた事業の見直しや課題に対する事業提案ができるよう、多文化共生地域づくりコースでは、研修生が課題別に5人程度のグループで、多文化共生マネージャー養成コースでは個人単位で、自分の地域（地域づくりコースの場合はモデル都市を設定）の多文化共生社会実現に向けた企画書の作成をテーマにした演習を実施している。

### リアクティブからプロアクティブへ

　JIAMがこれらの研修を実施するにあたって常に意識している点は「プロアクティブな職員」の育成である。このことは行政全般の研修にも言えることであるが、特に多文化共生の分野においては、在住外国人を取り巻く課題として顕在化しているのは氷山の一角であるため、目に見える課題への対処療法に終始するのではなく、達成したい目標、成果をイメージし、確実に問題を解決できるような具体的なプランの作成が求められている。研修では、そのヒントとなるような講義や先進事例の紹介などに力を入れている。

　また、在住外国人の施策については、国としての方針がまだ明確でない分野が多くあり、このことは自治体職員にやる気があればいろいろな施策に取り組める、プロアクティブな要素が多くある分野であるとも言える。実際に、研修を修了した多文化共生マネージャーは、「外国人児童の教育支援」や「災害訓練での在住

COLUMN　JIAM 多文化共生関係研修について

外国人の参加」など、一つひとつの課題を解決するやり方に国の縛りがない分、「みんながやる気になればやれる」と言い、市町村独自の施策実現に向け、積極的に取り組んでいる。

　このような多文化共生社会の実現に向けた在住外国人とのコミュニケーションの課題に関する知識や、課題にプロアクティブに対応する姿勢は、今後、人口減少社会において市町村等を経営していくにあたり市町村等職員が身につけなければならない姿勢やスキルであり、そういう側面からも、多文化共生関係研修は国際関係の職員だけでなく、都市政策分野や保健・福祉分野の職員など、幅広いセクションの職員に受講していただきたいと考えている。

**多文化共生マネージャーが
行政の枠を超えて、新たな空間で実践を**

　最後に、JIAM が実施している研修すべてに言えることなのだが、一番のポイントは「理屈より実践、常に現場に学ぶものがあるはずだ」ということである。多文化共生関係研修も 4 年目を迎え、さまざま団体からさまざまな立場の職員が受講を希望するようになってきている。彼らが「それぞれの現場を JIAM に持ち込んでくれる」ことで、より活発な意見交換や、課題解決に向けてのエネルギーが生まれており、このようなエネルギーを研修後も活かすため、JIAM では研修生の自発的なネットワークの構築を重要視している。

　現在112名登録している「多文化共生マネージャー」が市町村に戻って、一人ひとりで課題解決に取り組むよりも、お互いに顔の見える関係を保ちながら地域を超えて互いに連係し、課題解決に取り組むことは、それぞれの地域にとってより大きな力になるものと考えている。そこで、多文化共生マネージャーが中心となり、マネージャー間のいっそうのネットワークづくりとさらなる実践現場の提供、ひいては、多文化共生に向けたさまざまな実践の結果を研修にフィードバックすることを目的として、「NPO 法人多文化共生マネージャー全国協議会」（通称、NPO タブマネ）を、2009年2月に立ち上げ、同年3月には JIAM と共催でフォーラム「多文化共生地域会議」を開催した。

　今後も全国の現場の多文化共生施策の先進事例をただ単に紹介するだけでなく、どうしたらその先進事例を外国人の国籍や居住形態等が異なる地域に適用できるのかを考え、提案するとともに、その結果をデータ化していくことによって、「**研修受講→市町村の現場での企画や実践→ NPO タブマネでの検証→さらなる研修でのスキルアップ**」というサイクルを完成させ、今後とも、多文化共生社会の実現に向けて、JIAM の多文化共生研修の充実に取り組んでいきたい。

# 第8章 ともに祈る

## (1) 在日韓国・朝鮮人の信仰と宗教　　　　　　　　　　谷　富夫

### 在日韓国・朝鮮人の信仰

　在日韓国・朝鮮人が信仰している宗教は、旧来韓国・朝鮮人（後述）の間では、シャーマニズム、儒教（祖先祭祀）、キリスト教などがある。新来韓国人（後述）の間ではキリスト教が際だっている。前者のキリスト教と後者のキリスト教の間にはある種の断絶がある。また、日本宗教への帰依も見られるが、この側面は（飯田、2002）にあたっていただきたい。

### 在日の歴史

　これらの信仰と宗教を理解するためには、その前にまずかれらの在日の歴史を知る必要がある。日本は1910年の「日韓併合」から第二次世界大戦に敗れた1945年まで、朝鮮半島を植民地支配していた。その間に日本列島に渡ってきた人とその子孫が、現在、60万人前後日本で生活している。かれらがもっとも多く住む都市は**大阪**である。一方、1989年に韓国が海外渡航を自由化して以来、大量の韓国人が留学や仕事で日本に滞在するようになった。現在、その数約17万。以下では前者を「旧来韓国・朝鮮人」、後者を「新来韓国人」と呼ぶ。「オールドタイマー」「ニューカマー」という一般的なカテゴリーも、それぞれ前者と後者に適用が可能である。また、前者を「狭義の在日韓国・朝鮮人」、前者と後者を併せて「広義の在日韓国・朝鮮人」と、ここでは定義する。

　人口規模をもう少し詳しく説明すれば、「韓国・朝鮮籍」者は2007年末で60万人弱。このうちオールドタイマーを指す在留資格「特別永住者」は43万人弱で、残りの約17万人が上述したようにニューカマーである。また、1952年から2007年の間に「韓国・朝鮮籍」から「日本籍」へ帰化した人が約31万人いる。このうち何人が今も存命中かは不明だが、少なく見積もって帰化者の半数と考え、これに特別永住者を足せば約58万人。もう少し多いと見れば60万人強。こ

のあたりが人口の一応の目安となろう。

　ちなみに終戦直後、祖国に帰らず日本に留まった在日韓国・朝鮮人は約64万人と推計されているから、この50余年間、ドラスティックな人口変動は起こっていない。しかし、中身の世代交代は確実に起こっている。戦前世代を一世とした場合、すでに二世も高齢化し、三世、四世が中心になりつつある。したがって、祖先から受け継いだ民族文化や民族宗教を保持している人々がいる一方で、日本文化、日本宗教への同化の傾向も否めない。

### シャーマニズムの祈り

　一般にシャーマニズムとはシャーマンという宗教職能者をめぐる信仰のことで、広く人類の諸文化に見られるものである。シャーマンは霊と交流し、人間と霊を媒介すると信じられている。在日韓国・朝鮮人の間では女は「ポサル」、男は「スンニム」と呼称されるシャーマンが、依願者の求めに応じて死者供養、祈禱、占いを行っている。この宗教儀礼を朝鮮語で「クッ」という。

　「クッ」とは、病気、家庭不和、事業不振などで悩んでいる信者の依願に応じて、シャーマンが不幸の原因と見られる憑依霊（多くの場合は祖霊）を祭場に招き、歌舞、供物、供銭などで慰撫することによって子孫に取り憑くことを止めさせ、再びあの世へ送り返す、という一連の儀礼のことである。人間の不幸は子孫に祀ってもらいたいと願う祖霊が発するサイン（祟り）であるという、日本宗教にも通底する霊魂信仰によって、朝鮮シャーマニズムは支えられている。「クッ」の目的は、依願者個人と家族の「**現世利益**」にある。

　大阪近郊の生駒山には「クッ」の祭場が集中していて、これを「朝鮮寺」という。大阪には在日韓国・朝鮮人が多いので、かれらの願いに応じて宗教施設が自然発生的に作られていったのである。また、依願者のほとんどは女性、とくに在日一世である。男性は「クッ」を迷信と見なし、妻の信仰を好ましく思っていない。なぜ在日一世の女性なのか？　詳しくは（谷、1994）を参照してほしい。

### 親族が集う祖先祭祀

　祖先祭祀とは、日本でいえば法事やお盆の仏事のことである。朝鮮半島の祖先祭祀は儒教式で、仏教は関与しない。これを朝鮮語で「チェサ」という。チェサは日本の法事よりもはるかに複雑な儀礼の体系を形成している。チェサに

は「墓祭」と「家祭」がある。墓祭とは、5代以前の祖先を墓所で祀るものである。家祭とは、3年喪の後4世代の間、家の中で祀るもので、「忌祭祀」と「茶礼」がある。忌祭祀は日本の法事にあたるものだが、祖先の命日に毎年行うところが、日本の法事と大きく異なっている。茶礼とは、元旦やお盆などですべての祖先を一斉に祀るものである。これらの祭司の権利と義務は長男が相続するきまりである。女性は、祭司はおろか儀礼の空間に入ることすら、原則タブーである。これは、「クッ」が女性の領分であることと対照的である。また、チェサには同居家族のみならず、広く親族が集まってくる。こうした伝統文化が現在も在日韓国・朝鮮人社会に受け継がれている。

　祖先を敬う気持ちが非常に強いと言えるが、チェサには次のような側面もあることは見逃せない。在日韓国・朝鮮人にとって、親族結合はもっとも信頼に足る準拠集団の一つである。マイノリティ集団である在日韓国・朝鮮人が日本で生き抜くためには、親族同士の助けあいがどうしても必要だったのである。チェサの空間はこの事実を表象している。**親族の絆**を引き締め、一族のアイデンティティを再確認するためのシンボルとして、祖先の御霊が尊崇されている。

　しかし、核家族化と少子化の影響は在日社会にも押し寄せている。今後もチェサを維持するために、女性の祭司、儀礼の簡略化のほか、近親者の霊に限った祭祀、集合する親族範囲の縮小など、私事化による再適応の試みがすでに各家庭で始まっている。

### 民族運動と福音伝道

　オールドタイマーが信仰するキリスト教とニューカマーが信仰するキリスト教は、同じプロテスタント系ながら、教会の性格が異なる。オールドタイマーの教会に「在日大韓基督教会」がある。これは母国の教会にも日本基督教団にも属さない民族系プロテスタント教会で、前史も含めて約100年の歴史がある。信者数は4～5千人と多くはないが、全国に教会がある。この教会は1970年代から各地で民族運動を展開した。指紋押捺拒否や就職差別反対運動などである。特筆すべきは、この教会が1971年、大阪市生野区に「在日韓国基督教会館」(KCC) という社会運動のセンターを設立したことである。KCCの目的は、多くの在日同胞が居住する生野の**地域変革**にある。識字運動など社会教育の取り組み、外国人入居差別反対運動、地場産業の活性化、障害者自立支援活動、民族文化祭の創造など、次々と運動を繰り出し成果を上げた。担い手は在日同胞

の青年たちである。教会の信仰もさることながら、闘う若者たちを教会が物心両面で支えてきた点が、シャーマニズムや儒教との対比で注目に値する。

　一方、新来韓国人は在日大韓基督教会ではなく、韓国系キリスト教会に通っている。これは母国から来日した牧師や伝道師が開設した教会で、1980年代後半から都心に増えてきた。初期の信者は夜の歓楽街で働く女性たちであった。教会はホステスたちの「贖罪と慰安」の場として機能してきた。しかし、最近は信者層を信者二世、韓国人ビジネスマン、留学生、それに日本人にも広げている。ある韓国人牧師が1985年、大阪ミナミに開設した「京郷教会」は、1993年に教会名を「国際基督教会」と改称し、牧師も日本名を名乗るようになった。牧師はその理由を、現在の教会の目的は日本に福音を伝えることにあるので、韓国名を名乗って信者に敬遠されるのを避けるためだと説明している。設立から20年余りを経て、韓国系教会も日本社会に根づこうとしているように見える。

## 民族の宗教の行方

　以上をまとめると、旧来韓国・朝鮮人と新来韓国人は相交わることのない信仰世界を生きている。前者に関して、①シャーマニズムを信仰する高齢女性が個人と家族の現世利益を祈っている。②男性世帯主が司る祖先祭祀には、親族の絆とアイデンティティの維持、強化の機能がある。そして③キリスト教は、青年男女に地域社会の変革をめざす闘いの場を提供してきた。これら３つの民族の宗教によって、家族、親族、地域社会という３つの行動領域がカバーされている。そして、現世利益、人間の絆とアイデンティティ、社会変革という３つの欲求が充足されている。このように、一人の信仰ではカバーしきれない行動領域と、一つの信仰ではフォローしきれない欲求充足とが、性と世代の「分業」による相互補完関係によって旧来韓国・朝鮮人社会の全体で確保されている。今後、社会変動が宗教の担い手と機能を変容させる可能性がある。たとえば祖先祭祀の場合、核家族化と少子化の影響で、女性祭司の誕生や祭祀の簡略化の傾向がうかがわれた。

　このように、民族の宗教は在日韓国・朝鮮人の欲求を充足させるうえで重要な役割を果たしてきた。将来、その役割が日本宗教、あるいは宗教以外の社会機関によって代替されるか否かが、民族の宗教の行方を何ほどか決するように思われる。

## (2) ニューカマー・コリアンと キリスト教会の機能

李　承珉（イ　スンミン）

### 韓国人と宗教

　韓国に初めて行った人の多くは、ソウル市内の教会の多さに驚くだろう。韓国では2人に1人は信仰する宗教を持ち、人口の約3割がキリスト教信者である。さらに信仰を持つ韓国人は増加傾向にある。特に**プロテスタント教会**は信仰する場だけではなく、社交と社会参与の場として積極的に韓国社会に溶け込むことによって信者の獲得を伸ばしてきた。

　ニューカマー・コリアン社会もこういった韓国社会を反映する形で日本での宗教生活を続けており、宗教施設もしだいに増加した。教会や聖堂、寺院などは、韓国人が集まって親睦を図り、さまざまな情報を交換する場として、絶好のコミュニティの役割を担ってきた。その中で聖職者の来日も増え、在留資格として「宗教」を取得し入国する人は、90年代以降着実に増えてきており、1989年172人だった「宗教ビザ」で入国する人は2006年には968人に増えた。94年には東京地域内に34ヵ所であった寺院と教会が、2007年には、寺院が13ヵ所余り、教会は53ヵ所余りと大幅に増加している。また、宗教施設そのものの規模も大きくなり、3000人を超える信者を抱える教会も現れた。

### 日本における在日プロテスタント教会

　日本における韓国のプロテスタント教会の歴史は古い。1906年東京にいる留学生を中心に**東京朝鮮基督教青年会（YMCA）**が設立され、1908年には、YMCAとは別に東京教会が設立されたことが、在日プロテスタント教会の始まりである。

　1945年の解放後、日本に残った教職者・信徒たちは、「**在日本朝鮮基督教連合会**」を創立し、規則の制定、日本基督教団からの脱退が決議された。同連合会は1999年、名称を「在日大韓基督教会」と改称し、現在は全国5地方会のもと、約100の教会・伝道所を統轄している。

　その他にも多岐にわたる韓国のキリスト教会の各分派は、日本への伝道のために牧師や伝道師を派遣し、日本にそれぞれの教会を建立してきた。特にニューカマー・コリアンが日本に多く来日を始めた1980年代後半以降、プロテスタント教会の積極的な設立が目立つ。

## プロテスタント教会とニューカマー・コリアン

　韓国で全体人口の2割に達するプロテスタント教会は結束力が強く、来日する韓国人に色々な役割と機能を提供している。そういう教会は、日本に初めて来る留学生を対象に「日本生活説明会」などオリエンテーションを開催し、日本文化になじめない人のために日本人の慣習や文化を紹介する。そして生活相談ができる先輩が付き添い、日本生活のアドバイスなど韓国人の日本定着に貢献する活動をしている。

　信者の間では、お互いを「兄弟」や「姉妹」と呼びながらまるで家族のように付き合い、生活相談と支援、アルバイトの情報交換、冠婚葬祭の手助け、就職情報の交換、信者同士の相互訪問など、あらゆる面でのコミュニティとして機能している。そして、教会での結婚や葬式などは頻繁に行われている。さらには、二世の教育のためにインターナショナル小学校を作ろうと試みる教会も現れた。

　もともと韓国で信仰を持っていなかった人も、来日して教会のサービスにひかれ、あるいは信者の勧誘によってプロテスタント教会に通うようになることも多い。また、ニューカマー・コリアンの教会は信者のニーズもあり、その勢力を拡大しており、日本人にも積極的に伝道活動を行い、日本全国に教会を作るプロテスタント教会も現れている。

　ただ、プロテスタント教会の中でもそれぞれ個性があり、その宗派によって活動や信者の結束はさまざまで、必ずしもすべてのプロテスタント教会があらゆる面での生活コミュニティを持つとはかぎらない。

## 期待される更なる役割

　プロテスタント教会の中には、日本への本格的な伝道の前にまず日本に来るニューカマー・コリアンを伝道し、その信者をまた日本人への伝道に活用するところもある。そのためには熱心な信者の確保と強固なコミュニティの形成は不可欠なことと言える。そういった思惑はともかく、ニューカマー・コリアンの定着と社交など、プロテスタント教会のコミュニティとしての役割は大きい。今後は、日本人信者との交流などを通じてニューカマー・コリアンの安定的な定住にも貢献する役割を果たすことが、キリスト教会に期待されている。

## (3) イスラーム教徒の集いとつながり　　　　　　工藤正子

### 日本に住むイスラーム教徒たち

　ある推計によれば、2000年の時点において、日本には約7万人のイスラーム教徒（以下「ムスリム」）が暮らしている（桜井、2003）。日本全体に占める割合は欧米諸国にはるかに及ばないものの、その存在は日本の多文化化を考えるうえで重要な要素となりつつある。

　上記の推計で在日ムスリムのおよそ9割を占めるとされる外国人は、主に1980年代以降に来日したニューカマーであり、インドネシアやパキスタン、イランなどのイスラーム圏の国々の出身者を中心とする。同じムスリムでもその信仰実践はさまざまであり、同じ個人のなかでも、移住による生活状況の変化やライフサイクルの進行のなかで、来日前にはさして意識しなかった自己の宗教を捉え直すなど、宗教意識や実践が変容しているケースは少なくない。また、1990年代には、日本人と結婚し日本で家族を形成する者も増え、在日ムスリムの歴史は新たな段階を迎えた。相手国の法律によって結婚手続きには違いがあるが、彼らと結婚をした日本人女性も、多くが結婚を機にイスラームに改宗し、子どもたちもムスリムとなる。在日ムスリムは、これらの人々を含める多様な立場および関係性において捉えられるべきであろう。

### モスクの増加

　在日ムスリムの数が増加を始めておよそ20年が経過したいま、これらの人々は日本でイスラームをどのように実践しているのだろうか。注目されるのは、外国人ムスリムの滞日が長期化するなかで、日本で生きていくために共同で祈りの場を確保しようとする動きがでてきたことである。1980年代以前より、東京都の中心部にはいくつかの祈りの場が存在したが、1990年代には、関東郊外に住む外国人ムスリムたちが協力し合って**モスク**（イスラーム教徒の礼拝の場）を建設する動きが活発化した。こうした場の出現は、局所的にではあれ、日本にそれまで見えにくかったイスラームを顕在化させ、新たな宗教的景観を生み出してきた。外国人ムスリムにとって、こうした場は、信仰の維持にとどまらず、異郷の地で経験する社会・経済的な周縁性を克服し、相互扶助のネットワークを構築するという意味合いももっている。

(3) イスラーム教徒の集いとつながり

## 日本人女性改宗者たちにとっての集うことの意味

　基本的にモスク内では、イスラームの規範によって成人男女が空間的に分けられる。当初、新設モスクには女性用の部屋がなかったため、関東郊外のモスクは主に外国人ムスリム男性が集う場であったが、のちに女性用の部屋が設けられるようになり、女性たちのためにも、イスラームの二大祭（断食明けの祭りと犠牲祭）などの集団礼拝や日常の勉強会が開かれるようになった。

　そうした場で次第に目立ち始めたのが、外国人ムスリムと結婚することでイスラームに入信した日本人女性たちである。これらのムスリム女性たちにとって、モスクに集うことは、彼女たちが日常で抱える課題を共有し、解決を模索するという自助組織的な意味ももっている。とくに子育てに関わる課題は大きく、ムスリム家庭によっても方針はさまざまであるが、たとえば、「日本人」としての同質性が強調されがちな日本の学校で、給食でハラール（イスラームで許容されるもの）以外の食品を避けることや、子どもが一定の年齢に達したときの断食の実践をどうするかといった問題がある。日本の**公教育**におけるムスリム児童の宗教実践は、個別の学校や職員の判断による配慮と、家庭の側の自助努力に依存しているのが現状である。そうした状況のなかで、モスクは関東郊外に拡散して居住する女性たちが、ムスリムとしての子育てをするためのインフォーマルなつながりを形成する場としても重要性を帯びている。

　最後に、モスクでの集いは、結婚をとおしてムスリムとなった女性たちが、イスラームとは何か、という問いを共有し、日本における自らの改宗ムスリムとしての生き方を共同で模索する場ともなっている。その変容プロセスは、夫への宗教的同化という単純な枠組みでは説明できず、そこに、モスクでの集いが一つの契機となって生成される、日本人改宗ムスリムとしての多面的な変容の軌跡を見てとることができる。

女性の集団礼拝［2000.12：断食明けの祭り、東京都内のモスクにて（筆者撮影）］

## (4) ハラール・フードの展開とイスラーム　　　　　　渋谷　努

### ハラールとは？

　イスラームでは、宗教上の規範によりムスリムの行為をハラールとハラームの二つに分けている。この二つの基準は、イスラームの聖典であるコーランに基づいている。ハラールは「許された」とか「合法的」であることを意味し、ハラームは「禁じられた」や「非合法の」という意味である。ハラームには、本稿に関わる食物に関する規定として、「死肉、血、豚の肉、それから（屠る時に）アッラー以外の名が唱えられたもののみ」（コーラン第2章173節）があり、その他にコーラン第5章90節では、飲酒、賭矢、偶像、占い矢をハラームとしている。

　ハラールとハラームとの関係では、ハラームはハラールより「感染力」が強い。もともとハラールの食材でも、ハラームと接触すると食べられなくなる。さらに敬虔なムスリムは、ハラールかどうか判断ができない場合には、ひかえたほうがよいとされている。ムスリムはイスラームの戒律に基づき、複雑な食物規制を守らなければならない。そこでムスリムにとって、食事をすることは栄養上と同様に宗教上でも重要な行為である。

### ハラール・フードとは？

　ハラール・フードとは、イスラーム法に基づきムスリムが正当に食事をすることができる食品を意味するが、その一般的な基準を紹介しよう。

・**食材**：ハラールと認められない非合法な食材は主に以下の通りである。よく知られているアルコール飲料や豚だけではなく、猿、犬、ロバも対象である。さらにかぎ爪、牙を有する肉食獣（ライオン、虎、熊など）、猛禽類（鷲、鷹など）、蛙、ワニなどの水陸両方で生息する動物も、イスラームで殺すことを禁じている蟻、蜂、キツツキなども食べてはならない。動物の種類にかかわらず血液はハラームであり、血液を含む肉はハラールにはならない。

・**屠殺方法**：上記に当てはまらないハラールな動物は、イスラームに基づいて屠殺されなければならない。動物は屠殺される際に生きていなければならない。屠殺者は心身健全なムスリムで、屠殺作法の知識を有する者であることが望まれる。屠殺の際には動物をイスラームの聖地であるサウジアラビアの

メッカの方向に向ける。屠殺者は屠殺する際にアッラーの名を唱え、鋭利な屠殺道具を利用し、気管、食道、大動脈、頸部の静脈を切断する。
・食品製造方法：ハラールの食品として見なされるためには、非合法な食材を含まないだけでは十分ではない。ハラール・フードは、製造過程でハラームを含むものとは触れてはならず、別ラインで処理、加工、輸送、保管されなければならない。たとえば、豚肉を調理した鍋を用いていないかなどが証明できなければ、ムスリムは安心して食品を消費することができない。

　以上のような食材を使用し、処理手順を踏んだとしても、ハラールと見なされるのにはまだ十分ではない。食品に含まれる添加物や着色料の中には豚を触媒として用いるなど、豚由来のものがある。ハラールであるためには、豚由来の添加物が加えられていない、さらに調理過程でアルコールが発生していないかどうかなどが科学的に検証される必要がある。つまり、現在では、食品を見た目だけではハラールかどうか判断することができなくなっている。これらを検証するのが**ハラール認証**であり、各国の宗教団体が材料や工程をチェックして認証を与えている。

　しかし世界基準となるハラール認証基準はまだない。さらにハラール認証に関しても、イスラーム諸国の中でも温度差がある。国内でムスリムが多数を占める中東諸国よりも、多宗教が共存している東南アジアのほうがハラール認証に積極的に関与している。特にマレーシアやインドネシアが力を入れており、自国の基準を世界基準にしようとしている。日本では日本ムスリム協会がハラール認証を行っている。

### ハラール市場の拡大

　現在世界には18億人以上のムスリムがいると言われており、これは世界人口の約25％に当たる。全世界の約18億人のムスリムが消費する食品に限定しても、その市場規模は年間800億ドル（約8兆6000億円）と言われている。さらにハラール市場には、食品以外にも薬剤、サプリメントなどカプセルを用いるものも含まれる。カプセルなどで用いられるゼラチンの世界生産のうち、60～70％は豚由来の原料を用いているために、ハラールのものの需要が高まっている。同様に、皮膚を通して吸収される物質は食品と同じく扱われるため、洗面用品、香水、化粧品なども豚由来ではなく、植物由来のものなどでハラール用に生産される必要がある（富沢、2007）。

製造業以外でもハラール市場は拡大している。ハラール製品と非ハラール製品を接触させないための専用の物流システムや包装機械が発達している。さらに、ハラール食品を提供するホテルなど、ムスリム向けの観光産業も現れている。金利や賭博を禁じたイスラームの教義に基づいた金融や保険なども世界的に注目されるようになっており、日本を含め、世界的にもハラール市場の拡大が予想される。

## 日本でのムスリムとハラールの広がり

　日本に住んでいるムスリムの数は概して増加傾向にあり、これらの人口増は、滞在年数の長期化、さらに定住化への傾向を示すのであり、日本国内でハラール製品の需要が拡大すると推測できる。

　国内に住むムスリムを対象としてハラール肉を取り扱う店が現れるようになったのは、1980年代中頃からだった。パキスタン出身者を中心に留学生の中からハラール食品の卸売りや小売りを始める者が現れ、東京など関東圏に小売店舗の営業を開始した。その後、90年代になると、ムスリムが集住している地域には、ハラール・フードを扱う店が競合し始め、電話やFaxによる注文だけではなくホームページで注文を受け付け、宅配で商品を送る店も出ている（樋口、2007）。

　店で売られている商品の中で、最も売れるのはハラール肉である。そこで、店内には大きな冷凍庫が置かれ、鶏肉、牛肉、羊肉が納められている。世界のハラール肉の輸出国はアメリカ、オーストラリアであり、日本の場合もオーストラリアやブラジルから輸入していた。さらに現在では、日本国内でもハラール肉が生産されている。肉以外にも、ソーセージなど加工食品を販売していることも多いが、これらも日本国内で生産するようになっている。

　ハラール・フードはハラール・ショップに限定されるのではなく、日本国内にさまざまな形で見出すことができる。2006年3月に、東北大学工学部内にある工学部生協食堂でハラール・フードが週2回、50食限定で提供されるようになった。その他にも国際線の機内食や一部のホテル内のレストランでハラール・フードが提供されるようになっている。このように日本社会の中でも、さまざまな場所でムスリムが食べることを許されている食品が提供されるようになっている。

## ハラール製品とイスラーム復興

　日本社会の中でのハラール製品について考察する際には、以下の三点に注意が必要である。一つは、日本への移住が増加していった1980年代頃から、イスラーム諸国の中には、イスラーム復興が進んだ点である。イスラーム復興とは、過激で暴力的な原理主義とは一線を画しながらも、日常生活レベルから自分たちの宗教であるイスラームを見直す傾向のことを指す。この見直しの方向性が地域によって異なっており、イスラーム世界の中でも、ハラールに対する意識、特に食品のハラール意識には大きな地域差が見られる。日本に住むムスリムの間でも、ハラール製品への意識の仕方に出身地ごとに違いがあり、東南アジアや南アジア出身者は、中東や北アフリカと比べて食品のハラール意識が強い。そこで日本でのハラール製品の展開のような移民の文化的営みを考察する際には、日本での現状だけではなく、彼らの出身国の状況も考慮する必要がある。また、ムスリムの中でも、日本国内での少数派の食文化の保証も今後問題となるだろう。

　二点目は、ハラール・フードと料理のような食文化とは同じではない点である。ハラール・フード・ショップやレストランは、日本では東南アジアや南アジア出身者が経営する店が多いため、その地域の料理が提供されることが多い。そこで、たとえば北アフリカ地域出身者の中には、カレーを日本で初めて食べたという者がいた。ハラール・フードを考察する際には、日本でハラール・フードと接することが、ムスリムにとって自文化とは異なる食文化に接触する機会となっている場合がある点を考慮するべきだろう。

　最後に、日本で見られるハラール・ショップも、グローバルに展開しようとしているハラール市場の末端部分の現れとして理解する必要がある。さらに食品産業だけではなくイスラーム金融のような金融関係にまで、ハラール市場が広がりを見せている点に注目する必要があるだろう。

第8章　ともに祈る

## (5) 日本の仏教と移民との関係　　　　　　　　　小林真生

### 日本における仏教

　日本で生活する外国人と日本に従来からある寺院との関係は一般的にあまり活発なものとは言い難い。その背景となるのは、新たな社会の変化に仏教界が十分に対応できていない点である。もちろん、その現状に対して変革を求める動きも出てきてはいるものの、一部に止まっているのが現状である。一方で、外国人（特に、アジア系）の背景にある仏教認識あるいは仏教との係わり方と、日本の仏教のそれが異なっているため、相互に接点が築かれ難いという特徴がある。また、本項目で扱う日本の仏教は江戸時代以前に起源を持つ宗派に限定する。

### それぞれの仏教の背景

　日本の仏教が大きく変化したのは江戸時代である。戦国時代までは一揆等の中核となるほど庶民に求心力のあった仏教であったが、全戸がそれぞれの檀那寺に所属することを義務付けた**寺請制度**（檀家制度）が定められる中で、幕府の統治機構の一部をなすようになった。また、当時は他宗派の檀家への布教が禁じられたこともあり、庶民にとって自らが属する寺院以外の寺院との接点のない状態が常態化していった。そして、近年では、先進国全体に広がる宗教の求心力の低下や、仏教がいわゆる「**葬式仏教化**」している状況もあり、仏教寺院は宗教施設という面よりも、先祖の墓地という認識が強くなっている。

　一方、来日した外国人に目を移せば、仏教信仰を持っているものは少なくないが、彼らの持つ仏教の背景は多様である。概観すれば、仏教は西暦紀元前後に上座部仏教と大乗仏教に分裂したことがその契機となった。上座部仏教の信仰地域としてはスリランカ、タイ、カンボジア、ラオス、ミャンマーなどが挙げられ、大乗仏教の信仰地域としては中国、朝鮮、日本、ベトナムなどが挙げられる。他にも7世紀に大乗仏教と密教の影響を受けて興ったチベット仏教の信仰地域として、チベット、ブータン、ネパールなどが挙げられる。現在、東京などの都市部では、彼らの出身国に依拠して、集住地周辺に寺院（雑居ビルの中にある施設も珍しくない）が点在している状況にある。しかし、彼らの捉える仏教への認識の相違により、日本の仏教寺院と連携を持つことは一般的なも

のではない。そのような状況はキリスト教教会が多言語に対応するなどして、日本人と外国人がコミュニケーションをとる機会を創出し、教会全体あるいは個人間でネットワークを作り（時にカトリックやプロテスタントの立場を超える場合も見られる）、支援の場を形成することが珍しくない状況とは大きく異なっている。

## 新たな関係への萌芽

確かに、現在、仏教は異文化間のコミュニケーションの輪を十分には形成しきれていない。しかし、日本社会において仏教は除夜の鐘やお盆の墓参など、日常生活に根付いたものであり、NHK放送文化研究所が2003年に行った世論調査によれば、16歳以上の国民の約7割程度が年に一、二度は墓参をしているとの結果が出ているように（NHK放送文化研究所編『現代日本人の意識構造［第6版］』日本放送出版協会、2004）仏教が持つ可能性は大きい。

組織的な動きの一例を挙げれば、浄土宗は「すべての『いのち』はひとつに結ばれ、共に生かし、生かされる」ことは仏教の根本思想かつ開祖法然の心であり、それを踏まえた共生(ともいき)の教えを21世紀の指針とすべきとして、理想的な社会の実現をめざして活動する諸団体に対し、活動奨励金を授与する「共生・地域文化大賞」を設けている。その中では、定住外国人支援、難民支援、外国人医療などを扱う団体をはじめ、各種NGOが授与の対象となっている。

また、個人の活動としても、筆者は以前、ある地方都市の寺院にて僧侶と話す機会を得たが、その際に、地域の人が目にする寺院の掲示板の活用や、寺院を交流の拠点とすることなどの提案がなされた。確かに、その僧侶自身もしばしば地域の国際交流等の活動にも参加経験があり、海外経験のある人物であったことから、それが僧侶全般に見られる認識とは言えない。しかし、上記の活動が地域の拠点の一つである寺院で行われるならば、従来からの地域コミュニティの活用等の新たな展開を生むであろう。

## 今後に向けて

確かに、教義上の区分はあるものの、地域に密着し、日本社会と外国人の橋渡しの役割を担う可能性を日本の仏教は持っている。それを個々人の発想に止まらせることなく、広く全国レベルで行うことが現代社会の中で仏教が担うことのできる役割の一つではないだろうか。

# 第9章 ともに老後を支えあう

## (1) 在日コリアンの法的地位と年金問題　　　近藤　敦

### 国民年金に残る国籍差別

　現在、老後の支えとしての年金がもらえない問題に、多くの日本国民は怒っている。たしかに、担当職員の過失の問題も深刻である。しかし、かつて国民年金法に国籍要件があった時代に、年金担当者の間違った勧奨に応じて、10年以上も国民年金を納付した在日コリアンの場合には、信義衡平の原則から、老齢年金の受給資格を認めている事例もある（東京高判1983年10月20日判タ508号98頁）。これに対して、今日の在日コリアンの訴訟にみられるような立法者の過失（制度設計の不備）の問題を裁判で争うのは大変である。本来、在日コリアンをはじめとする「旧植民地出身者とその子孫」の権利保障については、外国人一般の権利保障と共通する部分と特別に考慮する部分があるように思われる。たとえば、「特別永住者」という資格は居住の権利について、退去強制されにくいなどの特別に安定した権利を保障している。社会権についても特別の考慮が必要であるにもかかわらず、現行の制度は、在日コリアンの障害者（およそ3000人）や高齢者（およそ3万5000人）が年金制度の対象外になったままである。

　国民年金法の国籍条項は1982年に撤廃されたが、撤廃時点で20歳以上だった障害者には救済措置は取られず、1986年4月1日施行の改正法時点で60歳を超えていた高齢者は制度の対象外とされた。そもそも、国民年金は、20歳から60歳までの間に25年間保険料を納め、65歳から老齢基礎年金が支給されるのが原則である。そこで、25年に満たない者についても、国民年金制度が発足した1961年時点で50歳を超えていた日本国民には、70歳から老齢福祉年金が支給される経過措置がとられた。また、小笠原や沖縄が日本に復帰したりした場合や、中国帰国者や拉致被害者には、その間の保険料を国庫負担とする、一定の救済措置がとられた。

これに対して、日本国民でない者は、老齢福祉年金の対象外とする状況が今日も続いている。簡単に言えば、1982年に難民条約が発効した時点で国民年金法の国籍要件が撤廃された後に年金をかけはじめる世代の外国人には、国民と同じ年金受給が認められたが、それよりも古い世代の外国人には、年金の受給資格を認めないという差別的な立法者の意思が今日でも残っている。

　在日コリアンの**障害者無年金訴訟**は、2007年12月25日に最高裁で敗訴が確定し、**高齢者無年金訴訟**は最高裁で係争中であるが、下級審では敗訴が続いている。社会権に関する訴訟は、一般に広い立法裁量が認められ、裁判では敗訴することが多い。しかし、法改正の必要性を国会に働きかけ、制度改革につながる場合も少なくない。たとえば、日本人の学生無年金者訴訟は、最終的には敗訴が確定したものの、2004年に「特定障害者に対する特別障害給付金の支給に関する法律」が制定され、月額5万円ないし4万円が支給されることになった。その際、公明党と民主党は外国人の無年金問題の救済にも熱心であり、「日本国籍を有していなかったため障害基礎年金の受給権を有していない障害者その他の年金を受給していない障害者に対する福祉的措置については、今後引き続き検討が加えられ、必要があると認められるときは、その結果に基づいて所要の措置が講ぜられるものとする」との付則が加えられた。また、超党派の国会議員約80名からなる「無年金障害者問題を考える議員連盟」が結成されたり、東京都議会は「国会及び政府に対し、在日外国人無年金障害者及び高齢者に対する救済措置を早急に講じるよう強く要請する」意見書を2006年3月30日に採択したりしている。そこで、特別永住者の特別な権利保障と関係する国際法上の最近の動向と、それを踏まえた最近の憲法解釈上の論点について、ここで整理することは、裁判所や国会や政府での今後の議論の上でも有益であろう。

## 国家承継に伴う自己の意思によらない国籍剥奪の禁止

　世界人権宣言15条2項は、「何人も、ほしいままにその国籍を奪われ、又はその国籍を変更する権利を否認されることはない」と定めている。世界人権宣言は、直接の法的効力はないものの、日本国憲法の解釈指針としても参照されるべきものである。通説は、日本国憲法22条2項の「何人も、……**国籍を離脱する自由を侵されない**」規定の解釈指針として、世界人権宣言15条2項が「国籍を変更する権利」と規定していることを援用して、無国籍となる自由を保障するものではないとの解釈を導いている。しかし、通説は、「何人も、ほしい

ままに国籍を奪われ」ないとする部分の内容には、これまで無頓着であった。本人の意思に反して、国籍を剥奪することの禁止が今日の国際法の重大関心事である。たとえば、2000年に制定された国連の**国家承継に関する自然人の国籍宣言**11条、24条、25条および26条は、領土内に常居所を有する当事者の意思を尊重し、国籍選択権を認めない場合の国籍の剥奪を禁じている。また、1997年の**ヨーロッパ国籍条約**4条cは「何人も、ほしいままに国籍を奪われない」と定め、同7条1項に国籍剥奪の合理的理由を限定列挙しており、それ以外の「**恣意的な国籍剥奪**」を禁じており、旧植民地の独立などの国家承継に際して、同18条2項cは「当事者の意思」すなわち選択権を尊重することを定めている。

　近時の国際法の基準に照らすならば、日本国憲法の国籍を「離脱する自由」は、「自己の意思に基づいて離脱する自由」を意味し、その内容には、「自己の意思に反して離脱しない自由」、すなわち「恣意的な国籍剥奪の禁止」も含むものと解すべきである。従来の憲法解釈上も、日本に住む旧植民地出身者とその子孫の日本国籍を喪失させたことは、「法律」によらず、法律よりも上位の法形式である平和「条約」の内容上は明らかではなく、もっぱら法律よりも下位の法形式である「**通達**」（サンフランシスコ平和条約後の1952年の法務府の通達）によるものであり、「日本国民たる要件は、法律でこれを定める」と規定した憲法10条に違反すると一部では指摘されていた。この形式的な論点に加えて、憲法22条2項の「国籍を離脱する自由」の侵害としての恣意的な国籍剥奪にあたるという実質的な論点が今日改めて問題とされる必要がある。

### 国籍差別の禁止と national origin による差別の禁止

　外国人の社会権に関する訴訟は、主として憲法や社会権規約が禁ずる国籍差別にあたるかどうかが論じられてきた。しかし、形式的には外国人一般にかかわる国籍差別の問題であるとしても、実質的には、そもそも、**朝鮮戸籍**を理由として、被上告人の日本国籍を喪失させたことに伴う不利益は、朝鮮戸籍という民族的徴表を理由とする差別にあたり、national origin による**差別**に該当するという新たな論点を踏まえた議論が必要である。従来、日本では、national origin による差別という観念が希薄であり、1979年に批准した**国際人権規約**の社会権規約2条、9条、自由権規約2条、14条では「国民的出身」と訳し、1995年に加入した**人種差別撤廃条約**では「民族的出身」と訳している。人種差別撤廃条約が日本でも発効した1996年からは、特別永住者の本人の意思によら

ない日本国籍喪失に伴う不利益は、同条約1条の定義する広い意味での人種差別、すなわち「人種、皮膚の色、世系又は民族的若しくは種族的出身」に基づく差別の問題である。1996年以後の憲法解釈としては、憲法14条1項後段の人種には民族が含まれるとする見解、もしくは民族差別を人種差別と同様に扱う見解が多数説となりつつある。

また、近時の憲法学説は、憲法14条1項後段が明示する差別の場合には、一般の法の下の平等の合理性の審査よりも**厳格な審査基準**を採用して、違憲の疑いをもって審査にのぞむべきだとの考え方が有力になっている。したがって、旧植民地出身者とその子孫に対し年金の受給資格を否定する行為は、実質的には、national origin による差別として、一般の国籍差別を正当化する「合理的理由のない不当な差別的扱いかどうかの観点」で審査するのでは不十分である。受給資格の否定が「真にやむをえない理由」を国の側で立証しなければならず、そのような特別な理由がない以上、すみやかに改善措置を講ずるべきである。

### 今後の課題

国の年金差別を是正すべく、多くの自治体では、特別給付金を支給しつつあるが、その額は不十分である。国として取り組む方策は、短期的には、特別障害給付金や老齢基礎年金相当の給付金を在日コリアンにも認めるべきである。抜本的には、基礎年金部分を税方式に改め、基礎年金部分の文字通りの普遍的な皆保険を実現することであろう。今日の福祉社会の構成員は国民だけでなく、少なくとも永住外国人は完全な構成員である。その実質的な社会権の保障がないがしろにされている状態を放置すべきではない。多文化共生社会の実現を妨げる法的障害を取り除く手がかりは、国際的な人権条約だけでなく、日本国憲法のうちにもあることにもっと目を向ける必要がある。

もちろん、国連の自由権規約委員会が、2008年10月30日の最終見解において、「主に1952年に日本国籍を喪失した在日コリアンは、事実上国民年金の受給資格から除かれてしまったこと」に懸念を示し、日本は「年金制度から外国人が差別的に除外されないために、国民年金法に定められた年齢要件によって影響された外国人に対して、経過措置を講じるべきである」と勧告していることにも耳を傾けるべきである。

## (2) 日本で高齢期を迎えた在日コリアン　　　　　李　錦純(リ　クンスン)

### 在日コリアン人口の急速な高齢化

　日本は世界に類をみない高齢社会を迎えているが、国内には、約90カ国の国籍をもつ外国籍高齢者がともに暮らしている。65歳以上の外国人登録者総数は、2007年末の時点ですでに12万人を超え、その80％以上は「韓国・朝鮮」籍者である。在日韓国・朝鮮人（以下、在日コリアンと記す）の歴史は100年を超え、長期在住により高齢化し、在日一世はもとより日本生まれの二世も高齢期を迎えている。在留外国人統計によると、過去20年間（1986～2006年）で年少人口は約15万人から5万人に減少し、老年人口は約5万人から9万5000人へと、約2倍に増加した。老年人口の3倍であった年少人口は、2000年前後を機にその数が逆転し、以降減少し続け、在日コリアン人口に占める65歳以上の人口割合（高齢化率）は約16％となっている。在日コリアンの後期高齢者の増加も著しく、その数は在日コリアン高齢者人口全体の41.3％を占め、その60％以上が女性である。加齢に伴い、医療や介護を必要とする高齢者も増加し、現在、在日コリアンの生活・介護問題が顕在化している。

### 在日コリアン高齢者とは？

　在日コリアンの日本への渡航は、1910年の「日韓併合」に遡る。本格的な渡日は第一次世界大戦が起こった1914年以降である。「併合」時、約3000人いた在日朝鮮人は、10年後の1920年には3万人となり、1930年には約30万人に達した。植民地政策の結果、終戦直後、日本に居住する韓国・朝鮮人は240万人に達していたと言われるが、その多くは母国へ帰国し、約65万人が日本にとどまった。在日韓国・朝鮮人高齢者とは、このように戦後も日本にとどまった人々である。

　WHOの定義では、65歳以上を「高齢者」、65～74歳を「前期高齢者」、75歳以上を「後期高齢者」としている。「在日コリアン高齢者」といえば、65歳以上の「韓国・朝鮮」籍の者であるが、生活・介護問題を抱えているのは、主に、旧植民地時代に渡日した在日一世の高齢者である。在日一世は80歳以上、二世は60～70歳、三世は30～40歳位と推察されるが、日本への渡航年代が多様であり、年齢別・本籍地別の統計資料は未公表のため、一世人口に関する実態の把

握は困難である。

　在日コリアンの本籍地、いわゆる本国の出生地は、慶尚南北道出身者が約50％（現在の韓国東南地域）、済州島出身者が約17％であり、国籍は「韓国」籍もしくは「朝鮮」籍だが、その内訳は未公表である。その他に、日本国籍への「帰化」者が戦後累計約30万人おり（法務省民事局HP）、韓国・朝鮮の血統および民族性は保持しつつも、さまざまな事情により、国籍のみ「日本」という元在日コリアンの高齢者も多数いるという現実がある。65歳以上の「韓国・朝鮮」籍者が多い都道府県は、トップが大阪府の約2万6000人、ついで東京都の約1万1000人となっている。在日コリアンの最大の集住地域は大阪市生野区で、生野区人口の22％が「韓国・朝鮮」籍住民である（在留外国人統計、平成20年版）。

### もらえない年金

　在日コリアンの法的地位とその処遇は、ここ20数年の社会運動の盛り上がりや国際的な人権意識の高揚によって、徐々に改善されつつある。しかし、定住・永住を前提としなかった在日外国人への社会保障制度をはじめとした施策の立ち遅れは、現在高齢期を迎えた在日コリアンに大きなしわ寄せとなって現れている。**在日コリアンの無年金問題**は2000年以降、ようやく社会に表明され始めたが、未解決のまま今日に至っている。かつて、厚生年金および共済組合については、在日外国人も加入することができたが、在日コリアンのほとんどは、不合理な雇用差別のために、社会保険の適用を受けない自営業または零細企業に勤めていた。そして国民年金保険には1981年まで**国籍条項**があったため、長い間どちらの保険にも加入できない状況にあった。兵庫県の調査では、ある介護保険施設を利用している在日コリアンの利用者のうち、約90％が年金を受給していなかった。

　難民条約批准に伴い、1982年に国籍条項は撤廃されたが、その時点で35歳を超える者は25年の年金加入資格期間を満たせない。その後1986年に年金制度改革により「カラ期間」の制度が設けられたが、それでもその時点で60歳を超える者はこの「カラ期間」も認められず、年金制度から完全に排除され、救済措置がとられなかったため、在日コリアン高齢者（特に後期高齢者）が無年金状態で取り残された。無年金高齢者に対し、川崎市が初めて救済措置として特別給付金の給付を実施した。その後全国の自治体に広がりを見せ、現在600以上

の自治体に及ぶようになった。しかし首都圏は関西圏に比べると取り組みが遅れ、西高東低の様相を示している。東京都23区では2003年にようやく豊島区が導入を開始したばかりであり、実施している自治体はわずかである。給付金額は全国平均1万5000円程度であり、5000円〜3万1000円と各自治体により金額の幅がある（2006年5月現在、民団HP）。いずれも極少額であり、とても年金に代わり得る金額とはいえず、生活保護か親族の援助を頼らざるを得ないのが現状である。公的年金を主な収入源とする日本人の高齢者とは明らかに異なり、経済基盤がより不安定な高齢期を過ごしているのである。

### 利用しにくい介護保険サービス

急速な高齢社会の到来に伴い要介護高齢者も増加し、その在宅療養を支えていくための社会的基盤整備の一環として、2000年4月から公的介護保険制度が開始された。日本に1年以上在住している外国人は介護保険の適用対象となっている。厚生労働省が公表している「介護保険事業状況報告」によると、全国の外国人登録者の介護保険第一号被保険者数は10万5722人（2006年末）であり、65歳以上の外国人登録者総数の約90％を占めている。

在日コリアン高齢者も適用対象であるが、そのサービス利用に伴う特有の問題として、言葉の壁や生活習慣・文化の違い、無年金からくる経済的事情などの問題が指摘されている。戦前戦後の朝鮮半島における社会規範や貧困などの背景から、就学経験がない女性高齢者が圧倒的に多いため、介護保険サービスに関わる文書を伴う情報が伝達されにくく、サービス内容を理解しにくいという問題が生じている。さらに、日本食が口に合わない、日本の歌を知らないなど生活習慣や文化の違いから、デイサービスやショートステイなどのサービスを利用しにくい状況にあるという事例も報告されている。また、圧倒的多数を占める無年金高齢者にとって、介護保険サービスの1割の利用者負担は大きく、必要なサービスを抑制する可能性もあるだろう。

2006年3月、総務省では、地域における外国人住民の支援施策について、「多文化共生推進プログラム」の提言を発表した。報告書の中で、外国人住民を取り巻く課題の一つに「在日韓国・朝鮮人における高齢者福祉や介護等社会保障の問題」を明記し、「特別永住者のうち、特に高齢者については、日本語によるコミュニケーションが十分にできなかったり、文化的な配慮を必要とする場合がある点に留意すべきである」と、在日外国人高齢者問題について初め

て言及している。また、地方自治体において検討すべき取り組みのうち、「高齢者・障害者への対応」として「高齢の特別永住者等の中には日本語によるコミュニケーションが困難な人も存在する。介護保険分野や障害者福祉においても、介護制度の紹介やケアプラン作成時の通訳者派遣など、多様な言語による対応や文化的な配慮が求められる場合があることから、その対応方策を検討する」と明記している。取り組み事例として、在日コリアン高齢者向け生活支援事業（NPO法人京都コリアン生活センター・エルファ）を紹介している。

在日コリアンの集住地域である関西地区では、在日二世・三世の運営によって、在日コリアンの民族性に配慮したNPO（Non-Profit-Organization、以下NPO）法人による介護保険事業所の設立・運営など、先駆的な取り組みが展開されている。韓国語会話が可能な介護職員による、民族性を配慮したサービスを提供し、介護保険制度ではカバーできない特有のニーズに対応している。また、同国の人が集まるという心安さから、閉じこもりがちな在日コリアン高齢者の社会交流の場としての役割も果たしている。しかしながら、このような支援組織による活動は、関西地区など集住地域に限られている。社会経済的・身体的に不利な状況にある在日コリアン高齢者への介護サービスの公平性を確保する上で、ニーズに適合したサービス提供施設の拡充が望まれる。

### 今後の改革

在日コリアン高齢者は、「定住・永住を前提としない」日本政府の長い外国人政策下で、植民地政策、朝鮮戦争、南北冷戦という時代背景の中、その時々の社会情勢や法的地位に翻弄されながら苦難の歴史を歩んできた人々である。日本国内に在住する外国人は、地域社会を構成する一員であるとの認識のもとに、「内外人平等の原則」をはじめとした国際的な人権基準を尊重し、日本人と同等な行政サービスの受け手であるという観点から、保健・福祉問題に取り組まなければならない。そのためには、国籍や民族による格差が生じないよう、現状に即した高齢者施策の整備が求められる。具体的には、未整備となっている在日外国人の高齢者統計の整備、各自治体の多文化共生施策・高齢者施策への明確な位置づけ、無年金高齢者への早急な福祉的措置が挙げられる。さらに、在日外国人高齢者の介護支援対策として、生活文化に対応した介護施設や宅老所、相談窓口の設置など、地域に密着した包括的・継続的な支援事業の展開が望まれる。

## (3) 中国帰国者の高齢化

藤田美佳

　2009年現在、第二次世界大戦の終戦から64年が経過している。よって、**残留孤児**の多くが65歳以上の前期高齢者、**残留婦人**は77歳以上の後期高齢者（いずれも厚生労働省定義に基づく）となり、帰国一世のほとんどが、WHO（世界保健機関）の定義による高齢者と位置づけられる。本稿では、中国帰国者とは誰か、また彼らの高齢化に即した国の施策はどのようになっているのかを解説する。

### 中国帰国者とは誰か

　中国帰国者とは誰か、歴史を振り返りながら考えてみよう。
　（1）**満州国**の建国
　日露戦争（1904年2月～1905年9月）に勝利した日本は、ポーツマス条約（1905年9月調印。日露戦争の講和条約）によってロシアから遼東半島先端部および南満州鉄道付属地の租借権を得て、警備を目的に守備隊を駐屯させた。彼らは警備地の関東州に由来して「関東軍」と呼ばれ、大日本帝国陸軍の一軍である。その後1932年に現在の吉林省、黒竜江省、遼寧省に当たる中国東北部および内モンゴル地区東北部にまたがる地域に、清朝最後の皇帝愛新覚羅溥儀を皇帝として、日本・朝鮮・満州・蒙古・漢民族による五族協和を目指した満州国が建国された。しかし内実は、日本人（関東軍）による支配＝傀儡政権であった。
　（2）満蒙開拓団の入植──「満州開拓移民推進計画」
　満州国の建国当時、国内では明治以降の急激な人口増加に伴って、アメリカやブラジル、ペルーをはじめとした南米等へ国策として移民を送り出していた。しかし1924年アメリカにおいて、各国からの移民受入数を制限する法律が成立し、海外移住者の受け皿が十分に機能しなくなった（the 1924 Immigration Act：移民・帰化法の改正）。さらに1929年の世界大恐慌に影響を受けた1930年の昭和恐慌以来、国内経済は不振を極めていた。一方で当時支配下にあった朝鮮半島の防衛や中国大陸における権益の確保も検討されていた。これらの社会・経済・軍事的な要因を背景に、廣田弘毅内閣は1936年に「満州開拓移民推進計画」を打ち出し、20年間で500万人の移住が計画された。そして全国各地で豊かな大陸での開拓を夢見た**満蒙開拓団**が組織され、30万人以上もの人々が満州へと送り込まれた。

（3）満州国の崩壊と第二次世界大戦の終戦

終戦間際の1945年8月にソ連軍が日本と締結していた条約を一方的に破棄し、満州国へと侵攻した。この侵攻によって満州国における日本の支配とそれに基づいた社会的秩序は崩壊した。この当時、開拓団員のうち成人男性は徴兵されていたため、駐屯していた関東軍に置き去りにされ、取り残されたのは高齢者や女性、子どもたちである。さらにソ連軍に加え、中国の八路軍（中国共産党中国工農紅軍を改変した軍隊組織、日中戦争後「中国人民解放軍」に改称）にも攻め込まれ、開拓団民の多くが死亡した。一方、生存した者の多くが、戦後の混乱の中、日本への帰国が叶わなかった。そのため、親を亡くしたり、家族とはぐれたりした子どもたちや女性たちは、中国人の養子となったり、結婚したりするなどして中国に残留せざるを得なかった。彼らを総称して「**中国残留邦人**」といい、終戦時の年齢によって13歳未満は**中国残留孤児**、13歳以上は**中国残留婦人**と分類されている。

（4）日中国交正常化による肉親調査の本格化と帰国への道

1972年の日中国交正常化以降、中国に取り残された人々の帰還や身元調査が本格化した。そして81年には、身元判明者の肉親訪問が開始され、一時帰国及び永住帰国が進展した。帰国に関して日中政府は、84年に「中国残留日本人孤児問題の解決に関する日中間の協議について」の口上書を取り交わし、永住帰国については、「日本政府は、孤児が希望する場合には、在日親族の有無にかかわらず、その同伴する中国の家族とともに日本への永住を受け入れる」方針の下、対処してきた（84年以降の具体的な支援体制についてはこの章のコラム参照）。

一方、残留婦人については、本人の意思によって中国にとどまったものとされ、孤児とは異なる対応がとられてきた。しかし、戦争という混乱や敗戦の苛酷さの下で、「婦人」と位置づけられた13歳程度の少女たちが、自由な意思で中国にとどまることを決断したと言い切れるのだろうか。1993年には残留婦人12名が、帰国に当たり必要とされる身元引受人のないままに強行帰国している。この行動が契機となり、翌94年に「帰国促進と帰国後の自立支援は国の責務」とした「中国残留邦人等の円滑な帰国の促進及び永住帰国後の自立の支援に関する法律」（「中国帰国者支援法」）が制定され、日本語習得および生活支援事業が展開されてきた（各種支援事業の詳細については、中国帰国者定着促進センターおよび中国帰国者支援・交流センター web ページ参照）。

（5）中国帰国者とは？

こんにち、帰国した中国残留孤児・婦人本人（一世）に加え、帯同帰国した配偶者や子どもたち、後に呼び寄せた家族も含め中国帰国者と総称している。なお、複数の子どもたちを帯同せず、後に呼び寄せる形態を取るのは、国費での帰国が可能な範囲は、孤児・婦人本人と彼らの二世世帯一家族のみとなっているためである。

## 老後の生活への不安と新たな支援策のはじまり

中国帰国者は、日本語習得をはじめさまざまな生活課題を抱えている。さらに高齢化によって、老後の生活を支える年金の支給が十分でないことが不安を加速させた。

（1）国民年金特例措置

社会保険制度に基づく老齢基礎年金は、免除期間も含め25年間以上納付した人に対して65歳から支給されるもので、希望によって60歳からの減額支給となる繰り下げや、66歳からの増額支給となる繰り上げが可能な制度である。しかし帰国一世は、生涯の多くの時間を中国で過ごさざるを得なかったため、納付条件を満たすことが不可能である。そのため、1996年に「中国残留邦人等に係る国民年金特例措置」が設けられた。これは、中国残留邦人本人について、中国等に居住していた期間を国民年金の保険料免除期間とするものである。この特例措置を受ける際は、厚生労働省で発行する「中国残留邦人等であることの証明書」等を現在居住している市区町村に提出する必要がある。措置開始後3カ月間で、厚生省（当時）は2012名の交付申請を受け付け、1528名に対し証明書を発行している。

さらに同措置によって、中国等に居住していた期間が国民年金の保険料免除期間とされた場合には、その保険料免除期間に対し、保険料の追納を行うことで年金支給額の上乗せが可能となった。ただし1981年以前の期間分の追納については、日本国籍を有していることが要件となる。追納に関する資金的な問題については、保険料追納のために生活福祉資金の貸付を受けることが可能であり、その際の保証人については、本来、原則的には借受人と同一市区町村に居住し、かつ、その世帯の生活の安定に熱意を有する保証人が必要だが、中国残留邦人等と同行して帰国した実子であり、かつ就労している者について、貸付金の償還が可能と認められるときは、同居の実子でも保証人となることが認められた。しかし、5年以内の追納という条件や経済的に困窮しているケースも

多く、必ずしも多くの帰国者が追納措置の利用が可能なわけではなかった。

### (2) 国家賠償請求集団訴訟

　帰国後の苦しい暮らし、高齢化による老後の生活への不安を抱え、2001年に3人の残留婦人が、国の責任を明確にすることを求め、東京地裁に提訴した。その後、2002年には帰国者の8割に相当する人々が、全国各地で国を相手取り賠償請求を求めた。彼らの訴えは、日本への帰還措置の遅れや帰国後に祖国で人間らしく生きる権利を侵害されたことである。この訴訟が全国的な広がりを見せたのは、帰国者本人（一世）が老後の生活への不安に直面していることに他ならない。**集団訴訟**に対する最初の司法判断は、2005年7月の大阪地裁判決で、国の責任や賠償請求は一切認められず、原告の主張は全面的に退けられた。2006年2月の東京地裁における残留婦人を原告とした訴訟は、早期帰国などの政治的責務を怠ったとして、国の責任を一定の範囲で認定したが、賠償請求そのものは棄却された。一方、同年12月の神戸地裁判決では、国の自立支援が貧弱であったことが認められたが、続く2007年1月の東京地裁での残留孤児による訴訟判決は、原告・弁護団にとっては厳しい結果となった。

### (3) 新たな支援策のはじまり

　東京地裁判決の翌日、安倍晋三首相（当時）は、原告団代表と面談し、施策に不十分な点があったことを認め、新たな対応策を検討することを表明した。そして2007年7月に原告・弁護団は、与党プロジェクト・チームによって提示された支援策最終案を受け入れ、損害賠償請求権を放棄した上で、訴訟を終結させることを発表した。その後11月には「中国残留邦人等の円滑な帰国の促進及び永住帰国後の自立の支援に関する法律の一部を改正する法律案」が可決、成立し、①国民年金老齢基礎年金の満額支給、②老齢基礎年金を補完する支給給付、③地域社会における生活支援が実施されることとなった。そして、同法の成立及び新たな支援策の開始によって、集団訴訟の原告は、各地の訴訟を取り下げ、和解に至った。2008年には法律が施行され、①、②にあるように帰国一世が直面する経済的な不安を解消する糸口は拓けた。一方、③は管轄が都道府県から市町村区へと移行したが、どれだけの自治体が支援のノウハウを有し、心理的なケアや予防医療も含めたサポートを実施していけるのか先行きの不安も伴う。法の成立は支援の帰着ではなく、始まりでもある。多文化化するこんにち、国籍を問わず、高齢社会日本に暮らす誰もが、安心して暮らせる社会保障の整備が望まれる。

## (4) 夜間中学で学ぶ外国人

徐　阿貴(ソ　アキ)

### 夜間中学とは？

「いまさら勉強してなにするんやという考えの人もいたけど。だけど私はやっぱ自分の住所でも名前でも書けるほうが、どんだけありがたいか。そういうこと本当に。これだけは口では言えんぐらい」

　これは、東大阪市の夜間中学で初めて日本語の文字を学んだ在日朝鮮人一世の女性の言葉である。夜間中学とは、貧困などさまざまな理由により学齢期に義務教育を修了できなかった人々をおもな対象として、夜間に授業を行う中学校である。あまり知られていない夜間中学だが、生徒の多くを占めるのは、在日朝鮮人や中国から引き揚げてきた人々、就労や国際結婚により日本に定住することになったニューカマーなどである。日本人の生徒にも、貧困や部落差別などにより義務教育課程を中途で断念した人々がいる。また年齢も10代後半から80代までと幅広く、仕事を持つ人、育児・介護責任を負う人、高齢者など、さまざまである。

　昼間の中学校でも生徒の多民族化、多国籍化が言われて久しいが、夜間中学にみる多様性は昼間の中学を大きく上回り、日本社会の多元化を映し出す鏡ともいえる。夜間中学は近現代の日本とアジアの歴史的な関係を映し出すと同時に、労働市場、家族など、現在あらゆる領域で進行しているグローバル化の一端も示している。

### 教育機関としての夜間中学

　夜間中学は公立中学校の夜間学級という位置づけであり、一定の課程を修了すれば中学卒業者として認定される。各自治体の教育委員会により運営され、国数理社英と実技の科目履修、給食、運動会などの行事などの点で、昼間の中学とあまり変わらない。授業時間は平日の5時半から9時までが多く、夏、冬、春には長期休暇がある。公立の夜間中学のほか、市民ボランティアによる「自主夜間中学」も存在し、公民館などを拠点として、ほぼ週1、2回授業を行っている。公立の夜間中学は関東圏と関西圏を中心に35校あり（東京都8校、神奈川県6校、千葉県1校、京都府1校、大阪府11校、奈良県3校、兵庫県3校、広島県2校）、生徒数は約2500名である（2008年9月現在）。自主夜間中学は、公立

(4) 夜間中学で学ぶ外国人

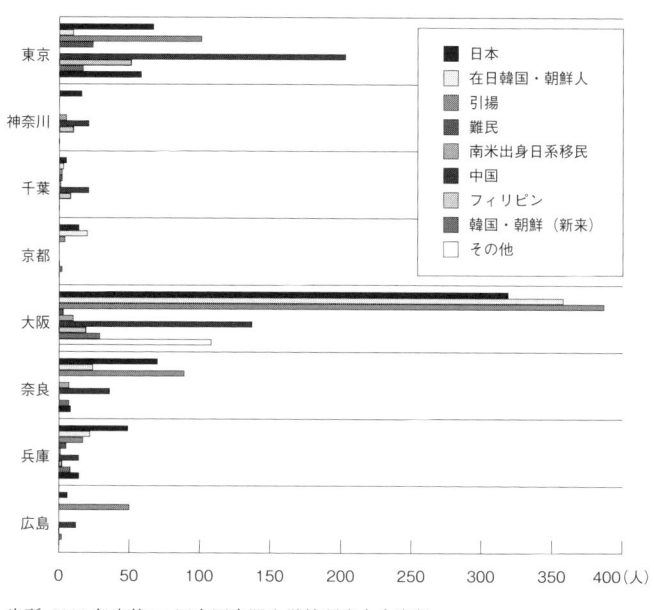

図1　都道府県別・出身背景別・公立夜間中学生徒数（2008年9月現在）

出所:2008年度第54回全国夜間中学校研究大会資料

の夜間中学が整備されていない地域で、北海道から沖縄県まで30あまり活動している。

### 夜間中学に学ぶ人々

図1にあるように、夜間中学に学ぶ生徒は言語、歴史、文化的に非常に多様であり、その構成は関西と首都圏でも異なる。1980年代までは貧困や部落差別により義務教育の中途で辞めざるをえなかった人々、植民地支配下の朝鮮半島から日本に渡ってきた在日朝鮮人、日本による中国への侵略戦争を背景とする引揚者が多かった。1990年代以降は韓国や中国、フィリピンなどアジア出身の生徒が増加し、就労や日本人との結婚によるニューカマー、およびその子どもたちが学ぶようになった。近年ではインドやアフリカ出身者や南米出身の日系人も増加し、生徒の出身地域は世界中に拡がっている。

### 社会運動としての夜間中学

夜間中学は、戦後の混乱期、貧困や労働により学校に通えない子どもたちの

ために大阪市生野区に開かれた「夕間学級」(1947年) が始まりである。1954年には全国で87校、在籍生徒数5208名とピークを迎えるが、経済成長の中で生徒数・学校数ともに減少した。教育行政においても日本では識字の問題は解決済みとされ、夜間中学は衰退していく。しかし1960年代末になると、東京の夜間中学を卒業した髙野雅夫が「教育は空気だ」を標語に**夜間中学の存続・増設を求める運動**を始めた。活発な市民運動によって、1969年に大阪市天王寺中学に夜間学級が開設されたのを皮切りに、夜間中学は増加に転じていった。このように、夜間中学は公教育の枠の中にあるが、**政治的・経済的・文化的に周縁化された層**を中心とする社会変革的な運動に根ざしている。

　夜間中学の生徒たちの多くは、階級や民族／人種、学歴、非識字、障がいなどを理由とする被差別経験がある。これを踏まえ夜間中学では、**識字を中心とする人権教育**を柱とし、独自の教科書や教材の開発、日本語教育、多文化共生や人権教育が実践されてきた。とくに非識字の問題は、生活上の不便にとどまらず、自尊心を傷つけたり、差別や抑圧につながる。しかし非識字者は、みずからを取り囲む状況に対し受身なままではない。ブラジルの教育学者パウロ・フレイレによれば、識字とは単に文字の読み書きの問題ではなく、社会の中で自分が置かれている状況を理解することである。識字教育を通じて、抑圧されてきた人々はより住みやすい社会を求める変革の担い手ともなりうる。

### 夜間中学と在日朝鮮人女性

　夜間中学から始まった社会変革的な運動として、東大阪市の夜間中学独立運動についてとりあげたい。最大の在日朝鮮人コミュニティがある関西圏では、夜間中学でも、日本語が不自由な中高年の在日朝鮮人一世や二世の女性が生徒の多くを占めてきた。民族差別に加えて女性蔑視により就学機会から疎外された在日朝鮮人女性たちは、日本語もハングルの読み書きもできない人が多い。女性たちは家事・育児・介護そして労働にあけくれる生活を送っており、子どもの独立や夫との死別などにより自由時間ができてから、夜間中学に入学するケースが多い。

　東大阪市にある長栄中学夜間学級では、1970年代の開校時より在日朝鮮人一世の女性たちが生徒の多くを占めてきた。1990年代には夜間中学の在籍生徒数が敷地内の全日制中学の生徒数よりも多くなり、これに対処するため教育委員会は近隣の中学校に「分教室」を設置し生徒を振り分けた。しかし、急ごしら

えの分教室は施設や教員配置の面で不備が多かった。生徒たちは劣悪な教育環境に差別性を感じ取り、生徒会を中心に、独立した「夜間学級」への格上げを求める運動を始めた。この運動は、1948年に起きた、文部省による在日朝鮮人の民族学校閉鎖令に抵抗した「阪神教育闘争」にならい、「第二の阪神教育闘争」と呼ばれた。地域の教育関係者や人権運動家も加わり、教育委員会への陳情、座り込み、市民集会、署名集めなど、活発な運動の結果、2001年に太平寺中学夜間学級として独立校化が実現した。

この運動は非識字者の運動であるだけでなく、地域に根をはってきた在日朝鮮人女性が既存の民族組織の枠から離れたところで、女性たち自身の民族的なアイデンティティを主張した運動であった。運動は、民族とジェンダー差別による二重の抑圧を受け、不可視化されてきた在日朝鮮人女性たちの存在を地域社会に大きくアピールすることとなった。運動を契機として、在日朝鮮人女性を対象とする自主的な学習組織や、朝鮮の言葉や食生活など、高齢の在日朝鮮人女性の民族的なニーズに配慮したデイハウスやデイサービス施設も設立され、公的財政支援を受けつつ二世や三世、そしてニューカマーの韓国人女性をスタッフとして運営されている。これらは地域におけるさまざまな世代の在日朝鮮人女性の活動拠点となっており、女性たちのイニシアティブによる多文化共生や識字などに関する運動が続けられている。

## 夜間中学の今後

夕刻、夜間中学には出身地域もさまざまな老若男女が教室に集まり、机を並べ、教師の声に耳をすませ、鉛筆を走らせる。国籍、人種／民族、性、年齢を超えて人々がともに学べる機関が、公教育の枠組みにおいて確立されたことは特筆すべきことである。しかし、言語文化的背景や生活状況、日本語能力など、生徒間の差異は大きく、その対応は現場の教師の努力に大きく依存しているのが現状である。個々の生徒の状況やライフコースに配慮したきめこまかな指導をサポートする体制が整備されるべきであろう。また、修業年限の柔軟化や外国語としての日本語教育のための専任教員の配置、さらに母語維持教育も検討されるべきであろう。とはいえ、多様性への対応は夜間中学に限った問題ではない。増加しつつある外国籍住民のための、教育を含めた総合的な社会統合政策が今後ますます必要となるであろう。

## (5) 外国人看護師・介護士の受け入れ

宣　元錫(ソン　ウォンソク)

　2006年、日本とフィリピンの間で**経済連携協定**（EPA: Economic Partnership Agreement）に関する基本合意が交わされ、日本が**看護師**と**介護福祉士候補生**を受け入れることが決まった。これを受け、多くのマスコミに「フィリピン人介護士がやってくる」「看護・介護分野、初の労働開国」などと、大々的に報道された。その後、インドネシアとも候補生受け入れが正式に決まり、タイ、ベトナムとは継続協議することでEPAが締結された（2009年1月現在）。そして2008年8月7日、インドネシア人候補生第一陣205人が来日した。これで多くの市民は、いよいよ日本もこの分野の労働市場が開放されたかと受け止めたかもしれない。

　しかし実は、このEPAによる外国人看護師・介護士受け入れは、彼・彼女らにこの分野で自由な就労を認めたものではない。EPA枠組みは、基本的に日本の**国家資格**を取得するための「教育」と「研修」を目的としているが、その期間日本の病院や介護施設で働くことができるとしている。日本で仕事を続けるためには、看護師は3年以内、介護福祉士は4年以内に日本の国家資格を取得しなければならず、もし資格が取得できなければ帰国しなければならない。

　ここでいろいろ疑問が浮かび上がる。日本でなぜ外国人は看護・介護分野で働けないのか。候補者とはいえ、いま、なぜこの分野の受け入れを決めたのか。今後、この分野は労働市場が開放されるのか、などなど。

　日本で外国人が働くためには就労が可能な**在留資格**が必要で、看護師は一応在留資格「医療」の一部として認めている。しかし、それは働くのが目的ではなく、先端医療を研究したり学ぶことを目的にごく一部に限られ、年間を通しても一桁の受け入れにとどまっている。介護分野はこれに当てはまる在留資格すら存在しない。しかしこの分野で働く外国人がいないわけではない。看護師は以前ベトナム人を対象に日本で国家資格を取得するプログラムがあり、それによって看護師になった例がある。そのベトナム人看護師は日本で「研修」目的で7年間だけの就労が認められている。一方、介護は看護師と違って、資格がなくても働けるために、日本人と結婚した外国人や就労に制限がない日系人などが多く就労している。だが、介護分野の就労を目的とする在留資格がないために、たとえ留学生が日本の大学を卒業し介護福祉士の資格をとっても、介護の仕事では在留資格の変更ができず、日本に残って働くことができない。

(5) 外国人看護師・介護士の受け入れ

　このように看護・介護分野で外国人の就労を制限しているのは、次の二つを理由として挙げられる。一つは、この分野の**国内労働市場を保護**するためである。看護・介護分野は賃金が安く、そのために離職率が高く、いつも人手不足が指摘されており、労働条件を改善し労働力を確保することが急務となっている。そのために、この分野に外国から労働者を受け入れると労働条件の改善が難しくなり、国内の労働者からさらに敬遠されるのではないかという懸念がある。もう一つは、**言語と文化の障壁**である。看護・介護は人に直接触れるサービス労働であるために、言語コミュニケーションが重要とされる。また仕事には食事など身のまわりの世話も含まれており、習慣や文化を知らないと質の高いサービスができないという意見もある。

　しかし、この分野で多くの外国人が働いている欧米諸国の例を見ると、労働条件の低さは就労者に占める女性の比率が高く、職業としての地位が低いことが主要な要因であり、外国人の就労は大きな変数ではないとされている。また介護現場で言語や文化の壁は大きな問題にならないことも報告されている。

　いま世界は交通と通信技術の飛躍的な発展を背景にあらゆる分野でグローバル化が急速に進展し、それに合わせて人の移動も盛んになっている。特に仕事を求め越境する人が多く、発展途上国から**少子高齢化**が進んでいる先進工業国への看護・介護分野の労働者が移動する、ケア労働のグローバル化が顕著になっている。日本はアジア諸国と貿易や現地投資など経済的な結びつきが強く、EPAはそれをさらに強化する狙いがある。フィリピンやインドネシアなどのEPAの相手国は、日本とのEPA交渉の中で海外就労先の拡大を目的に労働市場の開放を求め、看護・介護分野がその一つとして持ち上がったのである。日本政府からみれば、EPAの締結のために限定的であれ開放に合意せざるを得なかったと思われる。

　看護・介護分野の外国人労働者受け入れは、上述したように、制度のハードルだけではなく、心の壁も高い。ところが、日本の状況はEPAのような限定的な受け入れにとどまらず、この分野について外国人労働者の受け入れを含め全面的に再検討が必要な段階にさしかかっている。増え続ける高齢者の介護をだれが担うのか。外国から労働者の受け入れは必要か。もし受け入れるのであれば、人権を守りながら気持ちよく働けるためにどのように制度を設計しなければいけないのか。また心の壁はどう取り払うのか。実に難しい課題が突きつけられている。

## COLUMN 中国帰国者への公的な学習支援体制の変遷
「中国帰国者定着促進センター」を中心に

安場　淳

埼玉県所沢市の中国帰国者定着促進センター（以下、所沢センター）は、国が帰国直後の**中国帰国者**に日本語・日本事情教育の機会を提供する場として設立した機関である。その教育実践の過程は**生活者**が第二言語を学ぶとはどういうことかを日本社会が身をもって知っていく過程でもあった。

### 1　「中国帰国孤児定着促進センター」設立の経緯

肉親探しの調査を経て永住帰国を果たした帰国孤児数が年ごとに増えていった80年代初頭、厚生省（当時）は残留孤児の身元調査と引き揚げ業務に重点を置いており、「引揚者生活指導員」を派遣してはいたが、公的な日本語学習の機会は提供していなかった。帰国者たちの日本語学習は夜間中学や社会福祉団体、あるいはボランティアを頼りとしていた。政府にとって帰国者は「引揚者」という呼称どおり、戦後処理の位置付けを出ないものだった。しかし、幼少時より中国で育ち、既に40代になろうとしていた帰国孤児のほとんどにとって、未知の言語である日本語の習得は容易なことではなかった。このことが社会的に認知されるようになり、文化庁が委託を受けて、帰国者の生活行動場面の会話教材を開発したのが82年である。

帰国者が直面したのは言葉の壁だけではない。生活習慣や行動規範の違いからくる異文化間摩擦も深刻だった。政府が帰国者を「引揚者」とみなしてこれらの問題を等閑視してきた引き揚げ援護策の破綻が明らかになっていく。これらが社会問題として認識されるにつれて、帰国直後の集中教育の必要性が唱えられるようになり、厚生省は84年に全寮制の「中国帰国孤児定着促進センター」（当初の名称）を開設して、帰国孤児とその同伴家族が4カ月の日本語・日本事情の研修を受けて定着地に向かう体制を作った。一年目の入所者数は33世帯165名だった。

### 2　学習目的の捉え直し、方法・内容の試行錯誤

当時、孤児世代の平均年齢は43歳、すでに人生の半ばを過ぎていた。もとより帰国者といっても中国社会の幅広い階層にわたっており、大学教授から鉛筆を握ったことのない人までいるのだが、ほとんどの人は外国語学習の経験もなく、ゼロから第二言語を学習することには大きな困難があった。前述の帰国者のために開発された教材も、生活場面での行動

力と日本語の文法知識の運用の両方を同時に追求しようとしたものであったため、「蛇蜂取らず」となって、ほとんどの帰国者には使いこなせなかった。そこで、学習項目・方法・教材の再開発が進められ、それなりのノウハウが蓄積されたが、中壮年帰国者の学習はやはり容易ではなかった。

また、当初の日本事情教育も彼らに日本社会への「同化」を求める面が強かった。異文化摩擦の原因を、帰国者側に日本社会についての知識が欠如していることに求め、知識の注入によって問題を解決しようとしたのである。しかし、これは実際上容易でなかっただけでなく、中国で数十年間生きてきた人のそれまでの人生を否定することになりかねないことだった。

帰国者だけが一方的に学ばねばならないのか、受け入れ側の日本社会も異文化の隣人を受け入れるために学ぶべきなのではないか。このような反問を経て、所沢センターでは最終目的を「日本社会への適応」ではなく、「日本社会での適応（自己実現）」であると捉え直し、これに沿って学習目標をコミュニケーション力・行動力・知識に分けて、その内容・方法を学習者の適性別に模索していった。併せて日本社会側にも、異文化の隣人とのコミュニケーション力向上を目的に、帰国者と近隣住民との交流プログラムを設けるようになった。

同センターでは孤児世代の他にも、青年と就学年齢の子どもたちが学んでいたが、彼らには日本での進路を切り開くこと、学校生活上の適応という別の課題があった。それぞれの課題に向けて、同様に試行錯誤が続けられていった。

### 3　援護対象者の範囲の拡大

所沢センターは当初、身元判明孤児のみを受け入れていたが、身元未判明孤児たちの永住帰国の希望の高まりを受けて、85年には政府は身元未判明孤児世帯の受け入れを認め、「帰国ラッシュ」となる（86年には71世帯312人が入所）。

当時、中国に孤児たちはまだ多数残されており、一日も早い永住帰国を強く希望していた。その声に押されて、政府は87年には所沢センターの施設拡充とともに、全国5箇所に小規模の定着促進センターを開設し、合計で年間330世帯（1500名程度）の受け入れ態勢を作った。「大量帰国」時代となり、所沢センターでもこの頃、年間で百数十世帯（約500〜600名）を受け入れた。

この後、肉親に拒否されて帰国できずにいた孤児の帰国を可能にする「特別身元引受人」制度、60歳以上（後に55歳以上）の孤児の二世世帯の同伴帰国、残留婦人とその同伴家族の永住帰国、と援護対象範囲は徐々に拡大されていった。しかし、残留婦人の場合はそこに至るまでの長い過程があった。敗戦時13歳以上だ

ったというだけの理由で、自らの意志で中国に残ったとみなされて援護の対象外とされてきた残留婦人たちは、それは実情に合っていないとして帰国支援を求めて請願を重ねていた。しかし政府は動こうとせず、業を煮やした婦人たちにより、ついに93年の「12人の残留婦人の強行帰国」(片道切符だけで自主帰国した高齢の婦人たちが成田空港に陣取って、政府に支援を訴えた) が起きる。これがマスコミの注目を浴びたことが契機となったのだった。所沢センターは婦人受け入れに伴って、名称を「中国帰国者定着促進センター」に改めた。

また、戦後サハリン(樺太)に残され、中国帰国者以上に歴史に翻弄されて、民間ベースで細々としか永住帰国が叶わなかったサハリン残留邦人の受け入れが98年から始まり、所沢センターは中露の学習者が机を並べて学ぶ場となる。

### 4 学習期間の延長

話が前後するが、開設当初の研修期間は4カ月だった。しかし、4カ月で日本語が習得できるはずもなく、帰国者は定着地でも学習の継続を希望した。同時に、よりよい雇用条件を求めて転職を繰り返した。しかし、学習にせよ雇用にせよ、大都市以外では機会は限られる。支援体制の整っていない地域に定着した帰国者は、口コミにより東京や大阪などの大都市へと転出したため、80年代後半には大都市に帰国者人口が集中する現象が起きていた。そこで、地域格差の是正と特定の都市への集中を避けることを目的として、87年以降、定着後続けて8カ月の研修と就労支援を受ける「自立研修センター」が都道府県を実施主体として全国の主要都市に開設されていった。同センターはピーク時には全国20箇所となる。さらに、定着・自立両センターの合計1年間の研修では不十分との声を受け、97年からは定着後5年以内の帰国者を対象に「再研修」制度が開始された。

この後21世紀に入って、老後の生活に不安を抱え、それまでの援護施策が不十分であったと感じてきた多くの孤児・婦人らにより、各地で国家賠償訴訟が起こされる。訴状中に国が十分な日本語学習機会を提供してこなかったことも含まれていたことから、厚労省は急遽04年に定着促進センターの研修期間を4カ月から6カ月に延長した。

### 5 呼び寄せ家族も含めた中長期的学習支援策へ

孤児・婦人たちは規定により二世家族を一世帯しか同伴して帰国できないため、帰国後のいわゆる「呼び寄せ」(中国に残してきた家族を後から永住帰国させること)が定着後の数年にわたって続く。これにより、各地で公的援護を受けられない帰国者を大量に生み出すことになった。自立研修センターは国費帰国者のみを対

象としていたが、この状況を座視できず、自治体の判断により、この頃から国費帰国者が減り始めて定員に余裕ができたところへ呼び寄せ家族を受け入れたセンターもあった。

　国費帰国者の数は減少傾向が続き、定着・自立両センターともに98年頃から順次閉所されていく。しかし、それらの地域にその後帰国する人がまったくいなくなったわけではなく、以前に定着した帰国者も上述の再研修の機会が奪われてしまったわけで、呼び寄せ家族への支援の欠如と併せて、地域間格差が再生産されることとなった。しかも、呼び寄せと国費帰国とを問わず、二世三世は人生のさまざまな時期に改めて学習ニーズを持つものだが（子どもが学校に上がれば、学校との連絡に不自由を感じて学びたいと思う等）、働き盛りの彼らには、たとえセンターが近くにあっても通う時間がなかった。

　また、この頃までに帰国孤児の平均年齢は60歳を超え、彼らの最大の関心は老後の生活保障や介護に移っていく。この頃になってようやく彼らに日本語習得を求めること自体に無理があるということが社会的に認められるようになり、学習の目的も引きこもりや「ボケ」防止、健康や交流促進に移っていく。逆に、孤児本人の場合、「母語」であるべき日本語が話せないという心理的不全感から、高齢となっても続けて日本語を学習したいという人も少なくなかったが、そのニーズも満たされていなかった。

　これらのニーズに少しでも応える中長期的な学習支援策として、国費・私費の別も帰国年も問わない遠隔学習（通信教育）課程と通学課程を併せ持つ「中国帰国者支援・交流センター」が01年に東京に開設された。大阪にも同センターが開設され、通学コースを開いた（08年現在、全国で7箇所に開設されており、通学課程や交流事業を実施している）。遠隔学習課程は徐々に帰国者に知られるところとなり、受講者数は鰻上りに増えていった。

　一方、国家賠償訴訟は07年に和解による一応の決着を見、厚労省は今までの施策を見直した新支援策を08年より施行、並行して定着地での支援管轄が都道府県から市区町村に移ったことと、遠隔学習課程事業が支援・交流センターから所沢センターに移管されたことで、一貫性のある中長期的な学習支援に向けて、帰国者の学習支援は新たな時代を迎えようとしている。

# 第10章 ともに弔う

## (1) 在日コリアンの墓と死にまつわる儀礼　　李　仁子(イ　インジャ)

### 移住者の死

　本稿では、在日コリアン（以下、在日と記す）一世の死にまつわる儀礼や墓についてみていくことにする。そもそも、異文化の中に生きる移住一世たちは、自らの生活を安定させるのに並大抵ではない苦労をし、安定した暮らしが手に入っても、今度は子孫との関係で苦労を強いられる。と言うのも、一世たちは生まれ育った環境とは言葉も生活様式も異なるところで暮らしを立てていかなければならなかった上に、子孫はその異なる言葉や文化が「生まれ育った環境」になっているため、たとえ親子であっても想像以上に大きな世代間格差が生じてしまうからである。もちろん、その格差がもたらすさまざまな苦労は、子孫の側にも負担を強いることになる。よほど上手な文化的継承が行われないかぎり、二世・三世たちは一世らが生きている文化やそれに基づく願いをすんなりと受け入れることは難しい。一世たちが時に見せる、墓や祭祀に関する強いこだわりも、そうした世代間の文化的格差を際だたせる事例の一つである。

### 在日の葬送儀礼

　筆者が在日の墓や葬送儀礼に関するフィールドワークをはじめたのは、1990年代初期からである。当時は朝鮮式の**葬送儀礼**や**祭祀**のあり方にこだわりを持って実践している人たちがまだ少なくなかった。しかし今では、在日の集住地域でさえ、伝統的な儀礼やしきたりをよく知る一世も数少なくなり、むしろ少し前の時代に一世から指示されて葬儀などを執り行っていた葬儀業者らによって伝承されている。

　葬儀業者の話によれば、最近は昔ながらの葬送儀礼を忠実に行う人は少なくなったが、知っている範囲でしきたりを守って行ってもらいたいという意思を伝える二・三世はまだ多いという。数はそれほど多くはないが、韓国で葬儀を

営む在日一世たちもいる。日本で亡くなり、故郷の地に埋葬されたいと願う一世のために、日本と韓国の両方で葬儀が行われるケースである。そうした故人はたいてい生前より土葬を望んでおり、家族や親族の献身的な協力が得られた場合、遺体のまま祖国に帰って朝鮮式のお墓（土饅頭）に埋葬される。筆者も1997年に、そうした「センジャン（生葬）」と呼ばれる葬送に同行する機会があり、その一部始終を見ることができたが、異郷で亡くなった移住一世を一週間近くもかけて手厚く葬る、伝統的なしきたりに則った葬送儀礼は、故人の労多き人生に対する遺族の長い鎮魂の営みであると同時に、世代間にある文化的な隔たりを埋めようとする行為でもあるように思えた。

## 在日の先祖祭祀とその変容

　親族の物故者を祀るための伝統的な儀礼は多くの文化で見られるが、在日の民族的先祖祭祀として代表的なものは、チェサ（祭祀）とクッである。

　チェサは、何代もさかのぼる祖先を祀る儀礼で、主に男系親族が故人の命日などに集まり、儒教的なしきたりに従って執り行われる。

　チェサが儒教的な儀礼だとすれば、クッは民俗宗教的なものだ。たいていは家庭の中で不幸なことが続き、その原因が亡くなった先祖にあると宗教的職能者に告げられたときに行われる。歌舞音曲を伴うシャーマニックな儀礼によって、障りをもたらしたとされる先祖を慰め、災厄を除こうとするクッは、儒教的儀礼の表舞台から排除されがちな女性たちをその中心的な担い手としている。

　チェサやクッのような**先祖祭祀**は家族内で行われることが多く、周囲の目（すなわち日本人の批判的なまなざし）を気にする必要がないため、在日の生活文化の中でも最も民族的な形を保ってきた。それは先祖を祀る儀礼であるとともに、在日家族が自らの出自や民族性を再確認するための文化装置でもあった。しかし、移住先での生活が長くなり、日本定住が自明のこととなってきた在日の先祖祭祀は、徐々に変容していく。日本の風習や祭祀様式が取り入れられたり、在日の家族構成や生活スタイルが変化してきたからである。具体的には以下の四つがあげられる。

①日本的先祖祭祀の典型的な舞台装置である仏壇の導入。韓国では、たとえ仏教の信者であっても家の中に仏壇をしつらえることはない。

②自ら入信した日本の宗教教団（とりわけ新宗教教団）の定める方法による先祖祭祀とチェサの併存。先祖の命日に仏壇の前で教団の教える経文を唱

えながら伝統的なチェサを行ったり、ときにはその後にクッまで執り行う。
③男系親族以外の者もチェサに参加。裏方に徹してきた女性も参加することが増え、他家に嫁いだ娘が実家の祭祀で男性と同じ役割を演じたりする。
④一地方の祭祀様式の正統化。韓国済州島は在日の一大出身地だが、そこに固有の祭祀様式が、近年ますます在日のオーセンティックな文化になりつつある。なかでも独特な分割祭祀（男系子孫で先祖祭祀を分け持つ）は、世代が進むにつれ日本人との結婚が増え、伝統的な祭祀の担い手不足が深刻化する在日社会にとって、都合の良い、負担の軽いやり方だと考えられる。

## 在日の墓の歴史

　在日の歴史は、移住初期（1910年の日韓併合前後）から数えても100年足らずのきわめて浅いものであるが、彼らが作ってきた墓は、まさに歴史の証人である。移住の最初期にあたる戦前期のそれは、まだ形の整わないものがほとんどであった。近親者が少ない異郷での死であったためか、発見された遺骨にはかなり寂しい死後処理の痕（あと）しかうかがえない。また、戦時中の強制連行の末に亡くなった人たちの墓場は、悲しい日韓の歴史を物語るばかりである。戦後になると、1959年から始まった「帰国運動」に賛同して北朝鮮に渡った在日や、その親で日本で亡くなり死後の祭祀を「帰国」した息子らに託した一世たちの墓が、北朝鮮の各地に作られた（そのため、一家の墓が日本、韓国、北朝鮮に分散している家族もある）。在日一世たちの墓が今日のように整備された形で日本に建立されるようになったのは、そのまた後のことである。

　朝鮮文化の文脈では、どのような墓をどこに作るかは非常に重要な問題である。それゆえ、日本で亡くなった在日一世や遺された配偶者らは、当初、日韓の国交が回復し祖国に戻れるようになったら、故郷に墓を建てるつもりだったようだ。正確な数は把握できていないが、相当数の遺骨が国内の一般寺院や朝鮮寺に預けられたり、一時的に納骨されたりしたのは、そのためである。また、日本に墓を建てたものの、いずれは祖国に移葬する意志を持っていた一世も少なくなかった。しかし、墓の保守や墓祭を担当する子孫が日本への永住を選択したり、故郷とのつながりを希薄化させていく現実を目の当たりにして、死後の環境整備を日本の地で進める人が増えていった。条件に恵まれた一世たちはわりと早い時期から韓国に墓を作ってきたが、そうしたケースでも、墓参りが難しいなどの理由から、子孫が墓を日本に移すようなことが起こっている。

## 特徴的な墓誌

　日本に建立される在日の墓は、初期においては、朝鮮式の土饅頭を作るなどかなり異彩を放つものであったが、その後は現代の日本で標準的とされる形式の墓が多くなり、見かけ上日本人の墓とまったく見分けがつかなくなっている。一般の霊園にある場合などは、完全に周囲にとけ込んでいる。しかし、墓石に刻まれた墓碑銘や墓誌の内容は、日本のものと大いに異なっている。墓石の正面に刻まれた文字を写し取ったものだが、「本貫」(ほんがん)(姓ごとの始祖の発祥地)や官位、被埋葬者の本名(朝鮮名)などが記されている。また被埋葬者の渡日以後の個人史や、自分に至るまでの先祖代々の系譜、家族と子孫全員の本名などが墓碑の全面にびっしり刻まれている事例も少なくない。このような墓は、埋葬される予定の在日一世自らが存命中に建立することが多い。自分の本名すら正しく発音できない二世・三世が多い現状からすれば、このような墓を生前に建立することは、移住先の日本に根を下ろす覚悟をきめた一世の、子孫たちへの最後のメッセージだと考えられよう。

## 墓や祭祀という文化装置

　在日一世の死にまつわる儀礼や墓について当事者に話を聞いて回っていると、一世と子孫たちの間に横たわる文化的な隔たりや、二世・三世たちの民族的アイデンティティに関する話題が必ずと言っていいほど出る。多くの一世たちは、墓やチェサを、本来の目的である先祖を弔い祀ることのほかに、朝鮮民族としての自覚と誇りを感じる場ととらえ、子孫たちにその実感を伝えるまたとない機会であるとみている。日本人と変わらない顔、日本名(通名)、母語としての日本語(韓国語のできる人はまれ)、日本人の友だち、といった日常を生きる在日二世・三世にとって、一世たちの集まるチェサや特異な墓誌の墓は、日本人とは違うという鮮明な印象を与える非日常である。両者間の隔たりはなかなか埋まらない性質のものである。しかし、墓やチェサといった文化装置は、ギャップのありかを照らし出す常夜灯である。隔たりの存在を繰り返し思い出させる一方で、子孫に何らかの大きな変化が生じたり、人生の岐路に立たされたりしたときに立ち戻るべき原点を指し示してもくれる。おそらくすべての移民とその子孫にとって、こうした**文化装置**はとても面倒ではあるが、なくてはならないものなのではなかろうか。

## (2) 日本のイスラーム教徒と死
### ——埋葬問題を中心に

樋口裕二

### 日本における火葬と土葬の事情

　日本では圧倒的に、遺体は火葬されている。「墓地、埋葬等に関する法律」によると、法律上では「土葬」も「火葬」もほぼ同等の扱いを受けているのにもかかわらずだ。実質、9（火葬）：1（土葬）だ。ただ、実際に現在でも一部、地方都市などでは「土葬」が執り行われている。平成11年度の厚生労働省の報告によると、土葬（埋葬）が300件以上実施された県は、福島県、栃木県、山梨県、三重県、奈良県、滋賀県、島根県、高知県であった。

　なぜ火葬が多く土葬が少ないのか。大きな理由の一つとして、「火葬」より「土葬」に対して、条例上（というレベルで）、規制を要請してくるのだ。つまり、法律では公衆衛生の点を強調した上で「土葬」を頭ごなしに禁止するのではなく「火葬」と同じように容認した上で「規制」をかけているということだ。具体的な規制とは、「埋葬を許可する際には、市町村長が許可を受けなければいけない」ということなどだ。土葬の許可は出づらいのだ（土葬可能な場所がそもそも少ないが）。

　また、火葬、土葬に限らず、埋葬地をめぐる状況は規制が多く、乗り越えるべきハードルは多い。たとえば、新たに火葬、埋葬する土地、墓地の許可はえづらい。「墓地等の構造設備及び管理基準等に関する条例」によれば、「河川、海又は湖沼から墓地までの距離は概ね20メートル以上であること」「住宅、学校、保育所、病院、事務所、店舗等から墓地までの距離は、概ね100メートル以上であること」。これだと、該当する土地はなかなかない。また近隣住民などからの反対も多く、建設が頓挫することも少なくない。

### ムスリムが死を迎えるということ——イスラーム的意味

　遺体は火葬されると思いがちだ。だが、ムスリム（イスラーム教徒）にとって、あくまでも埋葬されることは「土葬」を意味する。ムスリムが土葬にこだわるのには、イスラームの教えと大きく関連している。

　イスラームにとって、死はあくまでも現世の生活の終わりであり、一区切りにすぎない。死を迎えたら、ムスリムはすぐに来世にはいかない。来世にどこ

にいくのか……。楽園にいくのか地獄にいくのか。「最後の審判」を受けた後に、どちらにいくのかが決定する。土葬はそれまで、土の中で、待っているのにすぎないのである。最後の審判時、肉体はよみがえり、アッラー（神）の最後の裁きを受ける。アッラーがムスリムの現世の善行を認めた場合には楽園へ。反対に、そうでない者は地獄に落ち、火に焼かれるのである。

そのため、ムスリムにとっては埋葬＝土葬なのであり、決して火葬されることはないのだ。ちなみに、多くのムスリムが火葬をひどく嫌うのは、最後の審判時に、地獄に落ちる者は火に焼かれる（＝火葬）ということからであろう。

### ムスリムの葬送儀礼——埋葬されるまで

では、ムスリムはどのようなプロセスを経て、土葬されるのであろうか。

一般的には、ムスリムが死亡してから、一連の葬送儀礼は素早く実施される。まず、埋葬される前に近親者によって、自宅もしくはモスク等で遺体は水で洗い（グスル）、白い布（カファン）で遺体を丁寧にくるむ。その遺体の前で、イマームとともに礼拝（ドアー）を行う。そして遺体を運び、墓穴に頭もしくは顔をマッカ（メッカ）の方角にむけて、遺体を入れる。再度、礼拝を行い、土が盛られ、一連の葬送儀礼は終了である。なかには、遺体を埋葬し、3日後に近親者で墓参りをしたり、死亡日から40日後に礼拝をしたりもする。

日本では実際にはどのように取り計らわれているのであろうか。ある一例を紹介しよう。グスル→カファンまでは同じであるが、公営の斎場で無宗教形式の告別式を行った後に、イスラム形式の葬儀のドアーを行う。そして、一晩、斎場に安置された後に、墓地まで霊柩車で運ばれ、マッカのほうに顔をむけ、墓穴に埋葬された（池田、2004）。

イスラームではあまりなじみのない「斎場」や「霊柩車」といったコトバを目にする。そこには、日本の慣習をも融合されている。そして、非イスラーム国である日本でムスリムがそれぞれの考えの下に、死者をどのようにしておくるべきかという思いが垣間見える。

### 在日ムスリムの埋葬地

日本では在日ムスリムが埋葬できる場所は主に、2か所あるが、すべてのムスリムに対して埋葬を受け付けているわけではない。多磨霊園・外国人墓地区画はオールドカマー・ムスリム、東京トルコ人教会（＝トルコ、タタール、パシ

キール系ムスリム）の関係者のための墓地区画だ。**イスラーム霊園は日本ムスリム協会（＝日本人ムスリム）の会員のための施設なのだ**。"主に"としたが、横浜外国人墓地（神奈川県横浜市）、神戸市立外国人墓地（兵庫県神戸市）等にも、ムスリムは埋葬されている。特に、神戸市立外国人墓地は日本で最初に神戸モスクが1935（昭和10）年に建設された経緯があるように、ムスリムとの関係は古い。

### 多磨霊園・外国人墓地区画（東京都府中市）

多磨霊園自体は1923（大正12）年に開設された、日本で最初の公園的風景を取り入れた大規模な墓地である。現在128万㎡（約39万坪）の敷地に、約35万体の遺体が埋葬されている。外国人墓地区画の一角にトルコ、タタール、パシキール系ムスリムを中心とした人々が埋葬されている。ムスリムの埋葬が1937（昭和12）年にとり行われた。当時からこの墓地区画にはトルコ、タタール、パシキール系ムスリムが中心に埋葬され、現在でも変わらない。多磨霊園にタタール・パシキール系ムスリムのための埋葬地区画が作られたきっかけは、（軍部を主に中心として）政府が、当時（アジア圏でムスリムと協力関係を築こうとした）「大東亜共栄圏」に由来するという。また、多磨霊園の外国人墓地区画が、新規に外国人のための埋葬スペースを募集するといった計画は今のところない。外国人墓地区画全体も、スペースが少なくなってきつつある。

### イスラーム霊園（山梨県塩山市）

戦前・戦中、最大のイスラーム団体であった大日本回教協会が第二次大戦後にGHQによって解散させられた後、終戦から数年後イスラームに改宗した「日本人」ムスリムの有志を中心に、1953年に日本ムスリム協会は任意団体として設立された。日本ムスリム協会と留学生を中心としたムスリム学生協会ジャパンが合同委員会を1961年に結成し、その委員会の事業の一環としてイスラーム霊園の建設が行われた。紆余曲折を経て1969年9月3日に山梨県の認可をうけ、9区画2400坪にも及ぶ日本で初めてのムスリム専用墓地が設立された。この合同委員会は1973年に解散し、このイスラーム霊園は日本ムスリム協会に譲渡され現在に至っている。イスラーム霊園は2000年に100体以上の遺体を埋葬できる、埋葬区画を新たに造成した。造成の背景には、埋葬数の増加による埋葬用地の不足がある。特に、「日本人」ムスリムの増加（国際結婚などによ

る）と会員の高齢化が大きいという。

## 定住化に向けての埋葬地獲得の動き？

　前述のように、日本には、すべてのムスリムのために開かれた霊園がない。それはニューカマーの「外国人」ムスリムが自由に埋葬できるような場所が現在ある埋葬地には存在していないということである。そのような状況を打破するために、自分たち（ニューカマーの「外国人」ムスリム）が自由に埋葬できる埋葬地を確保しよう（＝本格的な定住化への第一歩）とする動きもあるようだ。イスラミックセンター・ジャパンの有志が埋葬地を獲得しようとしていたようだが、埋葬をめぐる法的規制、資金面等の問題もあり、交渉が難航しているようだ。

　外国人ムスリムの中には、自身の出身国に遺体を移送し、埋葬することもある。外国人ムスリム同士や、外国人ムスリム（夫）を配偶者に迎えた日本人ムスリム（妻）がこれに該当するようだが、彼らは日本に埋葬する場所がないゆえに、そのような手続きをとっている場合も少なくないという。

　出稼ぎから定住へ。ニューカマーのムスリムの人々が、その証拠に多くのモスクを日本各地で建立してきた。その数は大小問わず、30（筆者集計）をもゆうに超えるであろう。「ムスリム銀座」などと言われている東武伊勢崎線沿線の地域（埼玉県伊勢崎市・伊勢崎モスク、埼玉県春日部市・一ノ割モスク）や東武東上線境町・境町モスクなどの集住するエリアすらも存在する。その他、成増、お花茶屋、行徳、八潮、浅草、大塚、八王子、海老名、日向、宮崎、仙台……。

　ムスリムだからといって、一枚岩だとは必ずしも言い切れない。ムスリムの埋葬地不足問題。そこからは、非イスラーム国内の「ムスリム」の複雑さも見え隠れする。

## (3) 中国人墓地——横浜中華義荘と地蔵王廟   符　順和

### はじめに

　横浜には現在四つの外国人墓地がある。山手外国人墓地、中国人墓地、英連邦戦死者墓地、そして根岸外国人墓地である。ここでは、横浜開港と同時に日本にきて、日本の近代化の道をともに歩んできた中国人の墓——中華義荘と地蔵王廟や葬祭ついて述べる。

### 墓地について

　中国人墓地は正式には「中華義荘」と言い、根岸森林公園近くの大芝台の丘陵地にある。かつては南京墓と言われ、現在では中華墓地と言われている。華僑は墓参に行くことを「拝山（バイサン）」、「山」へ行くといっていた。山門の地勢が一番低く、山の神である「本山后土之神」碑は、墓所を見下ろす高台にある。
　山門を入ってすぐ右手の墓地は本来**子ども墓領域**だったが、いつの頃からか一般の墓として使われるようなった。左手には安霊堂がある。そこには死者をおさめた棺が安置されていたが、今はない。
　参道の階段を上ると、地蔵王廟にでる。廟の裏手の一段高いところに安骨堂がある。安骨堂は中央が吹き抜けになっていて三階まであるが、現在は一階部分しか使われていない。安骨堂の入口近くに無縁仏を収めた二つの公墓がある。「本山后土之神」碑に向かう参道の両側に、新しい墓石が並ぶ。中華義荘の墓石数は1003基、埋葬者数は2478柱という。この数に関東大震災の際犠牲となった人々や、公墓に葬られた無縁仏の数は含まれていない。

### 中国人墓地の歴史と変遷

　1859年6月、横浜の開港と同時に、中国人は欧米商社の買弁として横浜にやって来た。居住する中国人が多くなり、墓地が必要となった。1866年、各国領事の内議により、外人墓地の一角500坪が無条約国の中国人の墓地として転用された。その後、神奈川県は中華会館の求めに応じて現大芝台の土地1000坪を買い上げ、地続きの255坪とともに貸し与えた。これが中華義荘のはじまりである。当時、中国人には、異郷で客死した遺体を故郷へ送り返す**帰葬（回葬）**という習慣があり、**墓地は帰葬を待つ遺体の仮埋葬の地であった**。帰葬船が入

(3) 中国人墓地

港すると、埋葬された棺は掘り出され故郷へと帰っていった。

　1923年9月1日、関東大震災により、中華民国領事館など中華街のすべての建物は倒壊し、町は火の海となった。総領事をはじめ1700名もの中国人が犠牲となり、遺体は荼毘に付され中華義荘に埋葬された。地蔵王廟は倒壊を免れたが、震災後帰葬船は来なくなり、墓地には棺や遺骨があふれた。

　翌年8月、震災の犠牲者を悼み、横浜中華民国総領事と公使参事官代理名で、「横浜震災後華僑山荘新命碑——華僑山荘横浜震災後記念碑」が建立された。その後「大震災遭難者の墓」碑や、同郷会や同業会の名で「大震災殉難先友記念碑」8基などが建てられた。

　1941年、中華会館慈務理事の霍成は私財を投じて安骨堂を建設し、翌年には地蔵王廟の修復をはたした。1952年には東京の華僑の呼びかけで参道が整備され、廟近くに「旅日華僑重建横浜墳道誌略」碑が残されている。

　1971年8月、中華会館は新たに霊安堂を設け、10月には安骨堂が再建した。壊れた小屋に積まれてあった棺は安霊堂に、地蔵王廟に積まれていた遺骨は安骨堂に安置された。

　1985年、華僑の夫人たちが中心になり、地蔵王廟西側に水子地蔵を建立。かつて華僑には死者どうしを結婚させる風習はあったが、水子を祭る風習はなかった。

　1988年、中華会館のもと墓地整備事業が開始され、無縁となった土葬墓を改葬し、「中華公墓」に納骨した。1990年、墓地の新規利用者を募集。**その後墓地は火葬者のみの使用**となった。この年、地蔵王廟は横浜市指定有形文化財（建造物）に指定される。

　1993年4月～1995年4月、地蔵王廟の解体調査、修復工事が始まる。それに先立ち、アンケート調査や木主（位牌）の調査が行われた。

　1994年11月に、地蔵王廟の本尊「地蔵王菩薩坐像」と「地蔵王廟厨子・前机」が横浜市指定有形文化財に指定される。

　1995年、地蔵王廟修復落慶記念式典が行われた。その後も中華会館は墓地の整備を進めており、2009年駐車場が完備された。

## 地蔵王廟について

　1892年、中華会館の董事（理事）らが発起人となり、墓地内に「地蔵王廟」が建立された。居留地に居住する中国人の浄財と、中国人大工の手による中国

様式の廟である。「倡建地蔵廟」碑によると1892年5月着工、同年10月に落慶という。わずか5カ月の工期で完成できたのは、柱、梁、垂木、装飾などすべての部材が中国広東省で製作され、現地で組み立てられたからだ。ちなみに外壁のレンガや、屋根瓦などの材料は横浜で調達された。

この廟は中庭を囲んだ、「回」の字型のレンガ造りの建物で、手前に門庁、正面奥が正庁で、門庁と正庁は左右の側廊で結ばれている。正庁中央の厨子に本尊地蔵王菩薩が鎮座しており、その左右の側庁は位牌堂である。かつて、右位牌堂には男性の白木の木主が、左位牌堂には女性の木主が祭られていたが、廟改修後は祭られていない。

門庁の入口を「大門」といい、内側に「神門」がある。「大門」の右手に「門神」が祭られている。左右の側廊には側門があり、右側門のわきの壁には「倡建地蔵廟」碑があり、廟建立についての記載がある。左側門わきには「倡建地蔵廟」碑と向き合う形で、寄付者名碑の一部が残されている。

関東大震災で倒壊を免れた廟は、老朽化が激しく、1993年から1995年にかけて横浜市文化財保護審議会の協力のもと、解体、歴史調査を経て修復され、**市内に現存する最古の近代建造物**として現在に至っている。

## 中華義荘での祭事

管理者中華会館主催の祭事は、**清明節**と**中元節**の法要である。地蔵菩薩像と無縁仏の墓の前に祭壇を設け、お供えをし、読経のなか参列者全員でお線香を上げる。その後読経のなか、新仏の木主が親族の手によって「お焚き上げ」される。最後に金銀紙を燃やし清明節の祭事は終わりとなるが、祭事の始めと終わりは、必ず神様にお伺いをたてる。ちなみにお供えであるが、調埋済みの肉・魚などの料理や果物・菓子類のほか、米・野菜・調味料などの多くの食材が供えられ、お線香が立てられる。これらお供えは、最後に燃やされる金銀紙（お金）とともに、すべて無縁仏に捧げられるものだという。清明節4月5日は年に一度の**墓参の日**として、家族、親族総出で墓参をする。中元節は8月15日、俗に言うお盆で、家でお祭りすることが多く、清明節のような賑わいはない。

清明節は、生花と中国式の**柄のついた**お線香、赤い蠟燭、金銀紙または、金銀紙でおった舟形のお金「元宝（ユェンパウ）」を持ち、墓参りをする。中には「三牲（サンシン）」（豚肉、魚、鶏）や果物、お菓子、故人が好きだったものなどを持ってお参りする

人たちもいる。また、同郷会など役員が打ちそろって参拝することもあり、お供えは会に持ち帰って、皆で食する。

　一般に、墓参は地蔵王廟、「本山后土之神」、安骨堂、公墓、「子ども墓の神」の順でお参りをして、それから自分の家の墓に行く。線香は三本ずつ上げるが一本でもよい。周りの墓にも一本ずつ線香を上げる。日本では「ついで参りはいけない」とされているようだが、中国人はこの後、親戚・友人の墓にも線香をあげ、最後に金紙・銀紙や衣服にみたてた色紙などを燃やす。この金銀紙はお金で、燃やしてあの世の縁者に届けるという。

　最近では清明節の墓参も、前の日曜日に済ます人や、日本の習慣にならってお彼岸に参拝する人が増えている。また、新年を迎える前に墓参する人も多くなった。このほかにも関東大震災の犠牲者を悼み、9月1日に墓参し供養する同郷会もある。

## 華僑の葬儀について

　かつて帰葬が行われていたころ、棺は本国や神戸で調達された。貧困者には中華会館が棺を用意した。棺の中に石灰を敷き詰め、その上に布団を敷き、**寿衣**（死者が着る服）を着せて寝かせ、ふとんや衣類をかけた。棺の蓋を漆で密封したという。

　以前、葬列には、**孝衣**（麻を裂いて腰をしばっただけの衣服）をまとった親族のほか泣き女が加わっていた。裕福な家の葬列には、死者の名を書いた幟などをたて、楽団が雇われ、人力車に乗った僧侶や放生のための鳥かごまでも加わった。お通夜の晩は夜どおし食べたり飲んだり、マージャンをしたり、賑やかに過ごした。

　現在は、葬儀社により執り行われ、今どきの日本の葬儀とあまり変わらない。とはいえ、いくつかの華僑ならではのしきたりが残されている。たとえば、納棺の時に死者の口に真珠を含ませるとか、金銀紙を入れたりする。祭壇には果物のほかに豚肉、魚、鶏などを供え、読経の合間に金銀紙を焚く。お通夜の席に振舞われる「**お粥**」や、参列者に配られる赤い包装の飴一粒と「**利是**」などである。「利是」とは赤い紙で包まれた心付けのようなもので、コインが一枚入っている。死者が若い人の場合は、この「利是」は白い紙で包まれる。

## (4) アイヌの人々の先祖供養　　　　　　　　　　　　関口由彦

　2003年から毎年8月上旬に、東京芝公園内の「開拓使仮学校跡」記念碑の前で、アイヌ民族のイチャルパ（先祖供養）が行われている。そこは、明治時代に北海道の「開拓」を担った官庁である開拓使が、「遅れた」アイヌ民族の日本社会への「同化」を目的として、北海道で暮らしていた38人のアイヌを「留学」させた「開拓使仮学校附属北海道土人教育所」の設置された場所であった。この留学において、二年間のうちに四名のアイヌが亡くなっており、それらの同胞のために、首都圏に居住するアイヌ民族が供養の祈りを捧げる。

　芝公園の一画に囲炉裏（いろり）が切られ、木の削りかけから作られるイナウ（木弊）が数本並んで立つヌサ（祭壇）が設けられる。カムイノミ（神への祈りの儀礼）では、アイヌ民族の男女が囲炉裏を囲み、男性たちは、イクパスイ（捧酒箸）で手作りのトノト（御酒）をアペフチカムイ（火のカムイ）に捧げる。その時、イノンノイタック（カムイへの言葉）を語る祭司の声がしずかに響き渡る。トノトが男性から女性に渡り、すこしずつ飲まれていく。そして、ポロヌサ（大きなヌサ）に祀られている神々にもトノトが捧げられる。

　次に、ポンヌサ（小さなヌサ）で、女性たちによるイチャルパが行われる。女性たちが、祖先の霊を想って、イナウにトノトを捧げ、団子や果物や菓子などの供物をまき散らすようにしてお供えしていく。イチャルパは一人ひとり順番に行われ、祖先に対して祈りが捧げられていく。それらがすべて終わると、女性の歌声とともに、アイヌ民族の伝統舞踊がはじまる。男性による弓の舞いや剣の舞いがカムイに捧げられ、女性たちによる楽しい踊りがいくつも披露される。輪唱も行われる。これら一連の儀礼は、多くの見物人やテレビ・新聞等の記者たちに取り巻かれているが、輪踊りでは、それらの人々もともに踊る。このようにして、故郷の北海道を離れて亡くなった祖先たち、今北海道を離れて暮らしているアイヌの人々、そしてその隣人たちが穏やかなひとときを過ごすのである。

　1989年に東京都が行った調査報告によれば、東京近郊には、2700人のアイヌ民族が居住している。その多くが、高度経済成長期に上京した人々である。北海道を離れる理由の大半は、経済的問題と差別問題であった。また、それらの人々が、1960年代中頃から、アイヌ民族同士およびアイヌ民族と和人（多数派日本人）とのあいだの親睦を深めることを主な目的とした活動を開始している。

1997年には、「アイヌ文化の振興並びにアイヌの伝統等に関する知識の普及及び啓発に関する法律」（略称「アイヌ文化振興法」）が制定され、伝統文化の振興が推進されている。たしかに、この法律の制定によって、アイヌ語等の伝統文化の継承・復興活動が活発化してきている。

　しかし、この法律があくまで「文化振興」にとどまり、現在にまで続くアイヌ民族差別の根源である近代の日本国家によるアイヌ民族への**植民地主義**および同化政策の歴史への反省と補償がなされず、そのような歴史によってもたらされた社会的・経済的格差の是正のための措置がとられていないことは、大きな問題である。生活上の余裕をもたないアイヌの人々は文化振興法を活用することができないという矛盾した状況が、現実に存在する。そのため、現在のアイヌ民族の運動は、これまで奪われてきた**先住民族**としての権利の回復を焦点としている。このような状況のなかで、〈東京イチャルパ〉は、アイヌ文化の振興を目指すと同時に、隠蔽されてきた近代の抑圧の歴史の想起を求めているのである。

　また、政策としての「文化振興」は、文化が本来埋め込まれていたはずの日常生活とのつながりを切り捨ててしまい、型にはまった「伝統文化」の振興に陥りやすいことが指摘されている。しかし、〈東京イチャルパ〉には、「留学」に加わったアイヌの苦悩を、現在北海道を離れて生活するアイヌ一人ひとりが直面する具体的な現実を通じて理解しようとする〈祈り〉が存在する（東京アイヌ史研究会、2007：9-11、15-16）。現代の首都圏に生きる一人のあるアイヌにとって、さまざまな事情から家族揃って暮らすことができなかったことへの自らの苦悩が、北海道の家族のもとから引き離されて東京に「留学」させられた祖先たちの想いとむすびつき、けっして許すことのできない事件への怒りとなる。そのような祖先の苦悩に自らの東京での生活経験を重ね合わせた〈祈り〉は、型にはまった「伝統文化」の枠をやすやすと乗り越え、生きた生活文化の生成へと向かうことであろう。アイヌ民族の隣人であるわれわれには、このような〈祈り〉に真摯に向き合い、「**多文化共生**」の実質を問う義務があるのではないだろうか。

## (5) 移民政策につなぐ移民博物館　　　　　　　　　　川村千鶴子

### はじめに

　アイデンティティを学術用語として定着させたE・エリクソンは、人が死に直面するとき、「世代継承の中に自らを位置づけること」の大切さを述べている。それぞれが自分の人生をふり返り、祖父母の時代から次の世代への引き継ぎができることが大切なのだ。すなわち、自分の人生を、かけがえのないものとして認識できるとき、老いることは、決して恐怖ではない。

　人は誰でも心豊かに幸せな生涯を全うしたいと思っている。旅立つ時、人は自分の生きた証のなにがしかを次世代に伝えたいと思う。祖国を離れた移民たちは、次世代に何を遺していきたいのだろう。刺繡や絵画などの伝統工芸であったり、食文化であったり、子育てや教育の理念であったりする。言語、信仰、生活の知恵、家族の絆、祖国への思い、国籍へのこだわりかもしれない。越境の経験には、アイデンティティの揺らぎや世代間の葛藤、文化や言語の消失があったに違いない。そういった移住の体験を次世代に伝えておきたい移民もいるだろう。多文化共生社会とは、伝えたいことを伝え、残したいものを残すという「選択の自由」が容認されている社会でもある。

### 移民博物館という接触領域

　世界中に点在する移民博物館は、移民との「**接触領域**」（Contact Zones）であり、世代を繋ぐ役割を果たしている。人の移動の歴史と旅の記憶は、家族史を編み込み大きなうねりとなってグローバリゼーションの歴史を展開する。

　移民を受け入れて発展した国や都市は、移民史を編纂し、体系化・ビジュアル化して、新天地に夢を託した越境民の勇気と苦難の歴史に想いを馳せる場を創造した。多文化共生の歩みを後世に伝え、移民研究所が併設され、恵まれた専門施設と研究者が配備されている博物館もある。

　たとえば、スウェーデンの移民博物館、ニューヨークのエリス島移民博物館、ロサンゼルスの全米日系人博物館、アデレード・シドニー・メルボルンにある豪州の移民博物館、パリの国立移民歴史博物館などが有名だ。シンガポール、マレーシアにも移住した人々の歴史を映し出す移民博物館が点在している。日系人を受け入れたブラジルにはサンパウロ移民記念館、ハワイやペルーなどに

も移民博物館がある。ユダヤ人の離散にまつわるディアスポラ歴史博物館は、米国、オーストリア、ドイツ、チェコ、ハンガリー、スペイン、イスラエルなどにあり、ユダヤ教徒の宗教生活・文化・所産などを展示している。移民歴史博物館に自らのルーツを発見し、先祖の思いを学び取る時空を共有してきた。

## 市民参加型移民博物館が示唆するもの

1979年に(社)神戸中華総商会(The Kobe Chainese Chamber of Commerce)のKCCビルに「神戸華僑歴史博物館」が開館している。2003年6月『神戸華僑歴史博物館通信(News from the Kobe Overseas Chinese History Museum)』を創刊し、日本における華僑の人々の歴史を伝えている。在日外国人のうち中国出身者が最多数を占めている現在、移民博物館は、移民政策を考える基礎となりえるのではないだろうか。

地域コミュニティの場となっている移民博物館を訪れてみよう。筆者は80年代後半に、新宿区歴史博物館で、明治初頭から中国人留学生や亡命者などを受け入れた地域史を学び、多文化共生史に興味をもった。2001年12月には、新宿区の職安通りに市民が創った「高麗博物館」が誕生している。狭い空間に韓国の文化があふれ、日韓の交流史が描かれている。高麗博物館を「つくる会」が誕生したのは、日本政府が大韓民国に対して、過去の支配と抑圧について正式に謝罪を表明した1990年。国交正常化に向かって歩みだしたのを好機として、「高麗博物館」をつくる運動が始まった。多文化共生への希望を結集して2001年交流史を身近に学ぶ「高麗博物館」が歌舞伎町に面した大久保地区に誕生したのである。現在はNPO法人化し、多数のボランティアが企画運営に関わっている。

2005年には、『在日韓人歴史資料館』(姜徳相館長)が港区南麻布の韓国中央会館に開設された。これらの移民博物館の成り立ちを重視し、その意義と継続の意義が再確認できる。

横浜みなとみらいには、『海外移住資料館』(JICA横浜国際センター内)がある。海外移住を果たした出移民の博物館である。日本人の海外移住は、1866(慶応2)年、江戸幕府が海外渡航禁止令を廃止した時から始まり、現在、海外で生活する移住者とその子孫の日系人は250万人に上る。2008年にはブラジル移民100周年のイベントが開催された。

この移民史の延長上に、90年の改正入管法施行以後の、日系ブラジル人の子

孫らの日本への"Uターン"歴史が続いている。彼らの労働力が日本の基幹産業を支え、家族呼び寄せと定住化の過程を捉え、多文化共生史を風化させないことも大事だ。間接雇用や社会保障、国民健康保険、子弟教育など、彼らが直面した問題解決への道を記録し展示することもできる。30万人を超える"在日ブラジル人"の中には、一部、金融危機のあおりをうけてブラジルに帰国する流れが2009年から見られる。翻弄される彼らの故郷は、どこにあるのだろうか。サンパウロ移民記念館とのネットワーク化、博物館のデジタル化など、遠距離から博物館の入館が可能である現在、「移民政策への示唆」を得られるにちがいない。

### トランスカルチュラルな移民博物館

今後は、このような国籍別の移民博物館が連携して、より包括的なトランスナショナルな移民博物館を実現することが可能となるだろう。

2004年、オキナワボリビア歴史資料館は、沖縄県、市町村団体、一般企業・個人からの寄付からなる諸資金によって創設された。展示する側と展示される側との「隔たり」がないことが特徴とされる。戦後、沖縄からボリビアのオキナワ移住地へ移り住んだマイノリティの人々の手づくりによる博物館である。複数の文化にまたがる「つながり」や「きずな」に主眼が置かれている。

維持費のかさむ博物館建設ではなく、歴史博物館、公立図書館、学校、大学、企業、NGOがネットワークをもち、既存の施設を有効利用し、IT技術を駆使する遠隔地通信のトランスナショナルな移民博物館の構想が生まれてくるだろう。

### 移民政策に機能する移民博物館

移民博物館は、不可視の現象を可視化することができる。多文化化の歴史とともに、人間の誕生から育児、教育、就労、結婚、まちづくり、老後と死亡というライフサイクルに沿った多文化共生の断面を映し出す。国際結婚によって生まれた子どもの多くが日本国籍を取得している現実、国際児の実態、無国籍の子どもの存在など、さまざまな諸相をビジュアルに伝える。無国籍者のための国際機関がない現在、移民博物館がその実態を浮き彫りにし、移民政策に繋げる役割を担うことができる。外国籍高齢者が約12万人と増加の一途をたどり、外国人介護士の活躍できる社会、異文化間介護にも着目することができる。高

齢化は、日本人だけの課題ではない。

　現在、約13万人といわれる留学生の半数は、卒業後日本での就職を希望している。留学生が卒業後、結婚、就職、起業し、定住し母国との懸け橋となっている。留学生が果たしてきた役割や共生の歩みを、大学がきちんと編纂し留学生政策の理念をもつべきである。

　難民認定申請者が増加する現在、難民の実態と難民支援に尽力する人々の活動を伝えることも移民政策の重要な柱となる。国家を超える多文化化への足跡をとらえ、移民政策の立案に繋げる機能をもつ博物館が期待される。

## 多文化共生史を刻み国家の専門機関としての移民博物館

　今や地球人口の34人に1人が国籍国でない国に暮らしており（IOM、2005）、越境の実態は、衛星放送やインターネットを通して知ることができる。国立民族学博物館（大阪）では、フォーラムとして交流する博物館に主眼をおいている。研究蓄積を基礎とし、情報発信と対話がある参加型博物館は現代のトレンドになっている。「多文化共生」の地道な活動を続けている多数のNGO・NPOがある。弱者の救済、企業のCSR（社会貢献）活動も盛んだ。自治体担当者も奔走している。交流に生まれる信頼関係の蓄積こそがコミュニティの破壊を防いでいる。国籍を超えるトランスナショナルな移民博物館は、グローバルな移民政策の研究機関としても機能することができる。

　世界人権宣言は多くの国で憲法の人権規定のモデルとされ、国際人権規約、女性差別撤廃条約、子どもの権利条約に影響を与えてきた。移民政策の専門機関となる移民博物館は、人権の概念を人類共通の財産として次世代に引き継ぐ拠点となりうる。その発信力・原動力を考えるとき、将来的には国家の専門機関の礎(いしずえ)になるだろう。

　移民政策は、人々の心に萌芽する多文化意識を敏感に汲み取っていかねばならない。日本においても多文化共生社会の足跡を後世に遺し、ライフサイクルに寄り添う包括的な移民博物館の設立を構想する時期が到来している。

| 特別寄稿 | **(1)ジェンダーと第二言語学習** | 高橋君江
オーストラリアの場合 | **移民女性の仕事** | (Kimie Takahashi)

　1980年代初めから移民の女性化が顕著となってきている。**女性**が**移住**する理由は多様だが、多くの女性移民が子守、メイド、看護士、言語教師、エンターテイナー、性風俗業などのいわゆる「女性の仕事」についている（Piller & Takahashi, 2009）。これらの仕事やアイデンティティの葛藤を、雇用主や顧客の言葉で経験することで、多くの女性が言語的社会的ジェンダー的課題に直面している。

## ジェンダーと言語についての研究動向

　近年、多くの応用言語学者が、ジェンダーを「単一で固定され時間と文化を超えて普遍的なもの」ではなく、「社会的に、かつ特定コミュニティとの関係の中で形作られているもの」とし、エスニシティ、社会階層、人種、年齢、国籍などの多様な社会的アイデンティティ、権力関係、社会的歴史的文脈との関係の中で理解する必要があるとしている。同様に、言語も「中立なコミュニケーションの手段」とせず、「言語は、言語が交わされる場で、経済的社会的資本へと変換されていく象徴的な資本」と考えられるようになっている。

　言語がジェンダーや人種のような顕著なアイデンティティを通して理解されるということは、ある言語あるいはその話者の象徴的価値や市場価値と、他の言語やその話者の同種の価値とに差がありえるということを意味している。

　以下、ジェンダーと**第二言語**との関係を、台湾、イギリス、オーストラリアで行われた研究事例に基づき検証したい。

## 台湾におけるフィリピン人メイド
　　　──言語による支配と抵抗

　フィリピン人女性メイドは、英語を話せるため他国の出身者よりも需要が高い。台湾では英語学習熱もあり、英語が話せ、雇用主に英語を教えることもできるフィリピン人メイドを雇うことは、社会的階層的ステータスを押し上げることになる（Lan, 2003）。

　母国ではメイドをしていなかっただけでなく、大学教育を受け専門的な就業経験もある多くのフィリピン人女性は、台湾で自らが置かれた地位によって、馬鹿にされたように感じたり、葛藤を抱いたりしていた。しかし、彼女らは英語の能力を自分たちの置かれた地位に対する反抗の手段として利用しているのである。

　あるメイドは次のように台湾人の雇用主に対して、彼らの英語を直したり、友達と雇用主の下手な英語について冗談を言ったりして優越感を得ていた。「私の雇用主が事務所からこう言ってきたのよ。

『ルイーザ、12時、子ども食べる（eat）のを忘れないでね』。もちろん彼女は『12時だから、子どもに食べさせる（feed）のを忘れないでね』って言いたかったのよ（笑い）」「なんてことなの！それであなた彼女を直してあげた？」「いいえ。人によっては、いやがるのよね。だから、ただ答えてあげたわ。『大丈夫よ。もう子ども食べちゃったから』ってね」（Lan, 2003）

冗談は一時的に心を楽にするだけでなく、同国出身者との間で共有される隠れた気持ちの現れでもある。雇用主との交流の中では、ほとんどの場合敬意を持った行動をとるが、仕事を失うことを恐れながらも「気づかれないように注意しながら（同前）」言語的反抗を行っている。

しかし、現在、台湾にいるフィリピン人女性のお手伝いは、英語（もしくは中国語）が十分でないため要求をあまり言わない、より「従順」なインドネシア人によって取って代わられようとしている。これは、「言語が雇用主の権威を強固にする象徴的な支配の手段となり、移住労働者を沈黙させる（同前）」という厳しい現実の側面を示している。

## イギリスのホテルにおける階層
　　——言語にもとづく差別

多くのグローバルな「ケアの鎖」の中にいるトランスナショナルな移住者は、家庭内のメイドよりも会社や組織などでの仕事を希望することも多い。しかし、高い言語能力を必要としない仕事の場合でも、言語能力の欠如は大きな障害となっている。

イギリスのホテルにおける女性の仕事が民族や出身国などによって階層化しており、白人以外の移住者女性が、ケアの仕事のなかでも「目に見えない」清掃係などに就くことが多い一方、同じくケアの要素があるが「尊敬される」仕事である受付係は「白人女性の仕事」とされているという（Adib他、2003）。このような「尊敬される」仕事へのアクセスは、表面上は技術、資格、経験が問題とされる。しかし、実際には受付という「第一線の」仕事は「白人女性の仕事」とされているために、非白人の女性が高い障害に直面しているのである。

雇用主たちは人種・国籍差別は違法であるという意識もあり、自分たちを非人種差別主義者だと考えている。にもかかわらず、言語的差別は常識的な主張とされることが多く、言葉が十分にうまくない人々が、たまたまいつもマイノリティであったり、移民であったりするだけだと考えられることが多い。このように白人のマジョリティが、自分自身と社会を非人種差別的、あるいはポスト人種差別的であると考えているような状況では、言語能力が人種差別、国籍差別の代用物として機能し得るのである。つまり、言語力の欠如が、技術のある移民女性の職

業上の下方移動を促しているのである。

## オーストラリアの航空会社における日本人とタイ人のフライトアテンダント

　オーストラリアの航空会社では、多くの日本人とタイ人を雇っている。これらのフライトアテンダントは、会社の規則として、搭乗中、自分の国の乗客と話すとき以外は、すべて英語で話すことが求められている。同じ言葉を話す同僚との会話では、日本語やタイ語で話すほうが簡単で効率的と思えるが、話せばオーストラリア人の同僚に上司へ報告されてしまう危険を冒すことになるのである。また、マネージャーはほぼオーストラリア人であり、シドニーに住む日本人女性のインタビュー対象者は、英語能力が高いにもかかわらず、「オーストラリアの航空会社のマネージャーはオーストラリア市民で、完璧な英語の話せる人でなければならない」という理解から、マネージャー職は手の届かないものと考えている。

　この抑圧的な言語活動の監視と、職場での昇進機会が不平等であるという理解が、権力の不均衡を作り出し、三国の出身者グループ同士の信頼・友好の妨げとなって現れている。事実、四人のインタビュー対象者は、彼女たちの職場について、「バラバラで、特にオーストラリア人とのコミュニケーションは形だけのものだ」と語っている。彼女たちは仕事への幻滅や日本にいる家族や友人からの孤立を感じるようになるにつれ、仕事をやめ、結婚相手探しや家族を持つことを求めるようになる。この傾向は何十年にもわたってフェミニストたちが懸命に指摘してきた、保守的なジェンダーについての考え方が当人の経済的感情的な自立性を失う危険性と強く結びついていることを改めて示したと言える。

## おわりに

　ジェンダー、第二言語学習、移住の交わる所を社会的不平等の場として論じてきた。移民女性がアクセスできる雇用は、女性の仕事を形作るグローバルなイデオロギーによって規定されていた。このようなイデオロギーや価値体系が現実の人々の思い込みや雇用状況を制限している。各事例でも、雇用の選択肢が言語的アイデンティティや出身国、人種的背景によってさらに束縛されていることがよく示されていた。国際的な移住の研究では、「言語的盲目」(language blindness)、つまり女性が新しい国で社会的不平等や排除を構造化していく過程においての言語の役割を直視しない傾向が課題となっている。移住女性の課題、特に、言語資本、あるいは言語を職場における人種的出身国的差別の代わりとしているような事象を対象とする際には、研究、教育、コミュニティの場などの分野にかかわらず、総体的で状況に敏感なアプローチを取る必要があると言えるだろう。

| 特別寄稿 | (2)英語を通した社会的包摂
オーストラリアの場合　言語政策と移民計画

イングリッド・ピラー
(Ingrid Piller)

## 移民国家としてのオーストラリア

　ヨーロッパ人の入植が開始されて以来、オーストラリアは国家的アイデンティティを「移民国家」「英語を話す国」という2つの理念を柱にして発展させてきた。現実には、多くの先住民と移民の言葉を含む多言語国家であるが、この事実は国家言語としての英語の地位にほとんど影響を与えてきていない。

　20世紀の中ごろまでは、イギリスとアイルランドからの移民が大多数を占めていたため、移民の存在が「英語を話す国」という言語理念への挑戦として現れることはなかった。この挑戦が始まったのは、第二次世界大戦後にヨーロッパの大陸部から相当数の非英語話者がオーストラリアへ到着するようになってからであった。それ以来高い移民数を維持しており、10年ごとに約100万人の新しい移民が到着するという状況が60年間にわたって続いている。

　1950年から1960年代の移民の出身国は、英語を話す国であるイギリスとニュージーランドが最上位であり、非英語圏としては、チェコスロバキア、ドイツ、ギリシア、ハンガリー、イタリア、オランダ、トルコ、ユーゴスラビアなどがあった。

1973年にすべての移民関連法制から人種条項が除かれ「白豪主義」が廃止されるとアジアからの移民が顕著となる。はじめの大規模な移入はベトナム戦争によるインドシナからのグループであった。

　2007～2008年の移民出身国には、ニュージーランド（18.5%）、イギリス（15.6%）、インド（10.3%）、中国（8.7%）、フィリピン（4.1%）、南アフリカ（3.5%）、マレーシア、スリランカ（それぞれ2.4%）、ベトナム（1.8%）、韓国（1.7%）が上位にあり、その他にもほぼ世界中の国々があがっている。

　大きな国土に少ない人口という条件にあるオーストラリアは、過去60年間で移民政策を経済発展の手段として行ってきた。そのため英語ができるということは、個人にとっても国家全体にとっても、決定的な要因として考えられるようになっていったのである。したがって**機能的英語力**（functional English）を持たない移民に対して無料の英語教育を提供することは、オーストラリアの移民政策の土台となったのである。

### The Adult Migrant English Program（AMEP）の歴史

　Adult Migrant English Program（AMEP, 成人移民英語プログラム）による移民への

英語教育は1948年に始まった。オーストラリアは他の移民人口の多い国々に比べ、英語を話さない移民の言語ニーズに対して実用主義的なアプローチをとってきた。つまり、移民の言語ニーズを無視したり個人の問題としたりするのではなく、社会の主流から永続的に排除されてしまうような人々を作り出さないようにするためには、連邦政府による英語学習プログラムを導入しニューカマーの英語学習を手助けしなければならないという認識を示したのである。**社会的包摂**（social inclusion）や経済的生産性を促進するために行われた移民に対する無料の英語教育は、オーストラリアの移民政策の特徴と言える。

AMEP当初のプログラムは、ヨーロッパからの船上ではじまり、到着後にはビクトリア州のBonegillaにあった移民受け入れセンターで行われた。比較的小規模に始まったものの、21世紀のはじめには全国的なプログラムへと発展しており、毎年3万人を超える新規移民に英語教育を提供するようになっている。

英語教育の初期の発展には、「成人の言語学習のニーズ」と「職場でのニーズ」という要素が強く影響を与え、そこで開発された方法はその後世界中へと広まっていった。なかでも当時、「社会的会話」（social phrases）「文法」「オーストラリアの文化」の3つの点に注目した指導法である「オーストラリアン・シチュエーショナル・メソッド」を開発したことは注目される。また、授業形態も教室のみではなく、職場や、家庭、通信教育へと急速に選択肢を増やしていった。柔軟な授業形態と、変化する移民グループの言語ニーズへの対応は、AMEPの顕著な特長となっていった。

**AMEP近年の展開**

現在、AMEPのプログラムは全国約250の場所で行われている。全国各地での学習の一貫性を保つため、1990年代の初期に統一カリキュラムであるthe Certificates in Written and Spoken English（CSWE）が導入された。CSWEは、AMEPのために作成されたものであり、英語の機能記述（functional description）に特徴がある。CSWEには4つのレベルがあり、学習者はレベル3を修了した時点で機能的英語力に到達したとみなされる。

しかし、1990年代初頭に新規移民の学習時間制限が510時間に定められて以来、このレベル3までを修了した者はわずかしかいない。特に人道プログラムによる入国者のうち、ひどい苦痛やトラウマを抱えているような者には400時間の延長が認められることがある。しかし、たとえ910時間であっても、まったく英語学習経験のない学習者が、レベル3に達するには十分ではないとされている。さらに1990年代の終わりごろからは、英語力

がほとんどないというだけではなく、教育を受けた経験や第一言語での識字自体が限られているグループを迎えるようになり、AMEPにとって大きな課題となっている。ただし、AMEPの目的は英語学習へのアクセスを提供することであり、機能的英語力の保障自体を目的としているわけではないことには留意する必要があるだろう。

AMEPの長所としては、高い資格と専門的な経験を持つ職員が上げられる。AMEPは当初から何らかの教育に関する資格を持つ教師を雇用するようにしていたが、初期のあいだは外国語の教師が多かった。第二言語としての英語教育（TESOL）の分野が発達してくると、ほどなくTESOLの資格取得者が大半を占めるようになった。

1980年代の終わりごろには、教師の専門的訓練とAMEPに関する研究によってAMEPを支えるために、シドニーのMacquarie Universityに研究所が設立される。それ以来、教師主導の教室活動のアクションリサーチがAMEPの特徴となっていった。多くの過去の研究プロジェクトは、評価に関連するものであったため、出版物も言語テストと評価の分野に関するものが多数を占めた。しかし2008年には新たな試みとして、全国約150人の学習者を対象とした1年以上にわたるエスノグラフィーを行う「言語学習と定住に関する研究プロジェクト」を開始している。

AMEPの現在のあり方は過去60年間にわたって、常に変化する移民の言語学習と定住ニーズへの対応や、それを支える継続的な研究プロジェクトによって形作られてきたのである。

## 結び

これまでのオーストラリアの言語政策および移民の言語学習支援は常に実用性を重視したものであった。政府や社会状況の変化に伴って、言語政策や計画の詳細が変わることはあったものの、非英語話者の言語学習を支援していくのは政府の責任であるという理念は変化していない。この信念は英語力が移民の社会的包摂と経済的利益を促進するという基本理念に立脚している。ただし、避難民や一時就労ビザを持つ移民などは、いまだこの理念の対象となっておらず、AMEPへのアクセスもできない状況にある。これらの改善点はあるものの、AMEPは国際的な状況に照らしてみても言語教育を通して社会的包摂や経済的発展を促進することに非常に成功している例といってよいだろう。

**特別寄稿** オーストラリアの場合

## (3) 言語計画と社会的包摂
### アフリカ諸言語の「白化」

ベラ・テテェ
(Vera Tetteh)

　ここではオーストラリアにおけるサハラ以南の黒人アフリカ系の人々を事例として、西洋社会における周辺的人々の言語計画と社会的包摂について考える。

　アフリカは西洋社会であまり語られることがなく、語られたとしても戦争、貧困、飢餓、疾病といった文脈が多い。特にサハラ以南の黒人アフリカ系の人々は、西洋諸国への受け入れが望ましい人々とは見られていない状況がある。このような現状では、しばしば言語力の有無が決定的要因となる。言語はコミュニケーション上で最も重要な役割を担っているが、人々を中心あるいは周辺にと位置づける社会的「ふるい」として作用していることに注意する必要がある。

　社会の周辺グループに属する人々が、目標の言語を習得し中心グループに受け入れられていく様相を理解するには、いくつかのアプローチがある。ここでは言語行動の状況を重視する歴史構造的アプローチの立場から論じる。このアプローチは、どのように言語とイデオロギーがアイデンティティを形成していくのかを考察する際に有用とされ、中心グループの言語の習得が必ずしも中心グループへの包摂をもたらさないというような関係を説明することができる。このアプローチを念頭に、言語計画と政策状況における権力の不均衡の課題を検討し、さまざまなレベルでの問題点を明らかにしたい。

### 言語計画と社会的包摂のつながり

　言語計画 (language planning) とは、他人の言語習得、言語構造、言語使用などに影響を与えようとする意図的な行動全般をさす (Cooper, 1989)。この定義によると、言語計画は特定のレベルだけでなく、マクロ（政府、組織のレベル）、メソ（コミュニティ、家族のレベル）、ミクロ（個人レベル）の全般的な連続性の中で検討する必要がある。この定義は、**社会的包摂**などの言語活動そのものではない行動目的を表現できる点にも長所がある。社会的包摂を重視する社会とは、人々が受け入れられ、自らを価値あるものと感じられるような条件を整備していく社会である。また、人々が社会的、言語的、文化的背景にかかわらず尊厳をもって生きることができ、社会のあらゆる側面に参画できる社会でもある。

　多様な背景をもつ人々の「成功裏の」定住が社会統合に重要であるとされるオーストラリアなどの移民国家にとって、社会的包摂は中心的課題である。しかし、このような国家の中では権力の不均衡が起こりがちである。少数言語話者という背景を持つ移民には、主流言語の習得が

当然視される。移民には既存の構造への適合という負担がかかっており、まさに「四角い杭(くい)を丸い穴に打ち込む」といった状況がある。

## オーストラリアの社会言語的状況におけるアフリカ人

20世紀中ごろまで、オーストラリアの移民と定住に関する政策は、アングロ・ケルト規範への同化主義であった。白人のアフリカ人は受け入れていたものの、1960年から1970年代前半までの黒人アフリカ人の受け入れは非常に限られており、ガーナ、ケニヤ、ナイジェリア、ザンビアなどの英連邦出身の学者が中心であった。この悪名高い白豪主義政策から統合的性格を持つ多文化主義へと変わると、二つの主要な言語政策が実施されることになる。一つ目は1987年に発表された「諸言語(languages)に関する国家政策」で、二つ目は1991年の「オーストラリアの言語(language)——オーストラリアの言語識字政策」である。この二つの政策の間で、複数形の「諸言語」から単数形の「言語」へと変化したことが注意を引く。言語政策がいったん多言語へふれながらも、その後比較的短期間のうちにより国家主義的な目標を掲げるように変化したと言ってよいだろう。

21世紀の初期には、アメリカでの9・11などにより西洋諸国は望ましくない者を排除するために国境を引き締めるようになる。しかし、この時期は人道的理由による入国者として、戦争によって疲弊したアフリカ地域の出身者が増加した時期でもあった。移民シティズンシップ省のデータベースによると、2001年7月から2006年7月までの人道的理由による移住者の出生国上位10カ国に、スーダン、シエラレオネ、エチオピア、エジプト、ケニヤがあがっている。また大多数のエジプト、ケニヤの出生者はスーダン系であることも報告されている。加えて2006年には、コンゴ民主共和国、リベリア、ブルンジ出身者のコミュニティへの定住支援の必要性が強く認識されるようになっている。

## オーストラリアで白化(blanching)するアフリカの言語

アフリカは57の国と数千にも及ぶ言語・文化によって構成されている大陸であり、ナイジェリア一国をとっても521の言語がある(Gordon, 2005)。多くのサハラ以南の黒人アフリカ系の人々は、二つ以上のアフリカ言語を使用し、ヨーロッパ系の言語にも親しんでいる。そのヨーロッパ系の言語はかつての宗主国・植民地という関係に依拠しており、フランスの植民地であったコンゴ民主共和国、象牙海岸、トーゴは彼らなりのフランス語を話し、英国系のガーナ、ナイジェリア、ケニヤの人々は、彼らの言語による影響を受けた独自の英語を使用している。

英国系のグループは、英連邦というつながりから早くから学者を中心にオース

トラリアへの入国が可能となったが、これらの人々の英語や定住能力は、当時の政策目標とはならなかった。彼らは受け入れられるために十分な教育をうけており、自立できると考えられたのである。彼らが社会的包摂、あるいは人種差別を経験したかなどについては分析する価値があるが、近年顕著になってきた人道的理由で入国したグループの移民経験とは大きく異なっているだろう。

近年入国したグループは、戦争などの世界的な事象の結果受け入れられたのであり、必ずしも望ましい移民として選ばれたわけではなかった。そのため彼らの定住能力やニーズは社会全体の課題となった。これらの課題は明示的ではないものの、いずれもイデオロギーに関するものであった。たとえば、市民的結合や社会階層の上昇のために一つの共通言語を話すことが当然のこととされた。つまり、英語の習得が社会的包摂の前提条件とされたのである。まさに言語計画と社会的包摂に関する課題と言えよう。以下に、考察の手がかりとしていくつかの論点を提示したい。

・英語が包摂を規定するとするならば、どのような英語が受容可能か？ オーストラリア英語のみか？ オーストラリア英語を話す人々はすべて含まれるのか？
・社会的包摂が、すべての社会的側面へすべての人々の代表を送ることを意味するのであれば、オーストラリア社会のすべての側面に、サハラ以南の黒人アフリカ系の代表は存在するのか？
・言語計画は、メソレベル（家族の中）でも起こる（Piller, 2002）。これは、周辺的グループの研究の中でどのように捉えられ、反映されているのか？
・サハラ以南の黒人アフリカ人のニーズだけでなく能力について、誰が一般社会を教育しているのか？
・周辺的グループの人々の言語権や人権は、誰が調査し、監視するのか？

**まとめ**

サハラ以南の黒人アフリカ系の人々は、近年のオーストラリア社会への望ましくない加入者とされている。社会がニューカマーに対して期待しているのは、市民的結合と社会の進歩のために英語を習得することである。しかし、この条件はイデオロギーとして大きな意味を持ち、人々を差別的な根拠により排除する危険性を持つ。ここでは言語計画に対して歴史構造的アプローチを援用し、英語の習得が必ずしも社会的包摂につながらないことを示した。そして、そこから導かれる周辺的グループと彼らの言語習得、定住能力、ニーズについての論点を提示した。政策決定者や研究者は、これからもさまざまなレベルでの言語計画に関する課題を明示し、議論を進める必要があるだろう。

| 特別寄稿 | (4)シティズンシップと　　　　エミリー・ファレル
| オーストラリアの場合 | アイデンティティ　　　　　　（Emily Farrell）

　オーストラリアにおけるシティズンシップとアイデンティティの問題は、20世紀中ごろからの移民増加による社会の多様化へ対応するための政策策定の場に端的に現れてくる。シティズンシップに関する問題は、単に法律や憲法上の権利にかかわるものだけに限定されず、誰がシティズンシップを取得することができ、誰ができないのかという審査過程を通じた社会的アイデンティティと不可分な関係にある。事実、審査過程では、（イン）フォーマルな言語や「価値」を問うテストの形をとりながらも、実質的に人種や政治的信条などを基準にしてシティズンシップ取得の可否が決められてきた。

## シティズンシップとアイデンティティの関係

　シティズンシップは、国籍やパスポートとの関連で考えられることが多い。しかし、誰がシティズンシップを持つことができるのかということは、それほど単純でも中立的でもなく、常に権力およびアイデンティティと結びついている。ここでいうアイデンティティは、自分自身の定義の仕方、理解の仕方として捉えられよう。アイデンティティは新しい経験、周りの状況、自分の意志で利用できるものなどに応じて変化し、常に発展し続けている。この流動性は、アイデンティティがひとつの固定化された自己という形をとるのではなく、常に多重的で、複数という形をとることを意味する。そのため、われわれは一方で自己の構築を可能にしながら、他方で同時に制限している「言語」を通しても、アイデンティティを機能させていることは明らかであろう。

　常に変化を続けるアイデンティティの中でも、中心的なもののひとつとしてナショナル・アイデンティティがあげられる。グローバルな人の動きは、第二、第三言語の環境下で、複数のパスポートを所持しながら、出生国以外の国で人生の大部分を過ごす人々が増加していくことを意味する。シティズンシップとアイデンティティ、特にナショナル・アイデンティティは、直線的につながっているわけではない。それにもかかわらず、しばしばナショナル・アイデンティティは一枚岩のように表現され、論じられ、そして具体化され続けている。

　2007年にオーストラリアでフォーマルなシティズンシップ・テストが導入された直後、政府によって発表されたテスト準備教材は検討に値する。その中には以下のようにシティズンシップの取得の意味が示されている。

　「あなたは、オーストラリアの市民になることで、オーストラリアに住み、オ

ーストラリアの将来に対して貢献するという選択をしました。オーストラリアの市民になることによって、あなた自身のことをオーストラリア人と呼ぶ機会を得ることになります（Australian Government, 2007）」

シティズンシップの取得は、単にテストに合格しパスポートを得るということだけではなく、オーストラリア人という社会的アイデンティティを将来にわたって希求し、自らのものとし、使用することをも意味していることがわかる。つまり、シティズンシップとアイデンティティは、国家的包摂と所属意識という概念を通してつながっていることがわかる。しかし、シティズンシップとアイデンティティの関係は、次に示すようにさらに複雑に絡み合っている。

## オーストラリアの事例

オーストラリアは1901年に複数の植民地が連邦を形成することで国家となった。同時にオーストラリア憲法が成立し、移民制限法も導入された。この法律は人種的観点から「望ましくない」移民を排除するために、オーストラリアへの移民申請者のすべてに「審査官によって指示されたヨーロッパ言語」の書き取りというフォーマルな**言語テスト**の合格を求めた。移民審査官は、申請者には使用困難と予想される言語をテストに選ぶことで、望ましくない移民を排除することができたのである。

このテストが門番のような機能として利用されていたことを示す好例は、エゴン・キッシュ（Egon Kisch）の一件であろう。チェコ人のキッシュは、1934年に政治会議に参加するためにオーストラリアに入国しようとしたが、ゲーリック語で書き取りテストを受けさせられてしまった（Piller, 2001）。キッシュは、チェコ語のほかにも数々のヨーロッパ言語を話すことができたが、このテストには合格できなかった。その後、この判定は法廷によって覆されたが、その理由はテストの差別性が問題とされたのではなく、ゲーリック語がヨーロッパ言語ではないという判断からであったのである（Chesterman & Galligan, 1999）。この書き取りテストは1958年に正式に廃止され、申請者が「基礎的な英語（basic English）」を話すかをみるインフォーマルなインタビューへと変わっていった。

2007年にオーストラリア政府はフォーマルなテストを再導入した。以前の書き取りテストのように、このテストも言語、アイデンティティ、シティズンシップを強く結び付けるものであった。ただし、旧テストが言語テストによって公然と移入者を操作していたのに対して、新テストは将来の市民に英語学習や、オーストラリアの歴史、政府、「価値」に親しんでもらう統合の道具として、より隠れた形で進められた。しかし、新テストは旧

テストと同じように社会的包摂や言語学習そのものの促進だけでなく、政治的な目的を持っていた。例をあげれば、テスト用の準備教材にはテストされる可能性のある知識として、民主制への参加に重要かつ妥当と思われるオーストラリア政府のしくみなどが含まれている一方で、有名なクリケット選手や伝説的競走馬など、重要性に疑問が残るものもあげられている（Australian Government, 2007）。

このテストは、多重的で多様な社会を反映していないだけでなく、オーストラリア人のアイデンティティを表面的かつ固定的に捉えており、歴史を学び、価値を共有することで「獲得」される存在として示しているという問題がある。加えて、法的にシティズンシップ取得には「基礎的英語」を求めているに過ぎないにもかかわらず、テスト用の教材では基礎的英語レベルをはるかに超える英語が使われているという矛盾がある（Piller & McNamara, 2007）。

2008年には政権交代があり、新政府主導でテストの再検討が行われた。再検討委員会は報告書で、テストの運営や合格に必要な知識などに関して大幅な変更を提案した。「テスト用準備教材は、より簡明で法定の『基礎的英語』レベルに合わせた英語で書かれること」など、多くの提案が受け入れられたものの、このテストによって、どのようにシティズンシップとアイデンティティを定義し結び付けていくのかという複雑な問題は残されたままである。

他にも変更されていない点も多い。検討前と同様にテストの問題は開示されておらず、結合力のある国家建設が目的とされている。また「文化的多様性」が国家のために管理されなければならないものとして表現されており、個人の社会への貢献の可能性を評価することではなく、「テストすること自体」が焦点となっている。これらの問題を考える手がかりとして、以下のような質問があげられる。「テストによって社会への貢献のレベルを知ることができるか」「テストで国家に対しての忠誠を証明することができるか」「現行テストは、特定の人々をそのアイデンティティゆえに排除していないか」

## おわりに

現在のオーストラリアのシティズンシップへのアクセスは、「アイデンティティに基づいて好ましくない者を排除するテスト」というメカニズムによって制限されている。そして、このようなシティズンシップとアイデンティティのつながりが、はじめに述べたように、テストの再検討に関する議論などをはじめとするコミュニティの構築、政治的権利、社会参画の方向づけなどを巧みに操作しようとする政策策定の場にみることができるのである。

# ●参考文献●

# 第Ⅰ部　移民政策の地平

## 第1章　移民政策へのアプローチ──なぜライフサイクルなのか
(1) 移民は多文化の種をまく
1　カレン・カプラン、村山淳彦訳『移動の時代──旅からディアスポラへ』未来社、2003年（グローバル化の時代におけるディアスポラの概念が理解できる）
2　NPO法人神戸定住外国人支援センター編『在日マイノリティ高齢者の生活権──主として在日コリアン高齢者の実態から考える』新幹社、2005年（異文化間介護の実態から、生涯における多文化共生の理念が浮き彫りになる）
3　川村千鶴子『創造する対話力──多文化共生社会の航海術』税務経理協会、2001年（多文化教育の視点から、多文化共生社会への地域の歩みとモデル化が詳述されている）

(2) ライフサイクル論の有効性
1　アルジュン・アパデュライ、門田健一訳『さまよえる近代──グローバル化の文化研究』平凡社、2004年（トランスナショナルな文化の流動化現象を詳述している）
2　鑪幹八郎『アイデンティティとライフサイクル論』ナカニシヤ出版、2002年（発達論とライフサイクル論、そしてアイデンティティの理論的つながりが興味深い）

## 第2章　移民と移民政策
(1) 移民とは
1　S・カースルズ、M・J・ミラー、関根政美・関根薫訳『国際移民の時代』名古屋大学出版会、1996年（国際的な問題状況がわかり、英文の第4版は2009年に出ている）
2　SOPEMI, *International Migration Outlook*, OECD, 2008.（OECD諸国の移民の年次報告書）

(2) なぜ移民政策なのか？
1　近藤敦「なぜ移民政策なのか」『移民政策研究』1号、移民政策学会、2009年（欧米諸国と比べた日本の問題状況がわかる）
2　D・トレンハルト編著、宮島喬ほか訳『新しい移民大陸ヨーロッパ』明石書店、1994年（他国との比較のうちに、ドイツが外国人政策と呼んでいた時代の問題状況がわかる）
3　近藤潤三『移民国としてのドイツ』木鐸社、2007年（ドイツも移民政策と呼ぶようになった近年の問題状況がわかる）

## 第3章　人口減少社会と移民（外国人労働者）受け入れ
(1) 人口減少社会の背景・要因・経済的影響
阿藤誠・津谷典子『人口減少時代の日本社会』原書房、2008年（日本社会は超高齢化と人口減少が同時進行している社会と特徴づけながら、外国人労働者の受け入れにも言及している）

(2) 移民（外国人労働者）受け入れの影響
1　依光正哲編著『日本の移民政策を考える──人口減少社会の課題』明石書店、2005年

（第Ⅰ部「移民受け入れをどう考えるか」では、外国人労働者の受け入れをめぐる問題点が精査されている。また、第Ⅱ部第4章では、いま問題になっている「非正規就労者の抱える労働問題」に焦点をあてている）
  2　川村千鶴子編著『「移民国家日本」と多文化共生論』明石書店、2008年（移民、多文化共生都市新宿に焦点を当てて、その深層を解明しようとしている）
（3）移民（外国人労働者）受け入れの経済効果——その経済学的考え方
  1　後藤純一『外国人労働者と日本経済』有斐閣、1998年（外国人労働者問題を経済理論的に分析した、新しい「外国人労働者論」）
  2　大竹文雄『労働経済学入門』日本経済新聞社、1998年（外国人労働者を導入したときの経済的影響に関し、分かり易く解説している）
  3　大森義明『労働経済学』日本評論社、2008年（移民の自由な流入を前提に、その経済効果を図解で言及している）

# 第Ⅱ部　移民の人生——ライフサイクルにそった多文化共生論
## 第1章　ともに生まれる
（1）人間の誕生と子どもの権利
  1　箕浦康子「異文化接触の下でのアイデンティティ」『異文化間教育』9号、異文化間教育学会、1995年（この学会誌は「異文化接触とアイデンティティ」を特集している）
  2　渡戸一郎・川村千鶴子編著『多文化教育を拓く——マルチカルチュラルな日本の現実のなかで』明石書店、2002年（人間発達と多文化教育の可能性が執筆者陣によって説得力を持って論じられている）
（2）多文化な出産とケア
  1　厚生労働省、2008平成19年人口動態調査「父母の国籍別にみた年次別出生数及び百分率」http://www.e-stat.go.jp/SG1/estat/List.do?lid=000001032156 [accessed:2008-11-02]
  2　社団法人日本看護協会（2003）．ICM　助産師の国際倫理要領 http://www.nurse.or.jp/nursing/practice/rinri/pdf/icmethics.pdf
  3　社団法人日本看護協会（2006）．ICN　看護師の倫理要領2005年改訂版 http://www.nurse.or.jp/nursing/practice/rinri/pdf/icncodejapanese2005.pdf [accessed: 2008-05-07]
（3）名前の多様性について
  1　田中克彦『名前と人間』岩波書店、1996年
  2　松本脩作・大岩川嫩編、アジア経済研究所（企画）『第三世界の姓名——人の名前と文化』明石書店、1994年
（4）国籍と戸籍を考える
  1　佐藤文明『戸籍って何だ——差別をつくりだすもの』緑風出版、2002年（戸籍問題の第一人者が戸籍の本質や背景を分かりやすく説明している）
  2　奥田安弘『家族と国籍——国際化の進むなかで［補訂版］』有斐閣選書、2003年（裁判になった事例を使い、複雑化していく家族形態と法律の関係を丁寧に説明している）
（5）無国籍者とともに生きる
  1　月田みづえ『日本の無国籍児と子どもの福祉』明石書店、2008年（子どもの福祉に焦点をあて、無国籍児について分かりやすく紹介している）
  2　坂本洋子『法に退けられる子どもたち』岩波ブックレット No.742、2008年（離婚後

300日問題、無国籍問題、婚外子問題など、近年話題となった国籍にかかわる問題を明瞭簡潔にまとめており、入門として最適）
 3　陳天璽『無国籍』新潮社、2005年（無国籍として生きた体験を一人称で綴っており、無国籍の人の実体験や心の葛藤、世界観を理解するのに適している）
（6）見えない人々——世界の無国籍者
 1　UNHCR, 'Nationality and Statelessness: A Handbook for Parliamentarians,' October, 2005.
 2　UNHCR, 'Final Report on Statelessness,' March, 2004.（いずれも UNHCR の2003年の世界的調査による最新のデータを含み、無国籍問題の現状を示し、ウェブサイト UNHCR の RefWorld から入手可能である）
● COLUMN　難民の子どもたち
 1　子どもの権利委員会「一般的意見6号」2005年（出身国外にあって保護者のいない子ども、および養育者から分離された子どもの取扱いについての具体的なガイドラインを定めている）
 2　ベンジャミン・ゼファニア、金原瑞人、小川美紀訳『難民少年』講談社、2002年（イギリスへ保護を求めた難民の子どもの物語。難民自身の物語としても、イギリスにおいて難民の子どもへどのような支援が提供されているのかという観点からも参考になる）
 3　アリ・ジャン、池田香代子訳『母さん、ぼくは生きてます』マガジンハウス、2004年（日本に逃れ、難民としての保護を求めたアリ・ジャン本人の記録。日本で保護を求めた過程について詳細に書かれている）

## 第2章　ともに子どもを育てる

（1）協働する保育者と母親と子どもたち
 1　山田千明編著『多文化に生きる子どもたち——乳幼児期からの異文化間教育』明石書店、2006年（フィールドワークからの豊富な保育の実践例と理論が紹介されており、アジアの異文化間教育の比較にも適している）
 2　佐藤郡衛、吉谷武志編『ひとを分けるものつなぐもの——異文化間教育からの挑戦』ナカニシヤ出版、2005年（さまざまな差異、他者と向き合う教育実践事例から多文化共生の可能性を示しており、総合的な観点の把握にも適している）
（2）バイリンガル教育
 1　河原俊昭編著『世界の言語政策——多言語社会と日本』くろしお出版、2002年（カナダ、アメリカ、オーストラリアの多言語政策に関する背景を学べる）
 2　中島和子『バイリンガル教育の可能性増補版』アルク出版、2001年（子どもの言語形成、家庭と学校でのバイリンガル教育が幅広く学べる）
 3　藤田ラウンド幸世「第7章 新宿区で学びマルチリンガルとなる子どもたち」川村千鶴子編著『「移民国家日本」と多文化共生論』明石書店、2008年（新宿区の現状を例に、日本のバイリンガル教育に対する問題提起をしている）
（3）日本語教育
 1　川上郁雄「学校教育における JSL 児童生徒への日本語教育」『講座・日本語教育学 第5巻 多文化間の教育と近接領域』スリーエーネットワーク、2006年（JSL 児童生徒のための教育の枠組みに関する提言、JSL 児童生徒のための教育が果たし得る役割が示されている）

参考文献

  2　池上摩希子「帰国・入国児童生徒の教育問題」『講座・日本語教育学 第1巻 文化の理解と言語の教育』スリーエーネットワーク、2005年（中国帰国者定着促進センターにおける「子どもクラス」の実践を紹介し、実践と理念の往還によって見出される新しい言語教育観について述べられている）

  3　月刊日本語編集部『月刊日本語——子どもへの日本語サポート最新ムーブメント』アルク、2005年（各地の事例や元「子ども」本人の語りが収められている）

（4）在日コリアンの民族学校——朝鮮学校を中心に

  1　小沢有作『在日朝鮮人教育論・歴史篇』亜紀書房、1973年（1970年代までの在日朝鮮人の教育問題に関して詳述されている）

  2　朴鐘鳴編『在日朝鮮人の歴史と文化』明石書店、2006年（朝鮮と日本の交流史、在日朝鮮人社会の形成史、法的地位、民族教育などが概観できる）

（5）在日ブラジル人学校

  1　富野幹雄・住田育法編『ブラジル学を学ぶ人のために』世界思想社、2002年（ブラジルの一般情報）

  2　月刊『イオ』編集部編『日本の中の外国人学校』明石書店、2006年（在日外国人学校の全般を知るために）

● COLUMN 1　さまざまな外国人学校

  1　月刊『イオ』編集部『日本の中の外国人学校』明石書店、2006年（さまざまな外国人学校の紹介と、日本の外国人学校政策について）

  2　朴三石『外国人学校』中公新書、2008年（日本の現状と照らし合わせ、多角的な側面から分析）

● COLUMN 2　日系人子弟の教育——在日ブラジル人子弟を中心に

  1　白井恭弘『外国語習得の科学』岩波新書、2008年

  2　富野幹雄・住田育法編『ブラジル学を学ぶ人のために』世界思想社、2002年

## 第3章　ともに学ぶ

（1）留学生・就学生受け入れ政策の展開

  1　文部科学省高等教育局学生支援課『我が国の留学生制度の概要』2008年（受け入れ状況と施策についての基本情報。文部科学省ホームページより入手可能）

  2　総務省行政評価局『留学生の受入れ推進施策に関する政策評価』2005年（留学生指導教職員、企業へのアンケート調査。調査事項は留学の動機や満足度などで、留学生の受け入れに関して発生する行政コストの算定などを行っている）

  3　明石純一「日本の留学生政策をめぐる一考察」『国際政治経済学研究』第19号、2007年（1983年に始動した留学生受け入れの「10万人計画」以降の政策展開を整理しながら、それがもたらした帰結についての定量的・定性的分析を試みている）

（2）留学生と大学　増える留学生——経緯と今後の課題

  1　国際交流基金『海外の日本語教育の現状＝日本語教育機関調査・2006年』2008年（世界の日本語教育の現状について、国・地域別日本語教育機関数・教師数・学習者数を調査している）

  2　吉島茂、大橋理枝他訳・編『外国教育Ⅱ　外国語学習、教授、評価のためのヨーロッパ共通参照枠』朝日出版、2004年（EU諸国で実現されている「複言語・複文化主義」

を基盤に据えた、外国語教育のスタンダーズとレベルを示している）
 3 文化庁ホームページ「平成19年度国内の日本語教育の概要」http://www.bunka.go.jp/kokugo_nihongo/jittaichousa/h19/gaiyou.html（外国人に対する日本語教育、および日本語教師養成・研修の現状について調査報告を行っている）

（3）異文化適応と留学生
 1 Kim, Y. Y., *Becoming intercultural: An integrative theory of communication and cross-cultural adaptation*, Thousand Oaks, CA: Sage, 2001.（Kim の異文化適応理論をまとめた本）
 2 Kim Y. Y., Cross-Cultural adaptation : An integrative theory. In J. N. Martin, T. K. Nakayama, & L. A. Flores (Eds.) *Readings in intercultural communication: experiences and contexts* (2nd ed.), McGraw Hill, 2002.（Kim の理論を短くまとめた論文）

（4）留学生と地域社会
 1 横田雅弘・白土悟『留学生アドバイジング』ナカニシヤ出版、2004年（留学生アドバイジングの現場から大学の留学生受け入れの現状を把握し、その推進役となる留学生担当者に必要な理論と実践を広範囲に論じている）
 2 ゲーリー・アルセン、服部まこと・三宅政子監訳『留学生アドバイザーという仕事』東海大学出版会、1999年（アメリカでは専門職として位置づけられる留学生アドバイザーの仕事の広範な領域について紹介している）

（5）留学生と就職
 1 独立行政法人日本学生支援機構近畿支部『シンポジウム報告書——より有効な留学生の就職支援を考える』2007年（大学と企業と厚労省など留学生の就職支援をめぐる最新の議論が網羅されている）
 2 法務省入国管理局「平成19年における留学生等の日本企業等への就職について」2007年（留学生の就職に関するデータが入手できる）

（6）成人の日本語教育
 1 国立国語研究所編『日本語教育年鑑2008年版』くろしお出版、2008年（特集として、生活者としての外国人のための日本語を取り上げ、文化審議会の日本語教育小委員会の動向をはじめ、現在進められている調査研究を紹介している）
 2 野山広「多文化共生と地域日本語教育支援——持続可能な協働実践の展開を目指して」『日本語教育』138号、日本語教育学会、2008年（地域日本語教育支援に関連した政策動向に焦点を当てながら、今後の多文化社会の構築に向けた人材育成や協働実践等に言及している）
 3 文化庁編『地域日本語学習支援の充実——共に育む地域社会の構築へ向けて』国立印刷局、2004年（成人の日本語教育を含む地域日本語学習支援の羅針盤として発刊されたハンドブック）

● COLUMN 留学生と入管行政
 1 出入国管理関係法令研究会編『ひと目でわかる外国人の入国・在留案内《11訂版》』日本加除出版、2007年（入国管理局職員も業務上参考としている実務書）
 2 法務総合研究所編『出入国管理及び難民認定法Ⅲ（在留資格）（第五版）』2004年（入国管理局職員の研修教材として使用されている）

## 第4章　ともに働く

（1）在留資格と権利保障
1. 近藤敦「在住外国人の権利と法的地位」近藤敦編『多文化共生政策概論』明石書店、近刊予定（法的な権利状況が概観できる）
2. 手塚和彰著『外国人と法〔第3版〕』有斐閣、2005年（労働法関連の問題に詳しい）
3. 近藤敦編著『外国人の法的地位と人権擁護』明石書店、2001年（歴史的経緯を踏まえて説明している）

（2）公務員という職業を選択する自由
1. 鄭香均編著『正義なき国、「当然の法理」を問いつづけて』明石書店、2006年（東京都職員管理職受験拒否事件の当事者の手により、関連するさまざまな資料や意見が収録されている）
2. 近藤敦「特別永住者の National Origin に基づく差別」『国際人権』17号、2006年（公務員の昇任差別の実質的根拠が国籍差別というよりも、民族的出自による差別にある点を指摘している）
3. 岡義明・水野精之『外国人が公務員になったっていいじゃないかという本』ポット出版、1998年（各自治体の状況に詳しい）

（3）外国人はどのように働いているのか
1. 桑原晴夫編『グローバル化時代の外国人労働者』東洋経済新報社、2001年（労働市場論の観点から日米の外国人労働者に対する調査研究をもとにしたもの）
2. 依光正哲編『国際化する日本の労働市場』東洋経済新報社、2003年（少子高齢化の進展の中で多様化する外国人労働市場と関連政策について分析している）
3. 丹野清人『越境する雇用システムと外国人労働者』東京大学出版会、2007年（日系人の就労・雇用実態を詳細に分析している）

（4）日系南米人の雇用と地域社会
1. 梶田孝道・丹野清人・樋口直人『顔の見えない定住化——日系ブラジル人と国家・市場・移民ネットワーク』名古屋大学出版会、2005年（日系南米人と地域社会の分断を雇用をはじめとする市場システム等を軸に分析している）
2. 池上重弘編著『ブラジル人と国際化する地域社会——居住・教育・医療』明石書店、2001年（ホスト社会と日系南米人との接点の少なさ等の問題を多面的に検証している）

（5）理念との乖離を見せる外国人研修・技能実習制度
1. 浅野慎一『増補版：日本で学ぶアジア系外国人——研修生・技能実習生・留学生・就学生の生活と文化変容』大学教育出版、2007年（研修生・技能実習生だけにとどまらず、さまざまな外国人の実態を知る際に有効）
2. 外国人研修生問題ネットワーク編『外国人研修生——時給300円の労働者——壊れる人権と労働基準』明石書店、2006年（悲惨な状況にある研修生支援の現場からの証言と資料分析が行われている）

● COLUMN　外食企業からみた外国人受け入れの現状と課題
1. 社団法人日本フードサービス協会編「外食産業における多様な募集採用の実態と課題」社団法人日本フードサービス協会、2007年（現在の外食産業をとりまく状況を採用別、業種別に知ることができる）
2. 橋本択摩「高まりつつある外国人労働者受け入れ論議」第一生命経済研究所、2006年

（外国人受け入れ論議に対する政府見解と都道府県別の見解の全体像を把握できる）
3 梶田孝道・宮島喬編『国際化する日本社会』東京大学出版会、2002年（日本における外国人労働者政策を諸外国の政策と比較しながら知ることができる）

## 第5章 ともに家庭をつくる
(1) 国際結婚と二言語使用（バイリンガリズム）
1 嘉本伊都子『国際結婚論!?——現代編』法律文化社、2008年（学生のために国際結婚に対する社会的な変遷を丁寧に読み解いている入門書）
2 イーディス・ハーディング＝エッシュ＆フィリップ・ライリー、山本雅代訳『バイリンガル・ファミリー』明石書店、2006年（多くのバイリンガル家族の事例とともに、バイリンガル全般についても学べる入門書）
(2) 異文化間恋愛と多文化社会
デニス・S・ガウラン＆西田司編著『文化とコミュニケーション』八朔社、1996年（ちょっと古いが、このセクションに出てきたコミュニケーション研究関連の概念がわかりやすく説明されている）
(3) 在日コリアン同士のお見合い
1 李 仁子「マイノリティとジェンダー——在日コリアン二世・三世の見合いから」『ジェンダーで学ぶ文化人類学』世界思想社、2005年（在日コリアン二世・三世の女性の見合い結婚が、移住者ゆえに何重にも困難な状況に置かれていることを分析している）
(4) 日本人男性をパートナーとする移住女性と法制度
1 移住連「女性への暴力」プロジェクト『ドメスティック・バイオレンスと人身売買——移住女性の権利を求めて』現代人文社、2004年（移住女性へのDVのケースから、法制度の問題と移住女性の権利について論じている）
2 カラカサン——移住女性のためのエンパワメントセンター・反差別国際運動日本委員会編『移住女性が切り拓くエンパワメントの道—— DVを受けたフィリピン女性が語る』解放出版社、2006年（DV被害を受けた6人のフィリピン人女性による生の証言とエンパワメントの記録）
(5) グローバル化の下の国際離婚
1 松尾寿子『国際離婚』集英社、2005年（「国際離婚を語り合う会」に寄せられた現実の問題をわかりやすくまとめている）
2 奥田安弘『外国人の法律相談チェックマニュアル【第3版】』明石書店、2008年（外国人の法律相談で出会う渉外戸籍・国籍法等に関わる問題の解決への道筋を示している）

## 第6章 ともに住まう
(1) 外国人の住まいの実情
1 稲葉佳子「日本における外国人の住宅問題」『ジュリスト』第1350号、有斐閣、2008年（外国人の住宅問題、住宅政策・支援制度、問題・課題の全体像がわかる）
2 裵安「かながわ外国人すまいサポートセンターでの外国人居住支援活動」『住宅』3月号（社）日本住宅協会、2006年（外国人入居支援の実情や現場がわかる）

（2）ニューカマー・コリアンの定住化
1　駒井洋編『定住化する外国人』明石書店、1995年（ニューカマー外国人の出稼ぎから定住化への過程を研究している）
2　奥田道大『エスノポリス・新宿／池袋』ハーベスト社、2001年（アジア系ニューカマー、主に新宿や池袋に集中する外国人に対しての調査研究）
（3）それでも在日ブラジル人は「定住化」できるのか？
1　渡辺雅子編著『共同研究 出稼ぎ日系ブラジル人——論文篇［就労と生活］、および資料篇［体験と意識］』明石書店、1995年（今一度、本書を通して90年代初頭に来日したデカセギ移民の先発組について振り返り、この十数年間に何が変わり、何が変わらなかったかを再考する作業は有意義であろう）
2　Lesser, Jeffrey (ed.), *Searching for Home Abroad: Japanese-Brazilians and Transnationalism*, Duke: Duke University Press, 2003. （筆者を含む多数の移民研究者——その大多数は米国の文化人類学者——が、独自の「在日（日系）ブラジル人」論を展開している）
（4）インド人ITワーカーの定住化
1　澤宗則「日本のインド人社会」山下晴海編著『エスニック・ワールド——世界と日本のエスニック社会』明石書店、2008年（在日インド人社会の概要やアイデンティティ形成におけるその役割などについて、簡潔にまとめている）
2　澤宗則・南埜猛「グローバル経済下の在日インド人社会における空間の再編成」アジア政経学会監修、高原明生ほか編『現代アジア研究Ⅰ　越境』慶応義塾大学出版会、2008年（理論的検討とともに、東京のインド人コミュニティの生成過程が分析されている）
（5）隣にあるレイシズム
1　ミシェル・ヴィヴィオルカ、森千香子訳『レイシズムの変貌——グローバル化がまねいた社会の人種化、文化の断片化』明石書店、2007年（レイシズムの歴史的変化や重要文献もふくめた基本的な研究上の整理がなされている）
2　川島正樹編『アメリカニズムと「人種」』名古屋大学出版会、2005年（レイシズムがさまざまな要因により形成されている状況を、アメリカの歴史、政治、住宅、教育、結婚、スポーツ等、さまざまな視点を通じて見ることができる）
（6）難民とともに生きる——難民支援協会の活動を通じて
1　本間浩監修、特定非営利活動法人難民支援協会『支援者のための難民保護講座』現代人文社、2006年（難民の定義、日本にいる難民の状況等が、NGOによって解説されている）
2　アムネスティインターナショナル日本『知っていますか？　日本の難民問題一問一答』解放出版社、2004年（日本にいる難民のことがQ＆A形式でわかりやすく解説されている）
3　東京弁護士会外国人の権利に関する委員会編『実務家のための入管法入門【改訂版】』現代人文社、2006年（難民認定手続きを含む外国人の出入国に関わる法律を、弁護士がわかりやすく解説している）
●COLUMN 1　愛知県の多文化ソーシャルワーカー養成講座
1　石河久美子「多文化ソーシャルワーカー育成の必要性——求められる能力・役割とは」『国際人流』第233号、2006年（アメリカの先行事例をふまえ、日本における多文化

ソーシャルワーカーのあり方について論じている）
　2　豊田市国際交流協会『多文化ソーシャルワーカーの受け皿と支援の方法・第16回地域の国際化豊田セミナー報告書』2006年（多文化ソーシャルワーカーの活用システムの課題について報告。具体的な「多文化ソーシャルワーカーの育成に向けての提言」も掲載されている）

● COLUMN 2　東京外国語大学の「多文化社会コーディネーター養成プログラム」
　1　東京外国語大学多言語・多文化教育研究センター『シリーズ多言語・多文化協働実践研究　別冊1　多文化社会に求められる人材とは？』東京外国語大学多言語・多文化教育研究センター、2009年（「多文化社会コーディネーター養成プログラム」のねらいや展開ほか、詳細が書かれている）
　2　ドナルド・ショーン、柳沢昌一・三輪建二監訳『省察的実践とは何か』鳳書房、2007年（専門職の力量形成における「省察」（reflection）の理論を事例を通して説明している）

## 第7章　ともに地域をつくる

（1）多文化都市と自治体行政
　1　渡戸一郎「多文化都市論の展開と課題——その社会的位相と政策理念をめぐって」『明星大学社会学研究紀要』26号、2006年
　2　Alexander, M., 'Comparing Local Policies toward Migrants: An Analytical Framework, a Typology, Preliminary Survey Results' in Penninx R., Kpaal, K., Martiniellom, M., Vertovec, S.(eds.) *Citizenship in European Cities*, Ashgate.

（2）多文化共生推進プラン
　1　梶田孝道「困難な住民合意形成——外国人集住都市の現状と課題」『月刊自治研』526号、2003年
　2　丹野清人「なぜ社会統合への意思が必要か」『月刊NIRA政策研究』18（5）、総合研究開発機構、2005年
　3　山脇啓造「2005年は多文化共生元年？」『自治体国際化フォーラム』187号、自治体国際化協会、2005年

（3）外国人集住都市会議
　1　北脇保之「国が変わらなければ地方から変革する——外国人集住都市会議を発案して」国際交流基金『遠近』3号、2005年（地方から国の制度を変えていこうとする外国人集住都市会議の試みを、初代事務局である浜松市の首長（当時）が論じている）
　2　毛受敏浩・鈴木江理子編著『「多文化パワー」社会——多文化共生を超えて』明石書店、2007年（会員都市である群馬県大泉町を含む5つの地域での草の根の取組みを紹介しながら、外国人住民の存在を地域の「問題」ではなく「多文化パワー」としていかすにはどうすればよいかについて論じている）

（4）CSRと企業の社会貢献活動
　1　NPO法人企業社会責任フォーラム編『新版サステナビリティCSR検定公式テキスト』中央経済社、2007年（まとまっており、入門としては手ごろである）
　2　ジョエル・マコワー、下村満子監訳『社会貢献型経営のすすめ』シュプリンガー・フェアラーク東京、1997年（この分野の文献としては古い部類に入るが、しっかりした

## 参考文献

（5）ともにまちをつくるNGO
1　新宿区基本構想・新宿区総合計画（平成19年12月）（新宿区政運営の基本姿勢と平成20年度からの総合計画を示す）
2　新宿区「平成19年度新宿区多文化共生実態調査」（平成20年3月）（区内在住外国人を含む住民と団体等へのアンケートと聞き取りによる調査報告書）
3　http://www.ngy.3web.ne.jp/~kyojukon/（共住懇のホームページ。活動概要と問い合せなど）

（6）防災・やさしい日本語
1　「災害時の日本語」研究グループ『災害時に使う外国人のための日本語案文——ラジオや掲示物などに使うやさしい日本語表現』新プロ「日本語」事務局、1999年（初期の「やさしい日本語」研究の発想が示されている）
2　松田陽子・前田理佳子・佐藤和之「災害時の外国人に対する情報提供のための日本語表現とその有効性に関する試論」『日本語科学』7、国立国語研究所、2000年（主として構文、語彙における「やさしい日本語」の特性を提示している）
3　「やさしい日本語」研究会『「やさしい日本語」が外国人の命を救う——情報弱者への情報提供のあり方を考える』「やさしい日本語」研究会、2007年（http://www.kokken.go.jp/gensai/）（「やさしい日本語」の仕組みを簡明に提示し、「やさしい日本語」の有効性の検証、今後の課題を整理している）

（7）社会参加としての地方参政権
1　近藤敦『新版 外国人参政権と国籍』明石書店、2001年（問題状況を概観できる）
2　河原祐馬・植村和秀編『外国人参政権問題の国際比較』昭和堂、2006年（最近の諸外国の問題状況がわかる）
3　近藤敦『Q＆A外国人参政権問題の基礎知識』明石書店、2001年（Q＆A形式で平易に解説している）

## 第8章　ともに祈る

（1）在日韓国・朝鮮人の信仰と宗教
1　宗教社会学の会編『生駒の神々』創元社、1985年（大阪近郊、生駒山の信仰の総合調査。「朝鮮寺」の全容が克明に記録されている）
2　谷富夫『聖なるものの持続と変容』恒星社厚生閣、1994年（ある在日韓国人女性の生活史を通して、シャーマニズム信仰の意味解釈を試みている）
3　飯田剛史『在日コリアンの宗教と祭り』世界思想社、2002年（在日韓国・朝鮮人の宗教の全容を捉えている。日本宗教の信仰も視野に入れている）

（2）ニューカマー・コリアンとキリスト教会の機能
1　飯田剛史『在日コリアンの宗教と祭り——民族と宗教の社会学』世界思想社、2002年（在日大韓基督教会の活動の歴史が詳述されている）
2　伊藤亜人『アジア読本韓国』河出書房新社、2007年（文化人類学から見た韓国解説書、韓国の宗教と信仰に関しても深い洞察がなされている）

（3）イスラーム教徒の集いとつながり
1　桜井啓子『日本のムスリム社会』筑摩書房、2003年（現代日本に暮らすムスリムの多

様性と複雑性を知るために最適の書）
  2　岡井宏文「イスラーム・ネットワークの誕生——モスクの設立とイスラーム活動」樋口直人ほか『国境を越える——滞日ムスリム移民の社会学』青弓社、2007年（外国人ムスリムによる祈りの場の設立とその活動という切り口から、彼らの滞日生活の多元的現実にアプローチしている）
（4）ハラール・フードの展開とイスラーム
  1　樋口直人「越境する食文化」樋口直人ほか『国境を越える——滞日ムスリム移民の社会学』青弓社、2007年（日本での現地調査に基づいたムスリム移民の食文化およびハラール・ショップに関する論文。ハラール・フードに関心がある方は最初に手に取るべき論文だろう）
  2　富沢寿勇「グローバリゼーションか、対抗グローバリゼーションか？　東南アジアを中心とする現代ハラール産業の立ち上げとその意義」小川了編『資源人類学4　躍動する小生産物』弘文堂、2007年（ハラール産業の世界的な展開について、実地調査に基づいて論じられた論文）
（5）日本の仏教と移民との関係
  1　上田紀行『がんばれ仏教！　お寺ルネサンスの時代』日本放送出版協会、2004年（日本の仏教の現状、および活発に活動している僧侶の様子が紹介されている）
  2　渡邊直樹編『宗教と現代がわかる本　2007』平凡社、2007年（年次ごとに現在の宗教界に起きている出来事を専門家が伝えている。外国人と仏教の関連では研究が進んでいるとは言い難い状況を考えるに、さまざまな認識に触れる点で重要な文献）

## 第9章　ともに老後を支えあう

（1）在日コリアンの法的地位と年金問題
  1　大沼保昭『在日韓国・朝鮮人の国籍と人権』東信堂、2004年（初出は1979年の論文であるが、在日コリアンの日本国籍喪失を見直す視点を広めた）
  2　李洙任・田中宏『グローバル時代の日本社会と国籍』明石書店、2007年（今日の在日コリアンの国籍問題を幅広く扱っている）
  3　在日コリアン弁護士協会編『裁判の中の在日コリアン』現代人文社、2008年（在日コリアンに関する多くの裁判をやさしく解説している）
（2）日本で高齢期を迎えた在日コリアン
  1　庄谷怜子・中山徹『高齢在日韓国・朝鮮人——大阪における「在日」の生活構造と高齢福祉の課題』御茶ノ水書房、1997年（大阪府での実態調査に基づく「在日」高齢者の歴史、現状、政策課題のすべてがわかる大著）
  2　NPO法人神戸定住外国人支援センター編『在日マイノリティスタディーズⅢ　在日マイノリティ高齢者の生活権——主として在日コリアン高齢者の実態から考える』新幹社、2005年（在日外国人高齢者が抱える問題を提起し、その支援に取り組むさまざまな活動・事業を紹介）
  3　山脇啓造「地方自治体の外国人施策に関する批判的考察」明治大学社会科学研究所ディスカッション・ペーパー、2003年（自治体の外国人施策の歴史的推移および具体的事例、課題について詳述）

（3）中国帰国者の高齢化
1　樋口岳大（文）・宗景正（写真）『私たち、「何じん」ですか？——[中国残留孤児]たちはいま…』高文研、2008年（高齢化する残留孤児たちの今の姿を写真とインタビューを基に構成。国家賠償訴訟の経過、政府による支援策決定とその後も描かれている貴重な資料）
2　藤田美佳「中国帰国者の高齢化——帰国二世の視点から見る年金・介護保険の現状と課題」川村千鶴子・宣元錫編著『異文化間介護と多文化共生——誰が介護を担うのか』明石書店、2007年（帰国一世の年金受給と養母の介護保険認定について、事例を基に詳しく述べている）
3　勉誠出版編集部編『特集：中国帰国孤児の叫び——終わらない戦後』アジア遊学No.85、勉誠出版、2006年（中国残留邦人・帰国者をめぐる実態や課題について、満州での生活、帰国定着、国家賠償請求集団訴訟、二世・三世の進路選択、高齢化と福祉など多面的に把握できる）

（4）夜間中学で学ぶ外国人
1　全国夜間中学校研究会第51回大会実行委員会編『夜間中学生——133人からのメッセージ』東方出版、2005年（全国の中学校夜間学級・自主夜間中学などで学ぶ人々の生の声を集めた作文集）
2　青春学校事務局編『多文化共生のまちづくり——青春学校10年の実践から』明石書店、2004年（北九州市における在日朝鮮人を主とする自主夜間中学の活動を紹介。夜間中学を切り口に、識字問題から地域における多文化共生まで幅広いテーマを扱っている）

（5）外国人看護師・介護士の受け入れ
1　川村千鶴子・宣元錫編著『異文化間介護と多文化共生——誰が介護を担うのか』明石書店、2007年（介護分野に関する日本の現状を幅広く扱っている）
2　久場嬉子編著『介護・家事労働者の国際移動』日本評論社、2007年（諸外国の事例からケア労働のグローバル化の現状を分析している）

● COLUMN　中国帰国者への公的な学習支援体制の変遷
——「中国帰国者定着促進センター」を中心に
1　国立国語研究所編『日本語教育年鑑』各年度版、くろしお出版（学習支援システムの変遷など）
2　中国帰国者定着促進センター編『中国帰国者定着促進センター紀要』1号（1993）〜11号（2007）（実践記録、ニーズ調査結果など。同センターのサイトで閲覧できる）

## 第10章　ともに弔う

（1）在日コリアンの墓と死にまつわる儀礼
1　李仁子「異文化における移住者のアイデンティティ表現の重層性——在日韓国・朝鮮人の墓をめぐって」『民族学研究61-3』1996年（移住者のアイデンティティ表現の特殊性を、在日の墓を通じて明らかにした論文）
2　李仁子「移住する『生』、帰郷する『死』——ある在日済州道出身者の帰郷葬送の事例」『講座人間と環境〈9〉死後の環境』昭和堂、1999年（死後の環境整備に熱心な一世たちの姿とその背景を分かりやすく描いている）
3　孝本貢「在日コリアン家族における先祖崇拝」『家族社会学の展開』培風館、1993年

（在日の祖先崇拝と民族的アイデンティティとの深い関連性について論じられている）
（2）日本のイスラーム教徒と死——埋葬問題を中心に
　1　池田千洋「日本におけるイスラーム教徒の墓地と埋葬——東京トルコ人協会と日本ムスリム協会の事例から」『民俗文化研究』岩田書院、2005年（在日ムスリムの埋葬事情が事例とともに丁寧に解説されている。入門書に最適。秀逸）
　2　樋口裕二「埋葬状況からみた在日ムスリムコミュニティ」『常民文化』成城大学常民文化研究会、2005年（在日ムスリムの埋葬事情から現在の日本のムスリム状況を描きだす）
（3）中国人墓地——横浜中華義荘と地蔵王廟
　1　伊藤泉美『開港から震災まで　横浜中華街』横浜開港資料館、1994年（開港から大震災までの横浜華僑社会の歴史が項目ごとに分けられ、理解しやすい）
　2　『地蔵王廟 横浜指定文化財　地蔵王廟修復工事報告書』財団法人中華会館、1997年（修復工事の報告書であるが、歴史や碑文、建築などについても興味深い）
　3　符順和「広東系華僑の家庭における日常の神事、拝神行事」横浜華僑婦女会五十年史編集委員会『横浜華僑婦女会五十年史　横浜華僑婦女百年歴程』横浜華僑婦女会、2004年（本文以外の中国の歳時記や華僑の家庭内での祭り方などにも触れている）
（4）アイヌの人々の先祖供養
　1　関口由彦『首都圏に生きるアイヌ民族』草風館、2007年（首都圏で活動するアイヌ民族のライフストーリー）
　2　東京アイヌ史研究会『《東京・イチャルパ》への道——明治初期における開拓使のアイヌ教育をめぐって』現代企画室、2008年（イチャルパを行うアイヌ民族の想いと、「北海道土人教育所」をめぐる研究）
（5）移民政策につなぐ移民博物館
　1　ジェイムズ・クリフォード、毛利義孝他訳『ルーツ——20世紀後期の旅と翻訳』月曜社、2002年（博物館の楽しさや視点、移動、移民を総合的に理解できる良書）
　2　在日韓人歴史資料館編著『写真で見る在日コリアンの100年——在日韓人歴史資料館図録』明石書店、2008年（丹念に編集された在日韓人の歴史を共有する優れた資料集）
　3　武田丈・亀井伸孝編著『アクション別フィールドワーク入門』世界思想社、2008年（城田愛の「移住者たちと博物館展示を創る——オキナワボリビア歴史博物館の制作現場から」という貴重な論稿が所収されている）

## 特別寄稿——オーストラリアの場合

（1）ジェンダーと第二言語学習——移民女性の仕事
　1　Adib, A., & Guerrier, Y., *The interlocking of gender with nationality, race, ethnicity and class: The narratives of women in hotel work*. Gender, Work & Organization, 10(4), 2003.（女性化が進むイギリスのサービス産業における、非白人の移民労働者に対する人種的国籍的差別が言語的差別に置き換わる様について論じている）
　2　Lan, P. C., "They Have More Money but I Speak Better English!": Transnational Encounters between Filipina Domestics and Taiwanese Employers. *Identities: Global Studies in Culture and Power*, 10 (2), 2003.（この台湾における研究は、日本で働くフィリピン人女性を理解する際にも役立つであろう）
　3　Piller, I., & Takahashi, K., At the intersection of gender, language and transnationalism. In N.

Coupland (Ed.), *The Handbook of Language and Globalization*, Blackwell, 2009.（各地のトランスナショナルな状況でのジェンダーと言語の問題に関する研究の概観）

（2）英語を通した社会的包摂──言語政策と移民計画

1　Martin, S., *New life, new language: The history of the Adult Migrant English Program*. Sydney: NCELTR Publications, 1998.（AMEP の50周年記念として出版された AMEP の歴史に関する良書。教育者であり長期にわたって AMEP にかかわってきた著者による。www.ameprc.mq.edu.au から無料で閲覧できる）

2　http://www.ameprc.mq.edu.au/（Macquarie University におかれている AMEP research center のサイトでは、上述の Martin 1998を含む、過去の数多くの出版物が無料で提供されている）

3　http://www.immi.gov.au/media/（移民シティズンシップ省（DIAC: Department of Immigration and Citizenships）の資料のページ。オーストラリアの移民プログラムに関する各種データ、報道資料、報告書、統計など）

（3）言語計画と社会的包摂──アフリカ諸言語の「白化」

1　Cooper, R. L., *Language Planning and Social Change*. Cambridge University Press, 1989.（読みやすく言語計画に関する入門書として最適の書）

2　Gordon, R. G., Jr. (ed.), *Ethnologue: Languages of the World*, Fifteenth edition. Dallas, Tex.: SIL International, 2005. Online version: http://www.ethnologue.com/.（ウェブ版と印刷版がある。いずれも世界の言語の有用な情報が掲載されている）

3　Piller, I., *Bilingual couples talk: the discursive construction of hybridity*. Amsterdam: Benjamins, 2002.（バイリンガリズムに関する良書。言語計画の連続性の中でもメソレベルにあたる、家族による言語計画について詳しい）

（4）シティズンシップとアイデンティティ

1　Australian Government, Fact Sheet - Recommendations and Government Response, 2008. http://www.citizenshiptestreview.gov.au/content/gov-response/fact-sheet.htm.（シティズンシップテスト再検討委員会の提言とそれに対する政府の見解のまとめ）

2　Chesterman, J., & Galligan, B. (Eds.), *Defining Australian citizenship: Selected documents*. Melbourne, VIC, Australia: Melbourne University Press, 1999.（法律学の観点からオーストラリアのシティズンシップの発展を論じた論文集）

3　Piller, I., Naturalization language testing and its basis in ideologies of national identity and citizenship. *The International Journal of Bilingualism*, 5(3), 2001.（シティズンシップとアイデンティティの関係をドイツを事例に論じている）

4　Piller, I., & McNamara, T., Assessment of the language level of the August 2007, draft of the resource booklet Becoming an Australian Citizen. Unpublished Report, 2007.（2007年に導入されたシティズンシップ・テスト用準備教材の英語レベルの検討）

# 索引

### [あ]
アイデンティティ　43, 139, 265-267
アカデミック母語　96
アファーマティブ・アクション（積極的差別是正措置）　165
アムネスティ　25

### [い]
イスラーム（ムスリム）　208, 242-245
一条校　26-27, 80, 86-87
異文化意識　150
異文化間恋愛　141
異文化適応　100
移民　20-23
移民都市　176
インターマリッジ　137
インド人学校　163

### [え]
永住市民　119, 196
エスニック・コミュニティ　157
エスニック・ビジネス　157
エスノスケープ　16-18, 177
エラスムス計画　96
エリート・バイリンガリズム　71
エンパワーメント　68

### [お]
オールドタイマー　202

### [か]
介護福祉士　232
各種学校　80, 87, 89
カルチャー・ショック　100-101
看護師　46, 232

外国生まれ、外国の背景を持つ者　21-22, 24
外国人学校　80, 86, 186
外国人雇用状況　129, 186
外国人諮問会議（諮問機関）　179, 186
外国人集住都市会議　184
外国人登録　118, 120, 186
外国人の出産　43-44, 47-48
外国人余剰　38-39
外国につながる子ども　27
学習権　76

### [き]
帰化　118
企業単独型　132
企業の社会的責任（CSR）　188
機能的英語力　259
技能実習　25, 127, 132

### [く]
グローバル30　95
グローバル・シティ　176

### [け]
経済連携協定（EPA）　232
継承言語　139
経費支弁能力　94
血統主義　52, 54, 57, 61

### [こ]
高度(技術)人材　111, 126, 128
国際結婚　148
国際研修協力機構（JITCO）　132
国際人権規約　218
国際理解教育　104-105

索　引

国際離婚　148
国籍を離脱する自由　217
国籍条項（国籍要件）　122-124, 216
国籍選択制度　199
国籍の剥奪　62, 218
国籍唯一の原則　61
国連グローバル・コンパクト　188
国連難民高等弁務官事務所（UNHCR）
　　63, 168
国家資格　232
国家承継に関する自然人の国籍宣言　198,
　　218
子どもの権利委員会　64
子どもの権利条約（児童の権利に関する条
　　約）　44-45, 76
コンプライアンス（法の遵守）　189

[さ]
在日コリアン　156, 220
在日ブラジル人　158-159
在留資格　116,118-120, 126-127, 132, 146
在留特別許可　118

[し]
資格外活動　117, 127-128
市民権（シティズンシップ）　119, 180,
　　265-267
社会的責任投資（SRI）　189
少子高齢化　31,233
少数言語　70
植民地主義　251
ジェンダー　256
持続可能性　188
重国籍　52, 55, 199
条約難民　20
上陸許可　116, 118
人口減少　28-29, 109
人種差別撤廃条約　164, 218-21
人道配慮による在留許可　170
人文知識・国際業務　111
JSL カリキュラム　75

[す]
ステークホルダー（利害関係者）　188-189

[せ]
成人移民英語プログラム　259-261
生地主義（出生地主義）　57, 61
接触領域　12, 252
先住民族　251
専門技術労働者　126, 128

[そ]
相互主義　196
想定の法理　124

[た]
多文化共生社会　23, 187
（地域における）多文化共生推進プラン
　　23,26,181
多文化共生政策　14-15,23,45
多文化共生マネージャー　200-201
多文化社会コーディネーター　174-175
多文化主義　26, 71, 182
多文化ソーシャルワーカー　172-173
多文化都市　177
単純労働者（非熟練労働者）　32, 126, 129
短期留学　96
第二言語　70, 234, 256
ダイバーシティ　111, 135
ダブル・リミテッド　90
団体監理型　133

[ち]
地方参政権・地方選挙権　196-199
中国帰国者・中国残留邦人（孤児・婦人）
　　224-226, 234
長期留学　96
朝鮮戸籍　198, 218
朝鮮人学校　79

[て]
定住外国人施策推進室　18, 183

定住者　126, 130
ディアスポラ　12
デカセギ　158

［と］

統合政策　26, 179
当然の法理　122, 124
特別永住者　118, 124, 202
同化政策　26, 78
ドメスティック・バイオレンス（DV）
　　147
トランスナショナリズム　16
トランスナショナル　178

［な］

難民　20, 168
難民条約　20, 63, 169

［に］

日系ブラジル人　158-159
日本語教育　74, 84, 98-99, 112-114
日本人の配偶者　130, 146
ニューカマー　146, 156, 202, 228
入管特例法（日本国との平和条約に基づき
　　日本の国籍を離脱した者等の出入国管理
　　に関する特例法）　118
入管法（出入国管理及び難民認定法）
　　118, 126, 169

［の］

ノン・ルフールマン（非送還）の原則　64

［は］

ハイ・コンテキスト　142-143
バイリンガリズム　71, 136
バイリンガル（二言語使用）　70, 136
ハラーム　210-211
ハラール　210-211

［ひ］

庇護希望者　20

非正規雇用　129
非正規滞在　119-120
非嫡出子　53

［ふ］

不就学　82, 185
仏教　214
ブラジル人学校　82-83, 88-89
プロテスタント　206
文化装置　239, 241

［ほ］

放課後補習教室　76
補償教育　195
母国語　137
母語（第一言語）　70, 136
母語保持教室　76

［ま］

マイノリティ　14-15, 47, 182-183
マルチリンガル（多言語使用）　71

［み］

身元保証人制度　94
民族学校　78-80

［む］

無国籍　54, 56-57, 60
無国籍者の削減に関する条約　63
無国籍者の地位に関する条約　63
無年金訴訟・無年金問題　217, 221

［も］

モスク　208, 243-245

［ゆ］

ユネスコ憲章　104-105

［よ］

ヨーロッパ国籍条約　199, 218

## [ら]
ライフサイクル　13, 15-16, 25

## [り]
リエントリー・ショック　101
留学生10万人計画　92-93, 97, 105, 108
留学生30万人計画　95, 97, 107

## [れ]
レイシズム　164

## [ろ]
ロー・コンテキスト　142-143
労働供給曲線　36
労働需要曲線　36
労働人口の国際移動　39
労働力率　33

●執筆者紹介● （掲載順、★は編著者、＊は編集協力者）

★川村千鶴子（かわむら　ちずこ）
大東文化大学環境創造学部教授、移民政策学会理事。

★近藤　敦（こんどう　あつし、法学博士）
名城大学法学部教授、2012年夏からオックスフォード大学法学部客員研究員、憲法、移民政策学会理事。

★中本博皓（なかもと　ひろつぐ、農学博士）
大東文化大学名誉教授、産業論、消費経済学。

藤原ゆかり（ふじわら　ゆかり、看護学博士）
聖路加看護大学看護実践開発研究センター研究員、母性看護学・助産学、外国人女性の出産支援。

荒井幸康（あらい　ゆきやす）
亜細亜大学兼任講師、北海道大学スラブ研究センター共同研究員。

早尾貴紀（はやお　たかのり）
東京経済大学専任講師、共編著に『ディアスポラから世界を読む』（明石書店）など。

陳　天璽（チェン　ティエンシ、国際政治学博士）
国立民族学博物館准教授、無国籍ネットワーク代表、著書に『無国籍』（新潮社）など。

滝澤三郎（たきざわ　さぶろう）
元UNHCR（国連難民高等弁務官事務所）駐日代表、東洋英和女学院大学国際社会学部教授、国連大学客員教授。

石川えり（いしかわ　えり）
NPO法人難民支援協会事務局長、難民と保護。

李　坪鉉（イ　ホヒョン、教育学博士）
早稲田大学、和洋女子大学兼任講師、多文化教育、文化間移動者の文化変容。

藤田ラウンド幸世（ふじたラウンド　さちよ）
国際基督教大学教育研究所研究員、同大学非常勤講師、社会言語学・異文化コミュニケーション。

前田理佳子（まえだ　りかこ）
大東文化大学外国語学部専任講師、日本言語政策学会運営委員、日本語教育学。

金　東鶴（キム　トンハク）
関西学院大学兼任講師、在日本朝鮮人人権協会事務局長。

柴崎敏男（しばさき　としお）
三井物産CSR推進部シニア・フィランソロピー・スペシャリスト。

大谷　杏（おおたに　きょう）
早稲田大学大学院博士後期課程、東京外国語大学多言語・多文化教育研究センターフェロー。

森　和重（もり　かずしげ）
日本ブラジル中央協会常務理事、国際社会貢献センターコーディネーター、外国人子弟教育、中南米事情。

執筆者紹介

＊明石純一（あかし　じゅんいち、国際政治経済学博士）
　筑波大学大学院人文社会科学研究科助教、移民政策学会編集委員、移民と国際関係。

　小野正樹（おの　まさき、言語学博士）
　筑波大学大学院人文社会科学研究科准教授、日本語教育学。

　高本香織（たかもと　かおり、コミュニケーション学博士）
　麗澤大学外国語学部准教授、異文化間コミュニケーション研究。

　武田里子（たけだ　さとこ）
　大阪経済法科大学アジア太平洋研究センター客員研究員、地域社会学（多文化社会論）、結婚移住女性研究。

　野山　広（のやま　ひろし）
　国立国語研究所日本語教育基盤情報センター。

　大西広之（おおにし　ひろゆき）
　元法務省大阪入国管理局留学・研修審査部門入国審査官。

　宣　元錫（ソン　ウォンソク、社会学博士）
　中央大学兼任講師、社会政策、国際社会学。

＊小林真生（こばやし　まさお）
　国立民族学博物館共同研究員、対外国人意識研究。

　高本耕史（たかもと　こうじ、学術修士）
　株式会社 WDI JAPAN 総務人財開発部教育プログラム担当、神戸大学大学院修了。

　李　仁子（イ　インジャ）
　東北大学教育学研究科准教授、国際移住者の文化人類学、在日コリアンの生活文化。

　徐　阿貴（ソ　アキ、社会科学博士）
　お茶の水女子大学ジェンダー研究センター研究機関研究員、専修大学・東京外国語大学非常勤講師、国際社会学。

　賽漢卓娜（サイハンジュナ、中国北京出身、モンゴル民族、教育学博士）
　東京外国語大学アジア・アフリカ言語文化研究所研究員、家族社会学、女性移民と家族。

　稲葉佳子（いなば　よしこ、工学博士）
　法政大学兼任講師、かながわ外国人すまいサポートセンター理事。

　李　承珉（イ　スンミン）
　新大久保語学院長、早稲田大学政治学研究科修士。

　アンジェロ　イシ（Angelo Ishi）
　武蔵大学准教授。

　石河久美子（いしかわ　くみこ、社会福祉学修士）
　日本福祉大学社会福祉学部教授、ソーシャルワーク論。

　杉澤経子（すぎさわ　みちこ）
　東京外国語大学多言語・多文化教育研究センタープロジェクトコーディネーター。

　渡戸一郎（わたど　いちろう）
　明星大学人文学部教授、都市社会学、移民政策学会会長。

鈴木江理子（すずき　えりこ、社会学博士）
立教大学兼任講師、多文化共生センター東京理事、外国人（移民）政策、労働政策。

山本重幸（やまもと　しげゆき）
共住懇代表。

志渡澤祥宏（しとざわ　よしひろ）
全国市町村国際文化研修所教務部総括研修主幹、京都市職員。

谷　富夫（たに　とみお、文学博士）
大阪市立大学教授、編著に『民族関係における結合と分離』（ミネルヴァ書房）など。

工藤正子（くどう　まさこ、学術博士）
京都女子大学現代社会学部准教授、著書に『越境の人類学』（東京大学出版会）など。

渋谷　努（しぶや　つとむ、文学博士）
中京大学国際教育学部教授、文化人類学。

李　錦純（リ　クンスン）
近大姫路大学看護学部准教授、在日外国人の高齢者看護・介護。

藤田美佳（ふじた　みか）
奈良教育大学持続発展・文化遺産教育研究センター特任准教授、社会教育、多文化教育。

安場　淳（やすば　じゅん、発達心理学修士）
中国帰国者定着促進センター教務部職員、中国等からの帰国者の日本語学習支援。

樋口裕二（ひぐち　ゆうじ）
株式会社飛鳥新社、成城大学大学院文学研究科日本常民文化専攻博士課程前期修了。

符　順和（ふ　じゅんわ）
元横濱山手中華学校教諭、塾「寺子屋」主宰。

関口由彦（せきぐち　よしひこ、文学博士）
成城大学文芸学部兼任講師、著書に『首都圏に生きるアイヌ民族』（草風館）など。

高橋君江（たかはし　きみえ、教育学博士）
オーストラリアMacquarie大学、AMEPリサーチセンター研究員。

Ingrid Piller（イングリッド・ピラー）
オーストラリアMacquarie大学言語学教授、AMEP研究所所長。

Vera Tetteh（ベラ・テテェ）
オーストラリアMacquarie大学博士課程、元学部・大学院言語学チューター。

Emily Farrell（エミリー・ファレル、言語学博士）
オーストラリアMacquarie大学博士課程修了。言語、アイデンティティ、移民、トランスナショナリズム。

●英語論文翻訳：渡辺幸倫（わたなべ　ゆきのり）
相模女子大学専任講師、多文化教育、言語教育。

### 移民政策へのアプローチ
──ライフサイクルと多文化共生

2009年7月1日　初版第1刷発行
2013年1月30日　初版第3刷発行

|編著者|川　村　千　鶴　子|
|---|---|
||近　藤　　　敦|
||中　本　博　皓|
|発行者|石　井　昭　男|
|発行所|株式会社　明石書店|

〒101-0021　東京都千代田区外神田6-9-5
　　　　　　電　話　03 (5818) 1171
　　　　　　ＦＡＸ　03 (5818) 1174
　　　　　　振　替　00100-7-24505
　　　　　　http://www.akashi.co.jp

組版／装丁　明石書店デザイン室
印刷／製本　モリモト印刷株式会社

(定価はカバーに表示してあります)　　　ISBN978-4-7503-2999-4

**JCOPY** 〈(社)出版者著作権管理機構　委託出版物〉
本書の無断複写は著作権法上での例外を除き禁じられています。複写される場合は、そのつど事前に、(社)出版者著作権管理機構(電話 03-3513-6969、FAX 03-3513-6979、e-mail: info@jcopy.or.jp)の許諾を得てください。

## 「移民国家日本」と多文化共生論 多文化都市・新宿の深層
川村千鶴子編著 ●4800円

## ニューカマーと教育 学校文化とエスニシティの葛藤をめぐって
[オンデマンド版] 志水宏吉・清水睦美編著 ●3500円

## 日本の移民政策を考える 人口減少社会の課題
依光正哲編著 ●1800円

## 日本の移民研究 動向と文献目録1 明治初期-1992年9月
移民研究会編 ●4600円

## 日本の移民研究 動向と文献目録2 1992年10月-2005年9月
移民研究会編 ●6000円

## 在留特別許可と日本の移民政策 「移民選別時代」の到来
渡戸一郎、鈴木江理子、APFS編著 ●2400円

## 日本で働く非正規滞在者 彼らは「好ましくない外国人労働者」なのか?
鈴木江理子 ●5800円

## 外国人研修生 時給300円の労働者2 使い捨てをゆるさない社会へ
外国人研修生権利ネットワーク編 ●1800円

## シミュレーション教材「ひょうたん島問題」 多文化共生社会ニッポンの学習課題
藤原孝章 ●1800円

## まんが クラスメイトは外国人 多文化共生20の物語
「外国につながる子どもたちの物語」編集委員会編 みなみななみ まんが ●1200円

## 移民の子どもと学力 社会的背景が学習にどんな影響を与えるのか
OECD編著、斎藤里美監訳 木下江美、布川あゆみ訳 ●3200円

## 移民・教育・社会変動 ヨーロッパとオーストラリアの移民問題と教育政策
ジークリット・ルヒテンベルク編 山内乾史監訳 ●2800円

## 多民族化社会・日本 〈多文化共生〉の社会的リアリティを問い直す
渡戸一郎、井沢泰樹編著 ●2500円

## 多文化共生政策へのアプローチ
近藤敦編著 ●2400円

## 多文化社会日本の課題 多文化関係学からのアプローチ
多文化関係学会編 ●2400円

## 3・11後の多文化家族 未来を拓く人びと
川村千鶴子編著 ●2500円

〈価格は本体価格です〉

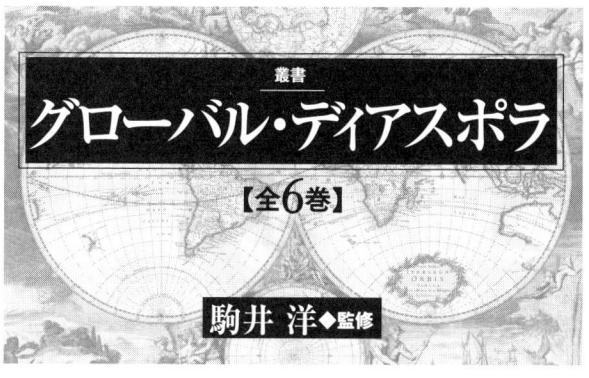

## 叢書 グローバル・ディアスポラ

【全6巻】

駒井 洋◆監修

15世紀以降、近代世界システムの形成とともに始まった大規模な人の移動を「ディアスポラ」をキーワードにして問い直す

**1 東アジアのディアスポラ**
陳天璽＋小林知子 編著（第6回配本）

**2 東南・南アジアのディアスポラ**
首藤もと子 編著（第4回配本）

**3 中東・北アフリカのディアスポラ**
宮治美江子 編著（第3回配本）

**4 ヨーロッパ・ロシア・アメリカのディアスポラ**
駒井洋＋江成幸 編著（第1回配本）

**5 ブラック・ディアスポラ**
小倉充夫＋駒井洋 編著（第5回配本）

**6 ラテンアメリカン・ディアスポラ**
中川文雄＋田島久歳＋山脇千賀子 編著（第2回配本）

〈価格は本体価格です〉

A5判／上製　◎各5000円

## 異文化間介護と多文化共生
―誰が介護を担うのか―

川村千鶴子、宣元錫 編著　四六判/上製/368頁 ◎2800円

現在進行しつつある在日外国人の高齢化を見据え、多文化社会の様々な課題を明らかにし、ケアと介護の本質を考察することを通して、共に老後を支えあう社会に向けた課題を提起する。長年、多文化社会に関する調査研究・報告を継続し、多民族多世代の高齢化社会の課題を浮き彫りにしてきた執筆者たちによる論考。

■内容構成■

第1章　異文化間介護の視座（川村千鶴子）
第2章　看護・介護分野の外国人受け入れ政策とその課題（宣元錫）
第3章　在日コリアンの高齢化とエスニシティ（川野幸男）
第4章　在日コリアン高齢者の介護の現状と課題
　　　　――在日コリアン高齢者への実態調査から（李錦純）
第5章　中国帰国者の高齢化
　　　　――帰国二世の視点から見る年金・介護保険の現状と課題（藤田美佳）
第6章　高齢化する外国人の社会保障、その現在と未来
　　　　――新宿区のデータから（堀内康史）
第7章　介護者送り出し国フィリピンの事情
　　　　――誰と介護を担うのか（椛本歩美）
第8章　海外で老後を過ごす可能性
　　　　――介護・医療を目的に移動する人々、タイ王国の事例から（渡辺幸倫）

---

## 講座 グローバル化する日本と移民問題【全6巻】

駒井洋 監修　各四六判

日本社会への定住化傾向を示す外国人移民問題。移民の積極的受け入れの是非、在留する外国人の人権を擁護しながら日本を多文化共生社会に転換するための見取り図を総合的に把握するシリーズ。

【第I期】

第1巻　国際化のなかの移民政策の課題【オンデマンド版】
　　　　駒井洋 編著 ◎4000円
第2巻　外国人の法的地位と人権擁護【オンデマンド版】
　　　　近藤敦 編著 ◎3600円
第3巻　移民政策の国際比較【オンデマンド版】
　　　　小井土彰宏 編著 ◎5500円

【第II期】

第4巻　移民の居住と生活
　　　　石井由香 編著 ◎4000円
第5巻　移民をめぐる自治体の政策と社会運動
　　　　駒井洋 編著 ◎4200円
第6巻　多文化社会への道
　　　　駒井洋 編著 ◎4600円

〈価格は本体価格です〉